近現代 韓國知性史大系 叢書 2

민주주의와 민주화 II
민주주의 담론의 경험과학적 내용분석

김지희 지음

이 저서는 2013년 대한민국 교육부와 한국학중앙연구원(한국학진흥사업단)의 한국학 분야 토대연구지원사업의 지원을 받아 수행된 연구임(AKS-2013-KFR-1230002).

■ 김 지 희

한국외국어대학교 정치외교학과를 졸업하고(1991), 같은 대학에서 정치학 박사학위를 받았다(1999). 전공 분야는 정치학연구방법론과 비교정치론이며, 현재 비교민주주의연구센터의 선임연구위원으로서 정부 및 내각 안정성의 교차국가적 변이양상에 연구의 초점을 맞추고 있다. 영국 University of Exeter 정치학과의 Research Assistant, 한림대학교 한림과학원 연구교수, 통일연구원 프로젝트 연구위원, 한국외국어대학교 정치외교학과 연구교수를 역임했다.

주요 저서로는 『대통령과 내각』(한국학술정보 2007), 『신뢰사회를 향하여』(소화 2007 / 편저), 『정치학연구방법론: 경험과학연구의 규준과 설계』(명지사 2012 / 2인 공저), 『비교사회연구방법론』(한울아카데미 2016 / 2인 공저) 등이 있으며, "비교정치연구에 있어서 혼합체계 분석안의 방법론적 적실성: 인과추론방식을 중심으로"(『한국정치학회보』 35집 4호, 2002), "교차제도비교(cross-institutional comparison)를 통한 정부안정성 결정인자의 경험적 탐색: 의회분절도, 대정부 항거시위 및 신뢰의 등가성 평가"(『EU연구』 25호, 2009), "내각안정성 결정인자의 교차국가적 측정을 위한 등가지표의 구축전략: 방법론적 선행연구"(『비교민주주의연구』 7집 1호, 2011), "남태평양 정치질서의 안정성: 불리언 연산(Boolean Algorithms)을 통한 피지·사모아·바누아투·통아 4개국 교차사례연구"(『세계지역연구논총』 33집 3호, 2015)를 포함한 다수의 연구논문을 주요 학술지에 게재했다.

近現代 韓國知性史大系 叢書 2

민주주의와 민주화 Ⅱ
민주주의 담론의 경험과학적 내용분석

2018년 8월 27일 초판 1쇄 인쇄
2018년 8월 30일 초판 1쇄 발행

지은이 ■ 김지희
펴낸이 ■ 정용국
펴낸곳 ■ (주)신서원
주소 : 서울시 서대문구 냉천동 260 동부센트레빌 아파트 상가동 202호
전화 : (02)739-0222 · 3 팩스 : (02)739-0224
신서원 블로그 : http://blog.naver.com/sinseowon
등록 : 제300-2011-123호(2011.7.4)
ISBN 978-89-7940-291-9 94910
ISBN 978-89-7940-289-6 94910(세트)
값 23,000원

신서원은 부모의 서가에서 자녀의 책꽂이로
'대물림'할 수 있기를 바라며 책을 만들고 있습니다.
잘못된 책은 연락주세요.

近現代 韓國知性史大系 叢書 2

민주주의와 민주화 II

민주주의 담론의 경험과학적 내용분석

김지희 지음

『근현대 한국지성사대계 총서』를 출간하며

  총 8권으로 구성된 『근현대 한국지성사대계 총서』는 한국학중앙연구원의 지원을 받아 2013년 9월 1일부터 3년에 걸쳐 수행된 한국학분야 토대연구지원사업의 성과로서 출간된 것이다. ≪근현대 한국지성사대계: 자주적 근대화의 사상과 행동≫이라는 주제에 따라 진행된 본 연구사업은 개항 후 20세기 후반에 이르기까지 전개된 한국사회의 자주적 근대화가 급변하는 역사적 환경의 압력에 대응해 국가적·민족적 정체성을 확보할 수 있는 방안을 모색하기 위한 지적 성찰에 힘입은 바 크다는 전제 하에, 이러한 성찰을 주도한 정치지성들의 이념적·실천적 시각과 현실인식을 추적한 연구결과를 총서의 형태로 발간하려는 목표를 상정하였다. 그리고 이와 같은 목표를 달성하기 위해 ① 민주주의와 민주화, ② 민족주의와 변혁이념, ③ 사회주의, ④ 근대 지식사와 실학 담론, ⑤ 동양과 아시아, ⑥ 사대와 자주 ⑦ 비극의 서사 등 총 7개 영역으로 구획된 대주제(大主題)를 설정하고, 개화기, 일제 강점기, 현대 한국으로 구획된 역사적 단계에 따라 각 대주제에 상응하는 세부주제들을 선택해 연구를 진행하였다. 연구방법으로는 고유한 역사사회적 지형 위에서 형성된 정치지성들의 시각과 견해를 다양한 측면에서 규명하기 위해 중층적 담론분석·경험과학적 내용분석·역사정치학적 맥락분석·이야기 기법 등, 각 연구자가 전공분야에 따라 견지하고 있는 분석구도를 복합적으로 동원한 다중방법론적 접근방식(multimethodological approach)을 채택했다. 연구결과로서 출간된 여덟 권의 책은 아래와 같다.

- 총서 1. 『민주주의와 민주화 Ⅰ: 자주적 근대화와 저항의 담론』
- 총서 2. 『민주주의와 민주화 Ⅱ: 민주주의 담론의 경험과학적 내용분석』
- 총서 3. 『한국 근대 민족주의와 변혁이념, 민주공화주의』
- 총서 4. 『사회주의와 맑스주의 원전 번역』
- 총서 5. 『다산(茶山)의 초상: 한국 근대 실학 담론의 형성과 전개』
- 총서 6. 『함께 움직이는 거울, '아시아': 근현대 한국의 '아시아' 인식의 궤적』
- 총서 7. 『한국근현대사에서 민족자주론과 사대주의: 19세기 말~1950년대』
- 총서 8. 『비극의 서사: 근현대 한국 지성의 삶과 사상』

본 『근현대 한국지성사대계 총서』가 비단 위에서 밝힌 7개 주제에 관한 한국지성사 연구뿐만 아니라, 근현대 한국의 정치적·사회문화적 변동양상에 관한 역사학·정치학·사회학·국문학 등 광범위한 인문사회과학 연구의 기반자료로 널리 활용될 수 있기를 기대한다. 이와 더불어 여덟 권의 책 모두 대학 및 대학원을 포함한 교육기관의 한국학 관련강좌의 교재로서, 혹은 국내외 한국학 연구의 활성화에 일조할 수 있는 학술자료로서의 역할을 제대로 수행할 수 있기를 간절히 바란다.

한국학 발전에 있어서 지극히 중요한 주제를 지정해 주시고 연구의 전 과정에 걸쳐 적극적 지원을 아끼지 않으신 한국학중앙연구원과 연구주관기관 한국외국어대학교 연구산학협력단에 깊은 사의를 표한다. 또한 3년이라는 비교적 긴 시간 동안 결코 쉽지 않은 연구와 원고작성에 매진해 주신 공동연구원 선생님들, 연구사업의 조정·관리업무를 담당해 주신 전임연구인력 선생님들, 그리고 연구보조원 모두에게 감사의 말씀을 전하지 않을 수 없다.

2018년 6월
연구책임자
한국외국어대학교 정치외교학과 교수 김웅진

머리글

　지성사가 사회의 전 영역에 걸쳐 전개된 인간의 삶에 대한 지적 성찰의 역사라 할 때, '민주주의'는 지성사 연구의 초점 가운데 하나가 될 수밖에 없다. 왜냐하면 정치적 삶은 인간의 사회적 삶을 구성하는 가장 핵심적인 영역이며, 그러한 정치적 삶에 관한 지적 성찰은 인간의 창의성이 정치적으로 구현되기 위해 필요한 조건, 곧 자유와 평등을 충족시킬 수 있는 정치질서로서 민주주의에 관한 논의를 중심으로 전개되었기 때문이다. 바꾸어 말해서, 민주주의 정치이념과 정치질서에 관한 지적 성찰이 인간사회의 정치적 역동에 관한 지성사적 담론의 중심축이 되어왔다고 말할 수 있다.

　근현대 한국지성사도 다르지 않다. 개화기의 유길준(兪吉濬)으로부터 시작해 현대 한국의 장준하(張俊河), 함석헌(咸錫憲)에 이르기까지 한국의 선구적 정치지성들이 전개해 온 담론들은 거의 대부분 한국의 역사문화적 지형에 민주주의 정치질서를 안착시키기 위한 대안을 모색하는데 초점을 맞추어 왔다. 따라서 민주주의에 대한 정치적 관념의 변환 양상은 당연히 근현대 한국지성사 연구의 주제로 상정되어야 한다. 〈한국학중앙연구원 한국학분야 토대연구지원사업〉의 일환으로 출간된 《근현대 한국지성사대계 총서》의 제2권인 이 책 『민주주의와 민주화 Ⅱ: 민주주의 담론의 경험과학적 내용분석』은 제1권 『민주주의와 민주화 Ⅰ: 자주적 근대화와 저항의 담론』과 더불어 연구의 목적을 공유하고 있다. 즉, 이 두 권의 책은 개화기, 일제강점기와 현대 한국의 정치지성들이 전개한 민주주의 담론에 반영된 민주주의관과 민주주의 개념의 변용양상을 추적하여 그 지성사적 의미를 찾으려 시도하고 있다.

그러나 이 책은 제1권과 방법론적 시각을 달리한다. 제1권이 담론주체가 특정한 정치지형에서 차지하고 있던 위상에 따라 설정된 담론의 목표와 맥락을 추적한 후, 담론에 동원된 개념이나 용어가 그러한 목표와 맥락 속에서 어떠한 지칭성을 갖도록 조율되었는가를 규명하기 위한 중층적 담론분석방법을 채택하고 있으나, 이 책은 동일한 담론에 대한 경험과학적 내용분석(empirical content analysis)을 시도함으로써 제1권이 도출한 민주주의 담론의 구조와 핵심적 맥락이 과연 타당한 것인가를 계량통계적 자료를 통해 확인하는 방법을 택하고 있다. 이처럼 같은 목적에 따라 같은 문헌을 대상으로 연구를 진행했음에도 불구하고 서로 다른 연구방법을 적용한 이유는 본 〈한국학분야 토대연구지원사업〉이 견지하고 있는 방법론적 정향, 곧 다중방법론적 접근방식(multimethodological approach)을 따르기 위해서이다. 요컨대 이 책과 제1권은 분석시각의 상보성과 연계성을 지니고 있다.

연구방법으로서 경험과학적 내용분석을 선택한 것은 전적으로 저자의 학문적 정향에 따른 것이다. 정치학의 경험과학적 연구방법론을 전공하고 있는 저자는 민주주의 담론의 독해와 해체작업을 수행함에 있어서 가장 익숙한 방법을 채택할 수밖에 없었으며, 따라서 이 책의 전반적 논의는 민주주의 정치질서에 관한 정치학의 이론적 시각과 경험과학방법론의 분석구도를 크게 벗어나지 않고 있다는 점을 미리 밝혀둔다. 다시 말해서, 이 책은 역사학적·철학적 논의라기보다는 정치학적 논의의 구도를 따르고 있다. 이러한 논의구도는 비록 상당한 학문적 편향성을 노정하고 있다 하더라도 본 연구사업이 지향하고 있는 또 하나의 정향, 곧 교차학제적 시각에 상응하는 것이라고 말할 수 있다.

 2013년 9월부터 2016년 8월까지 총 3년에 걸친 연구과정에서 방대한 자료에 접근하고 연구공간과 시설을 확보하는데 별다른 어려움이 없도록 적극적으로 지원해 주신 〈한국학중앙연구원〉과 연구주관기관 〈한국외국어대학교 산학협력단〉에 깊은 사의를 표한다. 또한 공동연구원 선생님들의 격려와 협조가 없었더라면 이 책의 원고작성과 함께 연구사업을 행정적으로 관리하는 두 가지 역할을 동시에 수행해야 했던 어려운 상황 속에서 결코 연구를 마무리할 수 없었을 것이다. 특히 전반적 논의구도와 연구설계의 구축, 그리고 문헌자료의 독해에 있어서 많은 조언과 도움을 주신 제1권의 저자이자 본 연구사업의 책임자 김웅진 교수님께 감사의 말씀을 전한다. 아무쪼록 여러 모로 부족한 이 책이 우리 지성사 연구, 민주주의 연구의 방법론적 지평을 확장하는데 작은 도움이 될 수 있기를 간절히 바란다.

2018년 6월

저 자

차 례

『근현대 한국지성사대계 총서』를 출간하며　5
머리글　9

서론
지성사 연구, 민주주의 담론과 경험과학적 내용분석　19

제1장　지성사 연구에 있어서 경험과학적 내용분석의 의의 ·············· 21
　1. 지성사 연구: 담론구조와 맥락의 탐색 ································· 21
　2. 경험과학적 내용분석의 방법론적 효용성 ····························· 24
　3. 민주주의 담론의 경험과학적 내용분석 – 지성사적 함의 ··········· 27
제2장　민주주의: 개념적 지칭성과 경계 ······································ 33
　1. 민주주의의 기본 원리 ·· 34
　2. 민주주의 개념의 정의: 최대정의적 관점과 최소정의적 관점 ······ 37
　3. 민주주의 담론: 범주와 주체의 설정 ··································· 41
제3장　연구설계: 경험과학적 내용분석의 구도, 대상과 기법 ············ 47
　1. 분석구도 ·· 47
　2. 분석대상: 문헌표본 ··· 50
　3. 분석기법: 〈워드 클라우드〉와 〈일치원도표〉 ························· 52

제1부

『서유견문』: 유길준의 문명개화 담론   55

제1장   개화기 조선에 있어서 민주주의:
       전통성과 근대성의 선택적 결합 ·············· 61

제2장   한국 민주주의 담론의 전개과정에 있어서 유길준의 위상 ······· 67

제3장   유길준의 민주주의관: 기존 연구의 시각과 맥락 ············· 70
   1. 정치체제의 개혁: '임금과 국민이 함께 다스리는 정치체제' ········· 70
   2. 민주주의 이념과 정치질서 ·························· 76
     1) 국민의 권리로서의 자유와 통의(通義) ················ 77
     2) 권리와 법, 시민적 자유, 자주적 개인 ················ 79
     3) 평등 ··································· 83
     4) 법치 ··································· 86
   3. 근대국제질서로의 편입: 국가주권으로서의 자주와 평등 ·········· 88

제4장   『서유견문』을 통해 본 유길준의 민주주의:
       경험과학적 내용분석 ·························· 92
   1. 범주정의: 일반사전 구축과 분석단위 선정 ··············· 93
   2. 민주주의 인식의 표본별 양상과 특성 ················· 94
     1) 제5편-1 「정부의 시초」 ························ 94
     2) 제5편-2 「정부의 종류와 제도」 ···················· 99
     3) 제4편 「국민의 권리」 ························ 104
     4) 제3편 「나라의 권리」 ························ 109

제5장   유길준의 민주주의 인식구도: 구조적 특성과 맥락별 중요성 ·· 114

제 2부

『조선문명사』: 안확의 진화 담론　　　　　　　　　　119

제1장　식민지배에 대한 저항과 타협 ················· 123
제2장　한국 민주주의 담론의 전개과정에 있어서 안확의 위상 ········ 126
제3장　안확의 민주주의관: 기존 연구의 시각과 맥락 ············ 129
　　1. 조선정치사에 내재된 보편적 근대성 ················ 129
　　2. 한국의 전통적 정치질서와 근대적 민주주의 정치질서의 상응성 ·· 132
　　　　1) 민권의 향상 ······························ 133
　　　　2) 군주권의 통제 ···························· 134
　　　　3) 붕당: 정치적 근대성의 표상 ················ 135
　　3. 민족적 자주성의 기반으로서 조선정치의 민주주의적 성격 ······ 136
　　4. 일제 식민통치에 대한 사상적 대항기제로서의 민주주의 ·········· 138
제4장　『조선문명사』를 통해 본 안확의 민주주의:
　　　　경험과학적 내용분석 ························· 141
　　1. 범주정의: 일반사전 구축과 분석단위 선정 ············· 141
　　2. 민주주의 인식의 표본별 양상과 특성 ················ 143
　　　　1) 제1장「서언」 ···························· 143
　　　　2) 제6장-1 민권의 발달과 군권의 제한 ············ 147
　　　　3) 제6장-2 정당, 당파, 그리고 정치적 진화 ········· 151
　　　　4) 제6장-3 자치제 ·························· 155
　　　　5) 제6장-4 국제관계와 외교 ·················· 159
제5장　안확의 민주주의 인식구도: 구조적 특성과 맥락별 중요성 ···· 164

제3부

『사상계』와 『씨올의 소리』:
장준하와 함석헌의 저항 민주주의 담론   167

제1장 현대 한국의 반독재 저항운동 ·················· 173

제2장 한국 민주주의 담론의 전개과정에 있어서
        장준하와 함석헌의 위상 ·················· 187

제3장 『사상계』를 통해 본 장준하의 민주주의:
        경험과학적 내용분석 ·················· 190

  1. 기존 연구의 시각과 맥락 ·················· 190
  2. 경험과학적 내용분석 ·················· 194
      1) 범주정의 ·················· 196
      2) 민주주의 인식의 시기별 양상과 특성 ·················· 197
  3. 장준하의 민주주의 인식구도:
      구조적 특성과 맥락의 시기별 중요성 ·················· 210

제4장 『사상계』와 『씨올의 소리』를 통해 본
        함석헌의 민주주의: 경험과학적 내용분석 ·················· 213

  1. 기존 연구의 시각과 맥락 ·················· 214
      1) 민중, 씨올, 그리고 민주주의 ·················· 214
      2) 정치적 주체로서의 민중, 전체로서의 민중과 민주주의 ·················· 217
      3) 민중의 계몽과 지식인의 역할 ·················· 223
      4) 민중의 자주, 민중의 자치, 그리고 저항의 민주주의 ·················· 226
      5) 민족주의, 반공주의와 근대화 ·················· 227
  2. 경험과학적 내용분석 ·················· 236
      1) 범주정의 ·················· 238

    2) 민주주의 유형별 인식의 양상과 특성 ·· 239
  3. 함석헌의 민주주의 인식구도:
    구조적 특성과 맥락의 시기별 중요성 ··· 259

결론
한국적 민주주의관의 편향성: 절차적 민주주의로의 경도   263

부록   275

참고문헌   304

색인   312

서론

지성사 연구,
민주주의 담론과
경험과학적 내용분석

近現代韓國知性史大系叢書 2

제 1 장
지성사 연구에 있어서 경험과학적 내용분석의 의의

1. 지성사 연구: 담론구조와 맥락의 탐색

    정치적 담론의 구조와 맥락을 파악하기란 결코 쉽지 않다. 정치적 담론은 특정한 정치사적 조건 속에서 형성된 담론주체의 고유한 이념적·사상적 시각과 현실인식, 그리고 담론의 대상이 된 쟁점의 특성을 복합적으로 반영하고 있기 때문에 평면적 독해만으로는 그 구조와 맥락을 명확히 탐지하기 어렵기 때문이다. 근현대 한국지성사의 흐름 속에서 발견되는 민주주의 담론도 마찬가지이다. 대한제국의 유동적 정치지형에서 문명개화(文明開化)를 역설했던 유길준(兪吉濬, 1856~1914)으로부터 현대 한국의 억압적 권위주의 정권에 맞서 지적이자 실천적 저항을 멈추지 않았던 함석헌(咸錫憲, 1901~1989)에 이르기까지, 한국의 민주주의 담론을 주도해온 정치지성들은 그들이 자리 잡고 있던 정치지형 위에서 각자가 지닌 시각에 따라 현실정치의 다양한 쟁점에 관한 견해를 피력해 온 것이다.[1]

---

[1] 이 책뿐만 아니라 ≪근현대 한국지성사대계 총서≫를 구성하고 있는 8권의 책은 모두 '정치지성'을 심대한 영향력을 발휘한 정치적 담론과 실천을 통해 자주적 근대화의 방향과 전략을 제안했던 선구적 지식인으로 규정하고 있다.

그런데 이들의 민주주의 담론이 보여주는 가장 두드러진 특징은 담론에 사용된 개념이나 용어의 지칭성이 쟁점에 따라, 그리고 정치지형의 변화에 따라 수시로 바뀌는 변용성을 보여주고 있다는 점이다. 다시 말해서, 어떤 정치지성이 전개한 모든 담론을 일관해 지칭성을 안정적으로 유지해 온 개념을 찾기란 거의 불가능하다. 예로서 1950년대 후반으로부터 1970년대 초엽에 걸쳐『사상계(思想界)』를 통해 제시된 장준하(張俊河, 1918~1975)의 민주주의 담론은 가장 기본적인 '민주주의' 개념의 지칭성을 정치사회가 지향해야 할 이념적 좌표, 정치제도와 정치질서의 운영원리, 인간다운 삶의 방식 등 담론의 목표와 대상에 맞추어 끊임없이 재조정해 왔다. 이처럼 정치적 담론에 사용된 개념의 지칭성이 노정하는 불안정성을 고려할 때, 지성사 연구는 특정한 개념이 담론구조 속에서 사용된 맥락(context)에 초점을 맞추어야 한다. 왜냐하면 그러한 맥락을 도출함으로써 담론주체의 시각과 현실인식을 명확히 추론할 수 있으며, 지성사는 바로 시각과 인식이 보여주는 변환의 역사이기 때문이다.[2]

특정한 개념이 담론의 전개과정 속에서 사용된 맥락은 연구자의 고유한 분석구도를 반영한 심층적 독해, 즉 원전(原典, text)의 면밀한 구조적 해체를 통해 탐색된다. 예컨대 푸코(Michel Foucault)가『지식의 고고학(The Archaeology of Knowledge, L'archéologie du savoir)』을 통해 제안한 것처럼 원전을 저자의 현실인식과 관념을 제시하기 위해 사용된 언표(言表)와 진술들의 자기지시적 집합체, 곧 특정한 방식으로 구조화된 담론체계로 간주하고, 그 속에서 언표와 진술들을 상호 연결하는 규칙성을 탐색

---

[2] Lovejoy, Arthur. 1960. *The Great Chain of Being: A Study of the History of an Idea*. New York: Harper Torchbooks.

하는 구조주의적 독해방식을 들 수 있다.[3] 또한 메리트(Richard Merritt)의 『미국 지역공동체의 상징, 1735~1775(*Symbols of American Community, 1735~1775*)』[4]과 같이 개념의 사용맥락을 원전에 포함된 용어 내지 진술들의 계량통계적 사용빈도와 분포양상을 통해 추적하려는 실증주의적(경험과학적) 독해방식 역시 사용되기도 한다. 요컨대 어떤 개념의 사용맥락을 탐지하기 위한 원전의 독해는 연구자가 견지하고 있는 인식론적·방법론적 입장에 따라 다양한 방식으로 진행될 수 있다.

≪근현대 한국지성사 대계 총서≫의 제2권인 이 책 『민주주의와 민주화 II: 민주주의 담론의 경험과학적 내용분석』은 제1권 『민주주의와 민주화 I: 자주적 근대화와 저항의 담론』과 긴밀히 연결된 것으로서, 개화기, 일제 강점기와 현대 한국의 정치지형을 거쳐 전개된 주요 민주주의 담론을 해체하여 민주주의 개념이 사용된 구조적 맥락을 규명하고, 그럼으로써 정치지형의 변화에 따른 개념적 변용양상을 추적하려는 목적을 갖고 있다. 보다 구체적으로, 제1권에서 도출된 한국 민주주의 담론의 두 가지 핵심주제, 곧 '자주적 근대화'와 '저항'에 연관된 민주주의 개념이 과연 어떠한 구조적 맥락과 지칭경계(indicative boundaries) 속에서 사용되었는가를 유길준·안확(安廓, 1886~1946)·장준하·함석헌 등 주요 정치지성들의 저술(원전)에 대한 경험과학적 내용분석(empirical content analysis)을 통해 탐색해 보기로 한다.

---

3) Foucault, Michel. Trans. A. M. Sheridan Smith. 2002. *The Archaeology of Knowledge*. London and New York: Routledge.

4) Merritt, R. 1966. *Symbols of American Community, 1735~1775*. New Haven: Yale University Press.

2. 경험과학적 내용분석의 방법론적 효용성

　경험과학적 내용분석(이하 내용분석)은 사회과학연구에 적용되는 전형적인 비자극적 관측기법(unobtrusive measures)[5]의 하나로서, 다양한 의사소통매체를 통해 전달된 메시지를 일정한 계량통계적 설계에 따라 분석하여 메시지 생산의 의도와 목표를 경험적으로 추론하는 기법이다.[6] 지성사 연구, 특히 담론이나 개념분석에 있어서 이러한 내용분석이 지닌 방법론적 효용성은 다음과 같다.

　첫째, 내용분석은 담론에 사용된 핵심어, 구(句, phrases), 혹은 문장 등 분석단위(unit of analysis)의 계량통계적 분포·결집양상을 추적해 원전에 대한 1차 독해를 통해 밝혀진 담론의 맥락과 구조를 확인하는데 필요한 실증적 근거를 제공한다. 즉, 내용분석을 수행함으로써 이미 이루어진 독해의 타당성을 판정할 수 있으며, 본격적인 사상적·이론적 논의를 진행하기에 앞서 원전에 대한 접근방향을 설정하는데 요구되는 기초정보를 확보할 수 있다. 요컨대 내용분석은 평면적 독해를 통해 잠정적으로 파악

---

[5] 내용분석, 참여관측(participant observation) 등 사회과학연구에 동원되는 비자극적 관측기법은 관측방식이 관측대상을 자극하지 않음으로써 관측행위에 대한 반작용을 야기하지 않는 기법을 지칭한다. Lewis-Beck, Bryman, A. and Liao, T. F., eds. 2004. *The Sage Encyclopedia of Social Science Research Methods*, Vol. 3. Thousand Oaks·London·New Delhi: Sage Publications, 1162-1166.

[6] 내용분석의 목적과 적용절차에 관해서는 Franzosi, R. 2003. *From Words to Numbers*. Cambridge, UK: Cambridge University Press; Holsti, O. 1969. *Content Analysis for the Social Sciences and Humanities*. Reading: Addison-Wesley; Krippendorf, K. 1980. *Content Analysis: An Introduction to Its Methodology*. Beverly Hills: Sage; McGaw, D. and Watson, G. 1976. *Political and Social Inquiry*. New York: John Wiley & Sons, 382-389; 김웅진·김지희. 2012. 『정치학 연구방법론, 경험과학연구의 규준과 설계』. 서울: 명지사, 198-199 등에 상세히 소개되어 있다.

된 담론의 맥락을 경험적으로 뒷받침할 수 있을 뿐만 아니라, 본격적 독해에 앞서 원전의 해체를 위한 가설적 분석구도를 제공해 준다.

둘째, 내용분석을 통해 담론의 맥락들이 지닌 상대적 중요성을 파악할 수 있다. 즉, 내용분석은 담론주체가 자신이 상정한 다양한 맥락들 가운데 특히 어떤 맥락에 집중해 논의를 전개하였는가를 추적함으로써 담론의 핵심적 목표와 초점을 발견할 수 있도록 해준다. 예로서 『서유견문(西遊見聞, 1895)』을 통해 제시된 유길준의 민주주의 담론을 내용분석을 통해 해체해 본 결과, '정치질서의 이념적 기반'·'정치제도와 절차'·'국가의 자주성'·'정치체제의 개혁' 등 네 가지 맥락으로 이루어진 구조를 갖고 있으며 그 가운데에서 가장 핵심적인 맥락은 '정치질서의 이념적 기반'인 것으로 밝혀졌다.7) 따라서 유길준의 민주주의 담론은 문명개화, 곧 자주적 근대화를 지향한 조선의 새로운 정치질서를 제안하는 가운데, 특히 그 이념적 기반의 정당성을 역설하려는 목표를 갖고 있었다고 볼 수 있다.

셋째, 내용분석은 담론구조를 형성하고 있는 각 맥락에서 진행된 논의가 어떤 개념적 지칭성(conceptual indication)을 지닌 용어로 구성되어 있는가를 보여준다. 내용분석을 통해 담론주체가 사용한 다양한 용어들을 논의의 맥락에 따라 분류하여 용어-진술-맥락을 연결하는 담론의 구조적 질서를 파악하고, 더 나아가 사용된 용어의 지칭경계를 확인할 수 있기 때문이다.8) 내용분석은 바로 이러한 측면에서 담론주체의 사상적·이념적 정향과 현실인식의 개념적 구도를 탐지하기 위한 지성사 연구에 있어서

---

7) 상세한 내용에 관해서는 이 책의 제1부 제4장 참조.
8) 개념의 지칭성, 곧 본질적·파생적 지칭성과 그에 따른 개념적 경계에 관한 경험과학의 방법론적 논의에 관해서는 Kaplan, A. 1998. *The Conduct of Inquiry, Methodology for Behavioral Science*. New Brunswick and London: Transaction Publishers, 71-78 참조.

상당한 방법론적 효용성을 지닌다고 말할 수 있다. 예를 들어 함석헌이 1972년 8월 『씨올의 소리』 제13호에 게재한 정치평론 ≪민족노선의 반성과 새 진로≫에 대한 내용분석은 그의 민주주의 담론이 '정치체제의 자주성'이라는 맥락을 중심으로 전개되었으며, 그러한 맥락에서 진행된 논의는 "민족", "민족정신", "우리 민족", "고유한 문화" 등 민족주의적 지향의 경계를 벗어나지 않는 용어들을 동원하고 있음을 보여준다. 이로부터 함석헌의 민주주의관은 민족적 자주성의 테두리 내에서 형성되었고, 민주주의는 바로 이러한 민족적 자주성을 보장하기 위한 정치질서로 간주되고 있다는 것을 파악할 수 있다.[9]

마지막으로, 내용분석은 지성사 연구의 방법론적 지평을 확장하기 위한 분석기제로서의 효용성을 갖는다. 오늘날까지 진행된 국내 지성사 연구와 담론분석들은 주로 사상적·철학적이자 역사학적, 특히 사학사적(historiographic) 접근방식을 취해 왔으며, 따라서 인문학적 유리스틱(heuristic)[10]의 범주를 크게 벗어나지 못했다고 볼 수 있다. 그러나 특정한 역사사회적 조건 하에서 형성된 정치지성들의 이념적·사상적 시각과 견해를 입체적으로 규명하기 위해서는 비단 인문학적 시각뿐만 아니라 사회과학적 시각까지 포괄한 다중방법론적 접근방식을 택할 필요가 있다. 다시 말해서, 근현대 한국지성사의 전개양상을 인문학적·사회과학적 시각을 통합한 개방적 분석구도에 따라 재구성함으로써 논의의 창의성을 확보하고, 이를 통해

---

[9] 이 책의 제3부 제4장에 상세히 논의되어 있음.
[10] "강력한 문제풀이 기제(a powerful problem-solving machinery)", 곧 특정한 연구 프로그램(research programme) 내에서 적실성과 정당성을 광범위하게 인정받고 있는 분석 규준과 절차. Lakatos, I. 1978. *The Methodology of Scientific Research Programmes*. Cambridge, UK: Cambridge University Press, 4-6.

시각의 경직성과 획일성을 타파하기 위해서는 무엇보다도 먼저 다양한 방법론적 경로를 통해 생산된 지식의 상보성과 상치성을 면밀히 확인해야 한다. 경험과학적 유리스틱을 따르고 있는 내용분석은 기존 지성사 연구결과의 적실성과 타당성을 재확인하거나 논박할 수 있는 경험적 근거를 제공할 뿐만 아니라, 국내 지성사 연구에 조용된 사례가 발견되지 않고 있다는 측면에서도 역시 상당한 방법론적 효용성과 참신성을 갖는 사회과학적 분석기제라고 볼 수 있다.

3. 민주주의 담론의 경험과학적 내용분석 – 지성사적 함의

이러한 방법론적 효용성에 비추어 볼 때, 개화기로부터 현대 한국에 이르기까지 변화하는 정치지형 위에서 전개된 민주주의 담론을 내용분석을 통해 해체하려 시도한 이 책의 지성사적 함의를 아래와 같이 제시할 수 있다.

첫째, ≪근현대 한국지성사 대계 총서≫의 제2권인 이 책은 제1권 『민주주의와 민주화 I : 자주적 근대화와 저항의 담론』과 더불어 민주주의 담론분석에 있어서 다중방법론적 접근을 시도한 구체적 사례가 될 수 있다. 기존의 지성사 연구, 특히 담론분석은 특정한 사상적·개념적 전제에 입각한 사변적 해석(speculative interpretation)의 성격을 지니고 있었고, 그로 인해 원전의 독해방식이 전제의 단선성(單線性)으로부터 비롯된 경직성을 노정한 것이 사실이다. 즉, 읽는 과정에서 원전이 담고 있는 용어들의 지칭성이 읽는 이의 시각에 따라 선험적으로 폐쇄되어 개념적 함의에 대한 추론의 개방성과 다양성이 제어된 것이다. 예로서 민주주의의 개념을 절차적 민주주의(procedural democracy), 곧 특정한 유형의 정치기제와 절차로서 수용하고 있는 독해자는 유길준이 『서유견문』 제5편 ≪정부의 종류≫를 통해 역설한 "군민공치(君民共治)"가 민주주의적 함의를 갖고 있으며, 따라서 유길준이 '민주주의자'였다는 성급한 결론을 내릴 가능성이 크다.

물론 담론에 사용된 용어의 지칭성과 함의는 어디까지나 독해자의 시각에 따라 규정된다. 바꾸어 말해서 '유일하고도 정당한' 담론분석 방식이 존재하는 것은 아니기 때문에, 모든 독해는 독해자의 시각에 따른 단선성을 나타낼 수밖에 없다. 바로 여기에서 이 책을 포함한 『근현대 한국지성사대계 총서』가 채택하고 있는 다중방법론적 접근의 의의를 찾을 수 있다. 즉, 다중방법론적 접근은 독해경로의 다선성(多線性, multilinearity)을 확보함으로써 동일한 원전에 대한 서로 다른 방식의 독해가 나타내는 상보성과 상치성을 확인할 수 있는 효율적 방식이 될 수 있다. ≪근현대 한국지성사 대계 총서≫의 제2권인 이 책 『민주주의와 민주화 II: 민주주의 담론의 경험과학적 내용분석』은 같은 원전들을 다룬 제1권이 채택한 사변적 해석과 '다른 방식'의 접근, 곧 경험과학적 내용분석을 시도함으로써 한국의 민주주의 담론이 '자주적 근대화'와 '저항'의 맥락에서 진행되어 왔다는 제1권의 주장을 담론에 사용된 용어들의 결집양상을 통해 계량통계적·경험적으로 확인할 수 있는 근거를 제공하는데 목적을 두고 있다.

둘째, 민주주의 담론에 대한 내용분석은 담론의 맥락뿐만 아니라 담론에 동원된 개념의 지칭성에 대한 논쟁을 유도함으로써 담론주체의 민주주의관에 대한 간주관적(間主觀的, intersubjective) 해석의 길잡이가 될 수 있다. 우리 정치지성들이 민주주의 담론에 사용한 개념들은 고유한 정치지형 위에서 전개된 기호작용(記號作用, semiosis)의 매체라고 볼 수 있다.[11] 따라서 기호로서의 개념들이 함축하고 있는 기의(記意, signified)와 더불어, 그러한 기의를 전달하기 위해 선택된 용어, 즉 기표(記表, signifiers)를 명확하게 파악하지 않고서는 담론에 내재된 민주주의관을 추론하기 어렵다. 예컨대 유길준이 "…자유와 통의(通義)는 인생에게서 빼앗을 수도 없으며 흔들거나 굽힐 수도 없는 권리"[12]라 주장하며 언급한 "통의"와 같은 기표가 어떠한 민주주의적 기의(개념적 지칭성)를 지니고 있는가를 파악하기 위해서는 무엇보다도 먼저 그러한 기표와 다른 기표들이 결집되는 양상을 규명할 필요가 있다. 다양한 기표들의 결집양상은 그들이 공유하고 있는 보편적 기의를 함축하기 때문이다. 유길준이 사용한 다양한 기표들이 몇 가지 기의로 결집되는 양상은 그의 민주주의 담론이 전개된 맥락들을 보여주며, 그러한 맥락들의 구조화가 바로 그의 민주주의 개념, 민주주의관을 형성한다고 말할 수 있다.

이처럼 담론의 맥락이 구조화된 양상을 탐지하기 위한 내용분석은 담론에 포함된 용어나 구 등 분석단위의 범주화를 위한 분류지침(coding scheme), 곧 일반사전(general dictionary)[13]에 따라 진행된다. 일반사전이 상정하고 있는 분류지침, 특히 담론의 구성맥락은 역사서술적·사상적 연구들이 공유하고 있는 보편적 시각을 반영해 구축되는 경우가 많지만, 분석단위

---

11) Liszka, James J. 1996. *A General Introduction to the Semiotic of Charles Sanders Peirce*. Bloomington and Indianapolis: Indiana University Press, 29-36; 유르겐 트라반트 저·안정오 역. 2001. 『기호학의 전통과 경향』. 고양: 인간사랑, 54-60 참조.
12) 유길준 지음·허경진 옮김. 1995. 『서유견문』. 서울: 한양출판, 116.
13) 일반사전은 분석대상으로 선정된 메시지의 전반적 구조를 파악하기 위해 핵심적 내용이 제시된 맥락(범주)을 정의하고, 각 범주에 포함되는 분석단위들을 제시한 목록을 지칭한다. 김웅진 외. 1996. 『정치학 조사방법』. 서울: 명지사, 205-239, 277-304 참조.

들을 각 맥락에 따라 실제로 코딩(coding)하는 분류작업은 연구자의 주관적 시각을 완전히 벗어날 수 없다. 내용분석의 성패는 바로 이러한 분류지침과 코딩으로부터 연구자의 주관을 어느 정도 배제하느냐에 달려있다. 예로서 이 책이 시도하고 있는 자산(自山) 안확의 『조선문명사(朝鮮文明史, 1923)』에 대한 내용분석은 자산의 민주주의관을 이념적 기반·정치제도와 질서·정치권력의 정당성 등 3개 맥락으로 구성한 일반사전에 따라, "당파", "공론", "민선" 등의 용어(기표)를 '정치제도와 질서'(기의)의 영역에 포함시키고 있다. 물론 이와 같은 세 가지 맥락은 안외순(2008), 양승태·안외순(2007), 이종두(2011), 이태진(1985, 1989), 정긍식(1999)의 연구 등 『조선문명사』에 대한 기존 연구[14]들에서 발견되는 공통적 견해에 입각해 상정되었기 때문에 간주관성을 확보한 것으로 볼 수 있다. 그러나 분석단위의 분류과정에서 특정한 용어를 특정한 맥락에 속한 것으로 확정하는 작업은 본 《근현대 한국지성사대계 총서》의 〈민주주의와 민주화〉 영역에 속한 두 권의 책(총서 제1권, 제2권)을 집필한 저자들과 관련 분야 연구자들 간의 상호토론을 거쳐 이루어졌음에도 불구하고 상당한 주관성을 내포하고 있다.

이처럼 내용분석 과정에서 이루어지는 용어의 주관적 분류는 분석결과에 대한 논쟁을 유발할 수밖에 없다. 이 책은 자산이 『조선문명사』에서

---

14) 안외순. 2008. "안확(安廓)의 조선 정치사 독법: 『朝鮮文明史』를 중심으로." 『溫知論叢』 20, 235-256; 양승태·안외순. 2007. "安國善과 安廓의 근대 정치학 수용 비교 분석." 『溫知論叢』 17, 119-150; 이종두. 2011. "안확의 『조선문학사』와 『조선문명사』 비교연구." 『대동문화연구』 73, 283-313; 이태진. 1985. "安廓(1881~1946?)의 生涯와 國學세계." 『역사와 인간의 대응』. 서울: 한울; 이태진. 1989. "安廓." 『한국사시민강좌』 5, 135-162; 정긍식. 1997. "자산 안확의 한국법사 이해 - 《조선문명사》를 중심으로." 『법학』 38:3/4, 228-247.

언급한 "평등"이나 "참정"을 민주주의의 '이념적 기반'에 속한 것으로 분류하고 있으나, 연구자에 따라 '정치제도와 질서'에 속한 것으로 분류할 수도 있기 때문이다. 요컨대 모든 내용분석은 특정한 기표(용어)의 기의에 대한 논쟁의 가능성을 함축하고 있으며, 바로 그러한 측면에서 담론분석을 중심으로 한 지성사 연구에 있어서 내용분석이 갖는 또 다른 의의를 찾을 수 있다. 내용분석은 담론분석에 관련된 논쟁의 방향과 구도를 명백하게 설정해 주는 것에 더해, 그러한 논쟁을 간주관적 합의로 귀결시킬 수 있는 방법론적 기제이기 때문이다. 예로서 분류지침의 자의성이나 모호성으로 인해 연구자들이 동일한 용어를 서로 다른 맥락으로 분류함으로써 "코더 간 측정신뢰성(intercoder reliability)"[15]이 상실될 때, 델파이 기법(Delphi method)[16] 등을 사용해 분류지침에 대한 간주관적 합의를 유도하여 시각의 산만성을 제어할 수 있다. 즉, 내용분석은 담론의 전반적 구도와 맥락뿐만 아니라 담론에 동원된 용어들에 대한 해석의 상충성을 완화하고, 더 나아가 간주관적 해석을 유도할 수 있는 논의와 절충의 방법론적 경로를 제공한다. 또한 내용분석은 기본적으로 분석단위에 관한 계량적 자료를 사용하는 경험과학적·사회과학적 접근법이지만, 분석단위가 지닌 지칭성의 해석에 있어서 역사학적·언어학적·철학적 해석 등 인문학적 접근

---

[15] 분류지침의 자의성, 과도한 모호성과 추상성으로 인해 서로 다른 연구자들이 동일한 용어를 서로 다른 맥락으로 분류함으로써 야기되는 주관적 시각의 충돌현상. Lewis-Beck, Bryman, A. and Liao, T. F., eds(2004), 161.

[16] 특정한 사안에 대한 견해와 인식의 대립이 야기될 경우 전문가들 간의 중재와 타협을 중심으로 전개되는 반복적 피드백을 통해 합의를 유도하기 위한 방법론적 절차. 1960년대 미국 랜드 연구소(Rand Corporation)의 미래 예측 프로젝트에서 최초로 시도된 이래, 경험과학적 내용분석을 포함해 전문가들의 견해 수렴이 요구되는 다양한 사회과학연구에 광범위하게 적용되고 있음.

을 요구한다는 측면에서 지성사 연구가 교차시각적이자 교차학제적 성격을 확보할 수 있는 길을 열어준다고 말할 수 있다.

제 2 장

민주주의:
개념적 지칭성과 경계

    이 책은 내용분석에 앞서 민주주의 개념의 지칭성을 특정한 사상적·이론적 시각에 따라 폐쇄하거나 경계를 획정하지 않는다. 즉, 이 책은 앞서 밝힌 바와 같이 우리 정치지성들이 전개한 민주주의 담론에 반영된 민주주의관과 민주주의 개념의 변용양상을 추적하는데 목표를 두고 있기 때문에, 정치체제와 정치이념에 관한 현대 정치학 연구가 채택하고 있는 다양한 민주주의 개념들을 수용해 그들이 지칭하고 있는 영역을 모두 포괄하는 경계를 광범위하게 설정한다. 그리고 우리 정치지성들이 견지하고 있던 민주주의 개념이 이렇게 설정된 경계 내에서 특히 어떤 영역과 긴밀히 연관되었는가를 규명하고, 정치지형의 변화에 따라 민주주의 개념의 지칭성이 영역들을 교차하여 변화하는 양상을 탐색해 보기로 한다. 이를 위해 우선 민주주의 정치질서와 이념에 관한 비교정치연구들이 공통적으로 수용하고 있는 민주주의의 기본 원리를 논의한 다음, 민주주의 개념의 본질적 지칭성[1]이 이러한 원리에 따라 규정된 맥락정의(contextual definition)

---

1) 개념의 지칭성은 지칭의 외연적 경계, 곧 근본적 인식영역을 선언한 본질적 지칭성과 본질적 지칭성의 각 영역으로부터 연원한 파생적 지칭성 등 두 단계의 지칭성으로 구성되

의 유형을 살펴보고, 마지막으로 이 책이 상정하고 있는 민주주의 개념의 경계를 제시하기로 한다.

1. 민주주의의 기본 원리

우리 정치지성들의 담론에 반영된 민주주의의 기본 원리를 논의하기 위해서는 우선 민주주의 개념의 역사문화적 이질성을 고려해야 한다. 즉, 우리 정치지성들의 민주주의관과 민주주의 개념이 담지하고 있는 기본 원리는 결코 우리 정치사 속에서 자생적으로 형성된 것이 아니며, 변화하는 한국의 정치지형 위에서 상정된 이념적·실천적 목표에 따라 선택적으로 차용된 것이다. 바꾸어 말해서, 어떤 한국의 정치지성도 자본주의 경제체제의 구축과정이 수반한 정치적 투쟁과 타협을 통해 정제(精製)된 민주주의, 곧 서구 민주주의 기본 원리들을 포괄적으로 수용하지 않았다. 우리 정치지성들이 거론한 민주주의의 기본 원리들은 문명개화, 주권회복, 억압적 권위주의 정권에 대한 저항의 실천전략을 뒷받침하기 위해 차용된 낯선 원리들이며, 그들은 한국의 정치지형에도 이러한 외래적 원리들이 선택적으로 적용될 수 있다는 주장을 펼치려 진력했던 것이다.

근대적 의미의 민주주의 개념을 뒷받침하고 있는 기본 원리들은 앞서 언급한 것처럼 구미의 역사문화적 속성을 반영하고 있다. 기원전 5세기 고대 그리스 도시국가 아테네의 정치질서로부터 연원한 고전적 민주주의

며, 파생적 지칭성은 적용사례에 따라 변이양상을 표출할 수 있다. 김웅진. 2015. "사회과학적 개념의 방법론적 경직성: 국소성과 맥락성의 의도적 훼손."『국제지역연구』19:4, 5 참조.

개념은 1295년 영국의 〈모범의회(model parliament)〉가 소집된 이래 수 세기에 걸쳐 근대성을 점진적으로 획득해 왔다. 특히 근대적 민주주의의 기본 원리들은 1688년 〈명예혁명〉을 기점으로 시작된 영국 정치질서의 변동과정, 곧 절대군주제로부터 입헌군주제로의 이행과 프랑스 대혁명, 그리고 미국 독립혁명의 전개과정 속에서 이론적·사상적으로 끊임없이 재구성된 역사성을 갖고 있다. 오늘날 민주주의의 정치학적 개념이 노정하고 있는 산만한 지칭성, 다의성과 모호성은 바로 이러한 역사적재성(history-ladenness)으로부터 기인한다. 다시 말해서, 가장 고전적인 민주주의의 기본 원리는 '인민에 의한 지배(rule by the people)'로 수렴되나, 그러한 지배의 이념적 기반과 절차가 역사적으로 구체화되는 과정에서 다양한 개념적 지칭성이 파생되었다고 볼 수 있다. 즉, 민주주의 정치체제 연구의 이론적 토대를 제공한 정치학자들 가운데 한 사람인 로버트 다알(Robert Dahl)이 말한 바와 같이, 민주주의는 "서로 다른 시간과 장소에서 서로 다른 사람들에게 서로 다른 의미"를 지녀왔기 때문에 고유한 시간적(역사적)·공간적(지역적) 조건과 문화적 코드에 따라 지칭성의 다양한 변이가 나타난 것이다.[2]

그러나 이처럼 상이하고도 다양한 지칭성에도 불구하고 오늘날 민주주의 개념의 정치학적 정의는 몇 가지 공통된 기본 원리를 반영하고 있다. 즉, 민주주의는 '인민에 의한 지배'를 구현하기 위한 정치질서 혹은 정치체제로서, 시민의 **자유**와 **평등**이라는 이념적 원리와 그에 기초한 실천적 원리로서 정치적 **경쟁**과 **책임성**(accountability)을 기반으로 삼고 있다.

자유와 평등의 원리는 인민의 사적·개인적 이해관계와 요구를 정치과정,

---

[2] Dahl, R. 1998. *On Democracy*. New Haven: Yale University Press, 17.

곧 인간다운 삶을 영위하는데 필요한 자원의 "권위적 배분과정(authoritative allocation of resources)"[3])에 고루 반영해야 한다는 자유주의와 개인주의의 이념적 기반으로서, 인민의 적극적 정치참여와 정치세력들 간의 제도화된 경쟁이라는 실천적 원리를 통해 구현된다. 자유롭고도 평등한 참여를 법적·제도적으로 보장하는 헌정질서를 통해 인민의 개별적 이해관계가 정치경제적·사회적 자원의 배분과정에서 존중되며, 그럼으로써 독과점적 권력구조가 해체될 때 '인민에 의한 지배'가 현실화될 수 있다는 것이다. 즉, 인민의 다양한 요구가 부당한 제약을 받지 않고 자유롭게 표출되며, 그러한 요구에 상응하는 자원배분방식이 이해관계를 지닌 정치세력 간의 공정한 경쟁, 제도화된 경쟁을 통해 결정될 때 민주주의 정치질서가 확립된다고 본다.[4])

정치적 책임성 역시 헌정질서에 따른 참여와 경쟁의 보장과 더불어 '인민에 의한 지배'를 구현하기 위한 실천적 원리로 간주된다. 책임성의 원리는 국가권력의 행사가 자원의 배분과 적용방식의 타당성에 대한 사회구성원들의 평가에 따라 통제되어야 한다는 원리로서, 권력의 독점과 권력기구의 폐쇄성을 제어하기 위한 방어적 원리의 성격을 갖고 있다. 또한 ①인민이 선거를 포함한 주권행사의 제도적 기제를 통해 권력기구를 교체하거

---

3) 여기에서 "자원"은 사회구성원들이 삶을 영위하기 위해 필요로 하는 모든 유형적·무형적 자원을 의미한다. Easton, David. 1960. *The Political System*. New York: Alfred A. Knopf, 9.

4) 즉, 정치체계(political system)의 '투입'과 '전환' 기능이 민주주의의 이념적 원리인 자유와 평등의 원리에 입각해 원활하게 수행될 경우. 투입(input)은 시민(정치체계구성원)의 요구와 지지를 조정·집약해 정책결정과정으로 전달하는 기능을, 그리고 전환은 전달된 요구와 지지에 상응하는 자원배분방식, 곧 공공정책을 결정하는 기능(policy making)을 의미. Almond, Gabriel A. and Powell, G. Bingham, Jr. 1996. *Comparative Politics, A Theoretical Framework*. New York: HarperCollins College Publishers, 28-35.

나 책임을 물을 수 있는 수직적 책임성(vertical accountability), ②권력기구들이 상호견제와 감시를 통해 권력의 집중과 불법적 통치행위를 스스로 제어하고, 더 나아가 시민의 이익에 봉사하도록 강제하기 위한 수평적 책임성(horizontal accountability) 등 두 가지로 구성된 책임성의 원리는 대의제 정치질서 속에서도 권력이 집중되어 특정한 정치세력의 이해관계가 배타적으로 보장될 수 있는 위험성을 암시하고 있다. 다시 말해서, 민주주의의 기본 원리로서 책임성이 강조되는 이유는 인민의 동의와 지지에 입각해 구성된 권력기구가 헌정질서를 훼손하여 인민의 의사에 반하는 통치행위를 할 가능성, 또는 인민의 대표자가 권력의 집중화를 통해 자신의 사적 이익만을 추구할 가능성이 상존하기 때문이다.[5] 요컨대 인민의 어떠한 정치적 요구와 선호도 자원을 권위적으로 배분하기 위한 대안의 선택과정에서 배제되어서는 안 된다는 대전제가 근대 민주주의의 기본 원리를 관통하고 있다고 말할 수 있다. 그런데 이러한 민주주의의 기본 원리는 자유롭고도 공정한 거래를 근간으로 한 시장경제의 원리, 곧 자본주의 경제의 운영 원리가 정치적 공간에서 구현된 것이라고 볼 수 있다. 따라서 앞서 언급한 민주주의 개념의 역사적재성은 서구 자본주의 경제질서의 점진적 발전과정에서 형성된 자본주의와 민주주의의 상호의존적 관계 혹은 '민주주의의 자본주의적 성격'으로부터 비롯되었다 해도 과언이 아니다.

2. 민주주의 개념의 정의: 최대정의적 관점과 최소정의적 관점

현대 정치학 연구에 있어서 민주주의 개념은 앞서 논의한 기본 원리들

---

[5] 임혁백. 2001. 『민주주의와 한국정치』. 서울: 법문사, 207.

이 적용되는 사회적 삶의 영역을 어떻게 규정하느냐에 따라 최대정의적 관점(maximalist perspective)과 최소정의적 관점(minimalist perspective) 등 두 가지 맥락에서 정의되고 있다. 우선 최대정의적 관점은 민주주의를 실질적 민주주의(substantial democracy), 즉 인민 스스로 삶의 조건을 결정함에 있어서 정치적 영역을 포함한 사회 전 영역에 걸쳐 자유롭고도 평등한 권리가 보장된 상태로 정의하고 있으며, 민주주의의 기본 원리를 구현하기 위한 제도적 절차보다는 그러한 절차들을 적용함으로써 초래된 결과에 초점을 맞추고 있다. 다시 말해서, 최대정의적 관점은 사회의 모든 영역을 교차하여 진행되는 민주적 역동의 심화, 예컨대 사회경제적 영역에 있어서 분배의 평등,[6] 정치사회적 조건의 보편적 평등[7] 등을 민주주의의 표징으로 정의하는 포괄적 지칭성을 드러내고 있다. 이처럼 포괄적 맥락에서 정의된 실질적 민주주의는 민주주의의 기본 원리 가운데 특히 평등의 원리가 광범위하게 구현됨으로써 모든 사회적 역동에 있어서 인민의 자유로운 참여와 경쟁이 제도적으로 보장된 상태를 지칭하며, 참여민주주의(participant democracy), 사회민주주의(social democracy) 등의 형태로 구현된다.[8]

반면 최소정의적 관점에 따른 민주주의의 정의는 시민의 정치적 자유를 구현하는데 요구되는 최소한의 제도적 필수요건(procedural minimum)에

---

6) Dahl(1998); Lijphart, Arend. 1999. *Patterns of Democracy: Government Forms and Performance in Thirty-six Countries*. New Haven: Yale University Press.

7) A. 토크빌 지음·임효선 옮김. 2002, 2009. 『미국의 민주주의 1』, 『미국의 민주주의 2』. 서울: 한길사.

8) Huber, E., Rueschemeyer, D. and Stephens, J. 1997. "The Paradoxes of Contemporary Democracy: Formal, Participatory, and Social Dimensions." *Comparative Politics* 29:3, 323-343.

초점을 맞추고 있다. 이처럼 지칭영역을 제도적 요건에 제한해 좁게 정의된 형식적 민주주의(절차적 민주주의)는 인민의 자유로운 정치참여를 보장하고 인민에 대한 권력기구의 책임성을 물을 수 있는 정치기제의 작동여부를 민주성의 핵심적 척도로 간주한다. 예로서 보통선거를 통한 권력기구의 구성과 국민의 지지를 획득하기 위한 정치 엘리트들의 자유로운 경쟁이 제도적으로 보장되거나,9) 공직자를 제도적으로 교체할 수 있는 헌법적 기회가 확보된10) 선거민주주의(electoral democracy), 인민이 ①정책결정과정에 이익과 선호를 효율적으로 반영할 수 있고, ②투표의 평등성을 보장받고, ③정책적 선택 상황 속에서 각 대안의 잠재적 결과를 파악할 수 있는 기회를 가지며, ④정책결정의제를 통제할 수 있는 권한을 부여받고, ⑤범죄 혹은 정신적 지체 등으로 인해 선택능력을 상실한 사람을 제외하고는 누구든 빠짐없이 정치참여권을 가져야 한다는 다섯 가지 조건을 충족시킬 수 있는 정치적 기제가 작동하는 정치적 민주주의(political democracy)가 전형적인 절차적 민주주의의 유형에 해당된다.11) 또한 다이어먼드(Larry Diamond)는 현대 민주주의를 헌정질서에 따라 시민의 실질적 자유가 보장된 자유민주주의(liberal democracy)로 정의하여 권력의 역전 불가능성과 수평적 책임성, 그리고 시민적 자유의 확장을 보장하는 제도적 절차의 존재를 가장 두드러진 특징으로 제시하고 있으며,12) 루쉬마이어(D. Rueschemeyer)·스티븐스(E. Stephens)·스티븐스(J. Stephens) 역시 민주주의를 절차적 수

---

9) Schumpeter, J. 1950. *Capitalism, Socialism, and Democracy*. London: Allen and Unwin.
10) Lipset, S. M. 1959. "Some Social Requisites of Democracy: Economic Development and Political Legitimacy." *The American Political Science Review* 53:1, 69-105.
11) Dahl, R. 1989. *Democracy and Its Critics*. New Haven; Yale University Press, 83-105.
12) Diamond, L. 1999. *Developing Democracy: Toward Consolidation*. Baltimore: Johns Hopkins University Press.

준에서 참여성과 경쟁성뿐만 아니라 그러한 민주적 절차를 정당화하기 위한 시민적 자유의 확대를 민주주의의 표징으로 제시하고 있다.13)

이처럼 민주주의의 정치학적 개념은 정치적 영역을 넘어서서 사회 전반에 걸쳐 진행되는 민주적 역동의 심화와 그 결과로서 나타나는 정치적·경제사회적 상태(최대정의적 관점), 또는 그러한 상태에 도달하기 위해 요구되는 정치제도적 절차(최소정의적 관점) 등 두 가지 맥락에서 정의되고 있으며, 어떠한 맥락에서 정의되든 자유롭고도 평등한 정치사회적 경쟁과 참여, 그리고 인민에 대한 권력기구와 권력집단의 책임성을 핵심적 지칭성으로 상정하고 있다고 말할 수 있다.

이 책에서 사용된 민주주의 개념은 최대정의적 관점과 최소정의적 관점을 포괄하는 탄력적 개념(flexible concept)이다. 이렇게 지칭경계를 명백히 확정하지 않은 이유는 우리 정치지성들의 담론에 반영된 민주주의 개념의 산만성에 놓여 있다. 즉, 우리 정치지성들은 예외 없이 실질적 민주주의와 절차적 민주주의를 넘나들거나 교차하는 민주주의 개념을 제시하고 있으며, 따라서 그들의 담론에 반영된 민주주의 개념은 지칭상의 일관성과 안정성을 모두 상실하고 있다. 물론 이러한 민주주의 개념의 불안정성은 서두에서 지적한 바와 같이 그들의 담론이 상정했던 목표와 대상, 그리고 담론을 전개한 맥락이 정치지형의 변화와 더불어 수시로 바뀌었기 때문이다. 민주주의를 특정한 정치적 목표를 달성하기 위한 이념적이자 제도적 대안으로 간주했던 우리 정치지성들은 담론의 대상과 초점이 무엇이냐에 따라 민주주의 개념의 지칭성을 수시로 조율할 수밖에 없었던 것이다. 따라서 경직된 민주주의 개념을 사용한다면 이 책이 내용분석을 통

---

13) Rueschemeyer, D., Stephens, E. and Stephens, J. 1992. *Capitalist Development and Democracy*. Chicago: University Of Chicago Press.

해 해체하려 시도한 우리 정치지성들의 담론은 그 범주가 극도로 제한될 가능성이 크다. 예로서 최대정의적 시각에서 볼 때 개화기의 정치적 담론들은 대부분 민주주의 담론에 해당되지 않는다. 이 책은 민주주의 개념의 확정적 지칭성에 따라 이처럼 연구대상(문헌)이 축소되거나 상실되는 상황을 피하고, 더 나아가 우리 정치지성들의 민주주의 개념이 지닌 포괄적 혹은 선택적 지칭성을 규명하기 위해 앞서 언급한 바와 같이 탄력적 민주주의 개념을 채택하였다. 물론 이러한 개념의 탄력성은 보편적 적용성을 방법론적으로 확보하기 위해 개념의 지칭영역을 '억지로 잡아 늘이기', 곧 사토리(Giovanni Sartori)가 지적한 개념확장(conceptual stretching)의 오류를 야기할 가능성이 크다는 견해가 제시될 수 있다.14) 그러나 개념확장의 오류는 경험적 사회과학 연구에 있어서 개념과 현실세계 간의 상호조응성(empirical correspondence)의 측면에서 탐지되는 오류이며, 어떤 개념의 본질적 지칭성을 규정하는 맥락정의의 문제는 아니다. 개념의 본질적 지칭성이 어떻게 상정되었든 상관없이 지칭성의 각 영역과 현실세계의 조응성이 확보되는 한 개념확장의 오류는 발생하지 않는다.

3. 민주주의 담론: 범주와 주체의 설정

이 책은 바로 위에서 밝힌 바와 같이 경직된 민주주의 개념을 수용하지 않고 있다. 왜냐하면 민주주의의 개념적 지칭성을 폐쇄적으로 확정할 경우 우리 정치지성들의 정치적 담론이 함축하고 있는 민주성을 포괄적으로

---

14) Sartori, G. 1970. "Concept Misformation in Comparative Politics." *The American Political Science Review* 64:4, 1033-1036 참조.

탐색할 수 없기 때문이다. 즉, 어떤 정치적 담론이 사회 전반에 걸친 민주화가 아니라 단지 권력구도의 재배열을 통해 정권의 정당성과 안정성을 강화하려는 목적으로 민주주의 정치기제를 도입할 것을 역설하고 있다면, 민주주의 개념에 관한 최대정의적 관점에서 볼 때 그러한 담론을 결코 엄정한 의미에 있어서의 민주주의 담론으로 규정할 수 없다. 예컨대 군주와 정부를 분리하여 군주의 상징적·절대적 위상을 수호하고 국민들의 "생업"과 "신명"을 보전[15]하는데 필요한 제도적 절차로서 "군민공치"를 역설한 유길준의 『서유견문』을 민주주의 담론에 포함시킬 수 있는가? 유길준은 군주제의 정당성을 절대 명제로 삼은 유가적(儒家的) 사유와 대의제 민주주의 정치질서 간의 타협점을 "군민공치"의 논리에서 찾아 문명개화의 정치적 대안을 제시했을 뿐이며, 따라서 『서유견문』에 민주성이 내포되어 있다고 단언하기란 어렵다.

또한 민주주의의 기본 이념과 정치제도를 단순히 소개한 담론을 과연 민주주의 담론이라 부를 수 있느냐에 대해서도 이견이 있을 수 있다. 예로서 청년 이승만(李承晩, 1875~1965)은 『독립정신(獨立精神, 1904)』을 통해 "문명한 나라"에서는 "임금", 곧 통치자에 대한 인민의 지지가 "제대로 된 정치제도"에서 나온다고 주장하며, 헌정질서의 확립과 국민의 기본권 보장 등 민주주의의 절차적 원리, 특히 그 가운데에서도 미국의 정치체제와 정치질서를 비교적 상세히 소개했던 것이 사실이다.[16] 그는 개화기 조선이 당면한 정치적 현실에 비추어 볼 때 정치체제 자체를 전환하는 것은 매우 위험하다고 판단하고, 이러한 '소개'를 통해 "문명한 나라"의 민주주

---

15) 유길준(1995), 140.
16) 이승만 저·김충남, 김효선 풀어씀. 2010. 『독립정신』. 서울: 동서문화사, 101-118.

의 정치체제가 운영되는 원리를 대중에게 알림으로써 점진적 체제개혁의 필요성을 강조하려 했던 것이다. 즉,『독립정신』에 담긴 민주주의 정치질서에 관한 소개는 조선 정치사회의 민주화라기보다는 개혁에 저항하는 세력과 개화 엘리트들의 권력독점을 비판하려는 목적을 갖고 있었다고 말할 수 있다. 이처럼 민주화를 적극적으로 지향한 것이 아니라 "문명국가"들의 민주정치질서를 성공적이자 안정적인 국정운영의 사례로 제시함으로써 체제개혁의 당위성과 필요성을 우회적으로 역설한 담론은 비록 민주주의 개념에 대한 최소정의적 관점을 받아들인다 해도 진정한 민주주의 담론으로 간주될 수 없다.

민주주의 개념에 대한 최대정의적 관점을 받아들이든 최소정의적 관점을 수용하든, 한국의 본격적인 민주주의 담론은 어디까지나 현대 한국의 정치지형 위에서 이루어졌다고 말할 수 있다. 예컨대 "민주주의냐 아니냐는 기준은 그 국가사회의 정치적 권리뿐만 아니라 사회적·경제적 권리와 기회가 민중, 인민, 시민 또는 국민(명칭이야 어떻든)에게 얼마나 균등하게 배분되고 보장되어 있느냐에 따라 평가"되어야 한다고 주장한 리영희(李泳禧, 1929~2010)의 정치적 담론이나,[17] 정치적 관용을 보장하는 "상대주의적 세계관"과 정치적 갈등을 "공정한 이성"에 따라 조정하기 위한 "합리주의적 세계관"을 민주주의의 기본 이념으로 제시한 장준하의 담론[18]은 최대정의적 관점에서 볼 때 분명 민주주의 담론에 해당된다. 그러나 장준하의 또 다른 담론은 박정희의 군부권위주의체제 하에서 작동하고 있는 "강압적 정치제도"가 "양극시대의 분단의 논리를 제도적으로 완결하

---

17) 리영희. 1974.『轉換時代의 論理』. 서울: 창작과 비평사, 297-298.
18) 장준하 선생 10주기 추모문집 간행위원회 편. 1985.『張俊河文集 3』. 서울: 사상, 216-217.

는 것들"이기 때문에, "정치제도의 민주화"와 민족세력을 근간으로 한 "자주·자족적인 민족경제와 구조적으로 복지·평등사회인 경제체제"를 구축함으로써 분단체제를 뛰어넘어야 한다고 역설함으로써[19] 정치제도의 민주화를 분단체제 극복의 요건 가운데 하나로 역설하고 있다. 이러한 맥락에서 진행된 장준하의 담론은 절차적 민주화를 통한 분단의 극복을 지향하고 있기 때문에 민주주의 담론이라기보다는 분단극복의 담론에 해당된다고 볼 수 있으며, 그가 담론의 목적에 따라 민주주의에 관한 최대정의적 관점과 최소정의적 관점을 번갈아 채택했다는 사실을 보여준다. 요컨대 우리 정치지성들의 정치적 담론에서 거론된 민주주의는 정치적 수단과 목표, 실천 전략과 이념, 제도와 세계관 등 지극히 포괄적인 개념적 지칭성을 나타내고 있다.

이 책은 이처럼 다양한 목적성, 유연성과 포괄성을 드러내고 있는 우리 정치지성들의 민주주의관을 고려해 민주주의 담론의 범주를 아래와 같이 설정한다. 첫째, 절차적 민주주의관을 견지한 담론이든 실질적 민주주의관을 수용한 담론이든 모두 민주주의 담론으로 간주한다. 둘째, 어떤 담론이 민주화를 특정한 목표를 달성하기 위한 정치적 경로와 수단으로 간주했든 그 자체를 목적으로 했든 모두 민주주의 담론으로 규정한다. 셋째, 어떤 정치적 담론이 민주주의의 기본 이념이나 제도적 절차를 단순히 소개하려 했든 구현할 것을 역설했든 상관없이 모두 민주주의 담론에 포함시킨다.

그렇다면 이 책이 상정하고 있는 민주주의 담론의 주체들은 누구인가? ≪근현대 한국지성사 대계 총서≫ 가운데 민주주의 영역을 논의한 두 권

---

19) 『張俊河文集 1』(1985), 47-48.

의 책 가운데 제2권인 이 책은 분석시각의 일관성을 확보하기 위해 제1권 『민주주의와 민주화 I : 자주적 근대화와 저항의 담론』이 선정한 한국의 정치지성들을 민주주의 담론의 주체로 상정한다. 즉, 이 책은 제1권과 마찬가지로 개화기, 일제강점기와 현대 한국의 정치지형에 걸쳐 문자매체를 통한 담론뿐만 아니라 다양한 정치적 실천을 통해 고유한 민주주의관을 제시하거나 민주주의 정치질서를 구현하려 진력한 주요 지식인들을 민주주의 담론의 주체로서 규정한다.

물론 이러한 주체의 선정은 어떤 담론(문헌)과 그 필자가 갖는 정치사적이자 현실정치적인 영향력을 고려해 이루어져야 한다. 예컨대 이 책이 내용분석의 대상으로 선정한 문헌들 가운데 하나인 "머리를 숙이라 민권 앞에"(『사상계』 제174호)의 필자 장준하의 정치사적 위상은 어떠한 것이며, 이 글이 현대 한국의 정치지형에 미친 영향력은 어느 정도인가? 제1권이 상술한 것처럼 지대한 정치사적 영향력을 행사한 담론이나 담론주체를 선정하는 과정에는 연구자의 주관적 판단이 개입되게 마련이다. 이러한 주관성을 최소화할 수 있는 방법은 한국 민주주의에 관련된 사상적·사상사적 논의과정에서 가장 빈번히 거론되는 문헌의 저자를 민주주의 담론의 주체로 선정하는 방식, 즉, 연구자들 간에 탐지되는 간주관성을 추적하는 방식이다. 이러한 방식을 통해 주요 민주주의 담론의 주체를 선정하기 위해 제1권의 저자와 더불어 『韓國政治思想史』(박충석, 2010), 『한국정치사상사』(신복룡, 1997), "19세기말 조선에 있어서 민주주의 수용론의 재검토"(안외순, 2001) 등 국내에서 출간된 한국정치사상, 한국정치사 관련 주요 저서와 한국의 민주주의 담론에 관한 연구논문들을 광범위하게 검색하여 개화기의 유길준, 박영효(朴泳孝)와 이승만, 일제 강점기의 안확과 고

영환(高永煥), 박래홍(朴來弘) 등 '신지식인(新知識人)', 그리고 현대 한국의 장준하, 함석헌과 리영희(李泳禧)를 민주주의 담론을 주도한 정치지성으로 규정하였다. 그리고 이들 가운데 유길준·안확·장준하·함석헌 등 4명의 정치지성들이 전개한 민주주의 담론 가운데 일부를 내용분석의 대상, 곧 분석표본(sample)으로 선택하였다.[20] 이들과 이들이 전개한 담론의 정치사적·지성사적 중요성과 영향력에 관해서는 각 문헌에 대한 내용분석에 앞서 관련 분야 연구자들의 다양한 시각을 요약하면서 상세히 논의하기로 한다.

---

[20] 본 ≪근현대 한국지성사 대계 총서≫의 제1권 『민주주의와 민주화 Ⅰ: 자주적 근대화와 저항의 담론』은 1970년대 한국의 이념적 논쟁을 유도한 대표적 저서 『전환시대의 논리』(1974)의 저자 리영희를 민주주의 담론의 주체로 선정하여 그의 민주주의관을 논의하고 있으나, "냉전 이데올로기를 기반으로 한 독재권력의 해체"를 역설한 그의 좌파적 시각으로 인해 그를 한국의 대표적 정치지성으로 규정하는 데에는 이념적 논란이 따를 수 있다고 밝히고 있다. 이 책은 지성사 연구에 경험과학적 내용분석을 국내 최초로 적용한 방법론적 시도이기 때문에, 이러한 방법론적 시도의 효용성이 분석대상이 된 담론과 담론주체의 성격에 관한 이념적 논란에 의해 희석되는 것을 피하기 위해 리영희의 담론을 분석대상에서 제외했다는 점을 밝혀둔다.

제 3 장

연구설계:
경험과학적 내용분석의 구도, 대상과 기법

앞서 수차 밝힌 바와 같이 이 책은 경험과학적 내용분석을 적용해 개화기, 일제 강점기와 현대 한국의 정치지형 위에서 전개된 민주주의 담론을 해체하여 민주주의 개념이 사용된 구조적 맥락을 규명하고, 그럼으로써 그 지칭성이 정치지형의 변화에 따라 어떻게 변용되어 왔는가를 밝히려는 목적을 갖고 있다. 이를 위해 우선 내용분석의 구도와 문헌표본을 확정한 후, 이어 제1부~제3부에 걸쳐 유길준(개화기), 안확(일제 강점기), 장준하·함석헌(현대 한국)의 민주주의관에 대한 기존 연구의 내용을 요약·정리한 다음, 이들의 민주주의 담론을 대표하는 문헌표본을 대상으로 내용분석을 수행한다. 그리고 내용분석 결과를 바탕으로 민주주의 개념의 변용양상을 요약해 보고, 그 지성사적 함의를 결론으로 제시하기로 한다.

1. 분석구도

경험과학적 내용분석은 메시지의 핵심주제와 전달구조 파악, 메시지의 생산의도 추론 등 연구목적에 상응해 설정된 분석구도에 따라 진행되며, 메시지에 포함된 분석단위(용어, 구, 문장)의 출현빈도를 일괄적으로 측정하는 방식(단순출현빈도 측정법, word frequency list), 메시지를 구성하고 있는 주제별 맥락을 범주화하여 각 범주에 포함된 분석단위들의 출현빈도를 계측하는 방식(범주별 측정법, category counts), 그리고 각 범주에 속한 용어, 구 등의 분석단위가 사용된 문장의 출현빈도를 측정하는 원전검색법(retrievals from coded text) 등 세 가지 유형으로 구분된다.[1] 이 책에서는 한국의 정치지성들이 진행한 민주주의 담론의 구조적 맥락과 그 속에 반영된 민주주의관을 추적하기 위해 두 번째 유형인 범주별 측정법을 채택해 아래와 같이 여섯 단계에 걸친 내용분석을 수행하였다.

①앞서 밝힌 방식에 따라 한국 민주주의 담론의 주체로서 선정된 4명의 정치지성들의 저술 가운데 내용분석을 위한 문헌표본을 선정한다. 문헌표본은 아래 (2) 분석대상: 문헌표본에 상세히 제시되어 있다.

②문헌표본에 대한 1차 독해와 기존 연구의 검색을 통해 분석단위로서 핵심용어(key words)와 구(phrases)를 선정한다.

③담론의 맥락과 세부주제를 범주화한 일반사전, 곧 담론에 포함된 분석단위의 범주화를 위한 분류지침을 작성한다. 일반사전을 구성하고 있는 범주, 즉 담론의 맥락과 각 맥락에 포함된 구체적 용어, 구 등 분석단위들에 관해서는 내용분석을 수행한 각 장에서 상세히 논

---

[1] 내용분석의 유형은 ①핵심어의 단순 출현빈도 측정방식(word counts and key word counts), ②핵심어의 주제별 출현빈도 측정방식(thematic content analysis), ③핵심어의 사용배경 및 의미추적 방식(referential content analysis)로 구분되기도 한다. Franzosi, R. "Content Analysis." Lewis-Beck, Bryman, A. and Liao, T. F., eds. 2004. *The Sage Encyclopedia of Social Science Research Methods*, Vol. 3. Thousand Oaks · London · New Delhi: Sage Publications, 186.

의하기로 한다. 아래 예시한 일반사전은 장준하가 1958년 10월에 출간된 사상계 제63호에 실린 장준하의 권두언 "나라의 주인은 백성이다"에 대한 내용분석에 사용된 것이다.

④일반사전에 따라 범주별 분석단위의 출현빈도를 계측한다.

〈표 1〉 일반사전에 따른 용어별 계측빈도 측정의 예시
: 장준하의 "나라는 백성의 주인이다"(사상계 제63호/1958년 10월)

개념	맥락		범주정의	빈도(%)
민주주의	체제의 정치적 정향		민주사회(1), 민주정치(2), 민주국가(1), 반공(1)	5
	이념적 기반		국민: 개개인(1), 국면(3), 백성(8), 주권자(1), 주권(1), 민주주권(1), 주인(4), 인민(1) 기타: 국민생활의 안정(3), 애국(1)	24
	정치제도와 절차		법: 법률(1), 민주질서(2) 절차: 다수(1), 소수(1), 다수의사(1)	6
	정치체제의 자주성			0
	정치권력의 정당성	주체	지배질서(1), 지배층(1), 국가(4), 정부(4), 권력(2), 특권계급(2), 독재자(3), 나라를 다스리는(1), 입신출세하는 자(1), 관권(1), 독재(1), 관원(1)	22
		행사 방식	복종케(1), 안락과 영화를 보장(1), 결한(1), 등한(1), 타락(2), 속박(1), 전단정치(1), 찬탈한(1), 자기의 멋대로(1), 농단(1), 강요(1), 타락된(1), 군림(1), 몰아세운다(1)	16
		저항/ 타도	투쟁(1)	1
계				74

⑤분석단위의 결집양상을 〈워드 클라우드(Word Cloud)〉, 〈입체원도표(3D Pie Chart)〉 등 두 가지 그래픽 분석기법을 통해 시각적으로 구조화하여 담론의 각 맥락이 지닌 상대적 중요성을 판정한다.

⑥분석결과에 입각해 각 정치지성이 전개한 민주주의 담론에 반영된 민주주의관과 민주주의 개념을 파악하고, 정치지형의 변화에 따른

지칭성의 변화양상을 추적한다.

2. 분석대상: 문헌표본

분석대상이 된 문헌표본으로서는 한국의 민주주의 담론에 관한 기존 연구와 『민주주의와 민주화 I』에서 거론된 정치지성들의 저술 가운데 가장 빈번하게 인용된 총 27편의 글을 아래와 같이 선정하였다.

① 유길준 (개화기의 민주주의 담론): 『서유견문(西遊見聞)』[2)]

제3편	나라의 권리
제4편	국민의 권리
제5편-1	정부의 시초
제5편-2	정부의 종류

② 안확 (일제 강점기의 민주주의 담론): 『조선문명사(朝鮮文明史)』[3)]

제1장 서언(緒言)
제6장 근세군주독재정치시대(조선), 제75절 입법~제82절 국민대표의 발안
제6장 근세군주독재정치시대(조선), 제83절 정당의 발생~제85절 당파와 정치발달
제6장 근세군주독재정치시대(조선), 제105절 유향소~제108절 촌회
제6장 근세군주독재정치시대(조선), 제123절 외무행정

---

2) 유길준 지음·허경진 옮김. 1995. 『서유견문』. 서울: 한양출판.
3) 자산 안확 지음·송강호 역주. 2015. 『국학자 안자산의 한국통사 朝鮮文明史』. 서울: 우리역사연구재단.

③장준하 (현대 한국의 민주주의 담론): 『사상계』에 게재된 글 9편

권두언: 민주주의의 재확인	『사상계』 제34호 (1956. 5)
권두언: 나라의 주인은 백성이다	『사상계』 제63호 (1958. 10)
권두언: 민주정치의 확립을 위하여	『사상계』 제64호 (1958. 11)
권두언: 행정수뇌들과 입법자들을 향하여	『사상계』 제70호 (1959. 5)
권두언: 민권전선의 용사들이여 편히 쉬시라	『사상계』 제82호 (1960. 5)
권두언: 또 다시 우리의 향방을 천명하면서	『사상계』 제83호 (1960. 6)
권두언: 누가 우리를 기만하고 있는가?	『사상계』 제127호(1963. 11)
법의 정신과 질서	『사상계』 제153호(1965. 11)
머리를 숙이라 민권 앞에	『사상계』 제174호(1967. 10)

④함석헌 (현대 한국의 민주주의 담론): 『사상계』 및 『씨올의 소리』에 게재된 글 9편

생각하는 백성이라야 산다 - 6·25 싸움이 주는 역사적 교훈	『사상계』 제61호 (1958. 8)
5·16을 어떻게 볼까	『사상계』 제96호 (1961. 7)
민중이 정부를 다스려야 한다	『사상계』 제120호 (1963. 4)
꿈틀거리는 백성이라야 산다	『사상계』 제124호 (1963. 8)
저항의 철학	『사상계』 제166호 (1967. 2)
혁명의 철학	『사상계』 제180호 (1968. 4)
나는 왜 씨알의 소리를 내나	『씨올의 소리』 창간호 (1970. 4)
비상사태에 대하는 우리의 각오	『씨올의 소리』 7호 (1971. 12)
민족노선의 반성과 새 진로	『씨올의 소리』 13호 (1972. 8)

3. 분석기법: 〈워드 클라우드〉와 〈입체원도표〉

분석단위의 각 범주별 출현빈도를 계측하고, 계측결과에 따른 분포·결집 양상을 파악하기 위한 시각적 표현기법으로서 〈워드 클라우드〉와 〈입체원도표〉를 택하였다. 〈워드 클라우드〉 혹은 〈태그 클라우드(Tag Cloud)〉는 텍스트의 주제와 맥락을 파악하기 위해 핵심용어의 결집양상을 시각적으로 돋보이게 하는 기법이다. 즉, 이 기법은 텍스트를 구성하고 있는 핵심용어의 집합체, 곧 태그(tag)들의 상대적 중요성을 글자의 색상과 굵기를 통해 시각적(주로 2차원적 원형 그래픽)으로 표현함으로써 텍스트의 전반적 구성맥락을 파악할 수 있도록 한다(아래 〈워드 클라우드〉의 예시 참조).

〈자료 1〉 〈워드 클라우드〉의 예시: 유길준의 『서유견문』 제5편-1 「정부의 시초」

한편〈입체원도표〉는 텍스트에서 가장 빈번히 언급된 10개 용어를 선별한 후, 개별 용어가 전체 용어의 총 언급빈도에서 차지하는 비율(%)을 보여줌으로써〈워드 클라우드〉를 통해 나타난 용어의 결집양상을 보다 상세히 분석할 수 있는 정보를 제공해 준다. 예컨대『서유견문』의 제5편-1「정부의 시초」에 대한〈입체원도표〉의 경우, '개화' 등〈근대화〉의 범주에 속한 용어들의 언급빈도에 비해 '국민'이나 '법률' 등 ≪민주주의≫ 범주에 속한 용어들의 언급빈도가 높게 나타나고 있다(개화 4% · 국민 10.3% · 법률 14.3%, 아래〈입체원도표〉예시 참조).

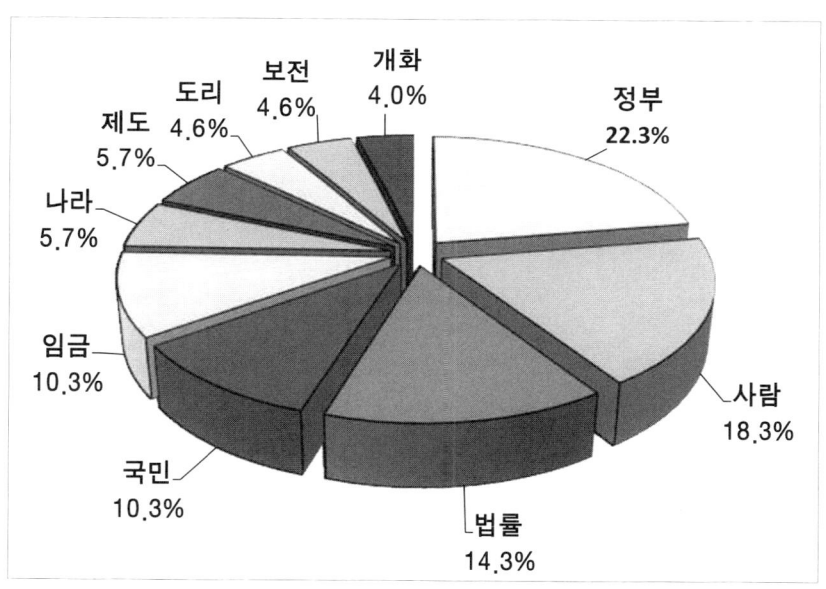

〈자료 2〉〈입체원도표〉의 예시: 유길준의『서유견문』제5편-1「정부의 시초」

이러한〈워드 클라우드〉와〈입체원도표〉의 작성은 텍스트 분석에 광범위하게 적용되고 있는 전산 패키지 R (*R Project for Statistical Computing*)

을 통해 이루어졌다. R은 통계 프로그래밍 언어 S를 기반으로 구축된 오픈소스(open source) 프로그램으로서, 데이터 마이닝(data mining)[4]을 포함한 빅데이터(big data) 분석과 그래프 작성 등에 널리 사용되고 있다.

---

[4] 데이터 마이닝은 빅 데이터(big data)에 내재된 통계적 규칙이나 패턴을 찾아내기 위한 분석기법을 총칭하며, 장문의 텍스트를 대상으로 한 내용분석도 크게 보아 데이터 마이닝의 범주에 속한다고 볼 수 있다.

제 1 부

『서유견문』:
유길준의 문명개화 담론

⋮

19세기 말 조선에 등장한 개화사상은 자주적 근대화를 위한 전통적 정치사회질서의 개혁을 지향했다는 측면에서 명백한 근대사상으로서의 성격을 가졌으며, 또한 이를 바탕으로 자강운동(自强運動)과 같은 실질적 개혁을 추동했다는 점에서 근대화 운동으로서의 의의도 가진다고 말할 수 있다. 1876년 일본과 조일수호조규(朝日修好條規, 강화도조약)를 체결함으로써 제국주의 외세에 문호를 개방한 조선은 서구열강이 각축을 벌이고 있던 새로운 동아시아 국제질서 속에 강제로 편입될 수밖에 없었다. 이러한 상황 하에서 개화기 지식인들은 조선의 자주와 독립을 보장하기 위한 전략적 방편의 하나로서 정치사회제도의 개혁을 적극적으로 추진했다. 그러나 이러한 개혁은 조선 정치사회체제의 전면적 전환이 아니라, 부국강병(富國强兵)을 위한 현실적 대안으로서의 제한적 개혁이었다. 즉, 이들은 막강한 군사력과 경제력을 앞세운 서구열강에 대항하기 위해 서구의 문물을 받아들여 '문명한 나라'를 건설하고자 진력했다. 서구의 근대화된 정치체제를 뒷받침하고 있던 민주주의 정치이념과 정치제도를 선택적으로 수용함으로써 조선의 군주제가 지니고 있는 취약성을 보완하기 위한 정치·경제·사회제도를 스스로 마련하려 했던 것이다.

근대 계몽운동의 선구자이자 개화사상을 정립하고 실천한 개화기의 정치지성 유길준의 대표작 『서유견문』은 그가 서양의 여러 나라를 순방하며 직접 관찰한 바를 기록한 일종의 견문록(見聞錄)이지만, 단순한 여행기 이상의 의미를 갖는다. 즉, 유길준은 『서유견문』을 통해 조선이 문명국가로 부상하기 위해서는 서양의 근대적 정치사회제도를 적극적으로 수용해 자주적 근대화, 곧 '문명개화'를 달성해야 한다는 것을 강조하고 있다. 다시 말해서, 『서유견문』은 유길준이 당시 조선이 처한 현실을 객관적으로 파악하고 향후 조선이 지향해야 할 개혁의 기본 방향을 제시하기 위해 펴낸 "개화의 교본"인 것이다.[1]

---

[1] 유길준 지음·허경진 옮김. 1995. 『서유견문』. 서울: 한양출판, 6; 정용화. 2000. "한국 근대의 정치적 형성: 『서유견문』을 통해본 유길준의 정치사상." 『진단학보』 89, 291; 유재천. 1993. "한국 근현대사와 책의 사회사(2) - 유길준의 「서유견문」." 『출판저널』 120. 유길준이 『서유견문』을 집필하던 1888~1889년은 임오군란과 갑신정변 실패의 영향으로 청이 조선의 내정과 외교에 간섭하는 등 조선에 대한 종주권을 강화하고 있던 시기였기 때문에, 그에 있어서 가장 시급한 문제는 청의 영향력을 벗어나 조선이 자주독립의 국권을 수립하는 것이었다. 정용화는 『서유견문』의 차례에서부터 유길준이 가졌던 청으로부터의 자주독립이라는 문제의식을 파악할 수 있다고 주장한다. 『서유견문』은 총 20편으로 구성되어 있으며, 내용 상 네 부분으로 구분할 수 있다. 즉, 서론 격인 1편과 2편은 각 나라들과 세계지리 및 자연환경, 인종, 물산 등을 자세히 소개하고 있는데, 이는 세계는 넓고 다양하기 때문에 청이 세계의 중심이 아니라는 것을 주장하기 위한 것이었다. 따라서 유길준에 있어서의 개화 혹은 자주적 근대화는 당시의 청나라 중심의 세계관으로부터의 탈피였다. 다음으로는 3편에서 12편까지로 정부의 형태와 직분, 인권, 교육 및 조세 제도 등 서양의 각종제도를 소개하고 있으며, 13편에서 18편까지는 서양의 각종 문물의 소개인데, 정용화는 14편의 후반에 실린 '개화의 등급'을 결론으로 간주한다. 그의 주장에 따르면, 개화의 개념과 방법론을 제시한 이 글은 당초에 없던 것을 출판 직전에 삽입한 것으로서, 갑오경장에서 개혁을 주도했던 유길준의 구체적 개혁의지를 담고 있다는 것이다. 마지막 19편과 20편은 유럽과 미국의 대도시를 견문한 기록이다. 김봉진은 『서유견문』에는 후쿠자와 유키치의 『서양사정』(초편 1866)의 일부를 번역하여 옮긴 부분이 3분의 1정도이며, 이중에는 유길준이 개작한 부분도 상당하다고 밝히고 있다. 김봉진. 2011. "유길준의 근대국가관." 『동양정치사상사』 10:1, 227-230.

본 1부에서는 『서유견문』의 제5편-1 「정부의 시초」, 제5편-2 「정부의 종류와 정치제도」, 제4편 「국민의 권리」, 제3편 「나라의 권리」에 대한 경험과학적 내용분석을 통해 유길준이 서구 민주주의 이념과 정치제도를 어떻게 이해했고, 조선의 문명개화를 위해 그러한 이념과 제도를 어떻게 수용하고자 했는가를 파악해 보기로 한다. 이를 위해 우선 개화기 조선에 있어서 이루어진 민주주의 개념의 변용양상을 개괄적으로 논의하고, 이어 『서유견문』에 반영된 유길준의 민주주의관에 대한 기존 연구의 다양한 시각과 견해를 요약해 본다. 마지막으로 근대화와 민주주의 등 『서유견문』을 통해 제시된 유길준의 개화담론을 떠받치고 있는 두 가지 핵심 개념을 각각 '국가의 자주성'과 '체제의 개혁'(근대화), 그리고 '이념적 기반' 및 '정치제도와 절차'(민주주의)라는 맥락으로 구분한 후, 각 맥락에 속한 핵심어들의 출현빈도와 결집양상을 내용분석을 통해 추적해 보기로 한다.

제 1 장

개화기 조선에 있어서 민주주의:
전통성과 근대성의 선택적 결합

19세기 말엽에 불어 닥친 외세의 압력에 대항하기 위해 조선의 급속한 근대화를 모색했던 개화기 정치지성들은 서구 제국주의 국가들의 막강한 국력이 민주주의 정치질서로부터 비롯되었다고 판단했으며, 이에 따라 부국강병을 달성하기 위한 정치적 개혁방안으로서 민주주의 정치제도를 선택적으로 수용하려 시도했다.[1] 그러나 당시 조선의 정치질서는 유가 사상에 기초한 군주제 정치질서였기 때문에, 이들은 새로운 정치체제를 구상함에 있어서 유가의 통치이념을 계승함과 동시에 민주주의의 기제적 원리를 수용할 수 있는 방안을 모색할 수밖에 없었다.[2] 즉, 개화기 지식인들은 유가적 관점에서 군주제를 개혁하기 위한 실천적·제도적 준거로서 서

---

[1] 안외순. 2001a. "19세기말 조선에 있어서 민주주의 수용론의 재검토: 동서사상 융합의 관점에서." 『정치사상연구』 4, 28.

[2] 안외순은 개화기 민주주의의 수용에 관한 국내 기존연구의 경향을 두 가지로 대별하면서, 본인은 후자의 입장에서 바라보았다고 밝히고 있다. 전자는 개화지식인들의 근대적 사유의 수용의 정도에 대한 비판적 고찰이며, 후자는 주로 1996년 이후의 경향으로서, 개화기의 민주주의 수용과정을 유가문명과 서양근대 문명의 충돌과 융합과정으로 파악하려 했다는 것이다. 안외순(2001a), 29.

구 민주주의를 이해하고, 그러한 서구 민주주의 정치질서의 일부와 군주제 정치질서 간의 타협점을 찾으려 진력했던 것이다. 안외순의 연구는 이러한 관점에서 개화기의 정치지성들이 조선 정치체제의 개혁을 위해 받아들이려 했던 민주주의의 원리를 참정권과 저항권, 그리고 자유와 법치의 측면에서 아래와 같이 파악하고 있다.3)

첫째로, 개화기 정치지성들은 '민치(民治)'의 관점에서 참정권과 저항권을 보장할 수 있는 방안을 찾아내려 했다는 것이다. 즉, 유가 사상을 근간으로 한 조선 군주제의 통치이념은 '위민(爲民)'과 '민본(民本)'4)의 관념을 포함하고 있었으나 '민치(民治)', 곧 정치적 주체로서의 인민의 참정권을 인정하지는 않았다. 그러나 자주적 근대국민국가를 수립하려 했었던 개화기 지식인들은 서구 민주주의의 실천적 원리로서의 '참여'의 원리를 구현한 민치, 곧 '자유롭고 평등한 존재로서의 개인'과 '주권재민(主權在民)'의 관념을 유가 사상에 잠재적으로 내포된 인민의 '참정'과 '저항'의 관념에 연결시킴으로써 전통적 유가사상과 근대적 민주주의의 융합을 시도했다는 것이다. 즉, 이들은 인민의 참정권과 그에 수반된 저항권의 보장이라는 민주주의의 실천적 원리가 유가 정치이념의 기본 목표인 공천하(公天下)와 사천하(私天下)의 제한에 유효하다는 논리를 펼쳐나감으로써 민주주의 정치질서의 기본 원리를 수용해야 하는 이념적 근거를 제시했다. 예로서 박영효와 유길준이 주축이 되어 발간하던 『한성순보(漢城旬報)』 기사에 "사욕을 꾀하는 자가 있어도 실현할 수 없으니, 이것이 삼권분립의 첫째 이익이다. 입헌정체는 민선(民選)을 근본으로 해서 민의를 따르므로

---

3) 안외순(2001a).
4) 즉 민을 위한, 그리고 민의를 반영한 국정운영.

현자가 등용될 수 있고 소인을 막을 수 있으니, 이것 또한 입헌정체의 으뜸가는 이익"이라거나,5) "국왕을 공거(公擧)6)하는" 민주정의 최대 장점은 "나라를 다스리는 주권이 국민에게 있고, 모든 법이 국민으로부터 나오므로 군주 한 사람이 마음대로 할 수 없다"7)라는 주장이 실린 것으로 미루어 볼 때, 이들이 주권재민, 권력분립과 시민의 정치참여와 같은 서구 민주주의 정치질서의 기본 원리가 구현될 때 통치자에 의한 정치권력의 사유화가 제어됨과 동시에 공공선이 실현될 수 있다는 논리를 역설하려 했던 것으로 보인다는 것이다. 그러나 이들이 과연 민치의 원리가 지닌 정치적 정당성과 타당성을 확신하고 이를 군주제의 개혁에 액면 그대로 적용하려 했는가에 대해서는 의문의 여지가 있다. 바꾸어 말해서, 이들이 서구 민주주의의 기본 원리를 유가적으로 해석하려 시도했다는 사실 자체가 조선의 정치개혁에 그러한 원리를 적용할 수 있는 이념적 정당성을 애써 찾으려 한 것이지 원리 자체의 타당성을 인정한 것은 아니라는 점을 보여준다. 즉, 이들은 민주주의의 기본 원리 가운데 특히 권력분립과 인민의 정치참여와 같은 실천적 원리들을 민치의 유가적 해석을 빌어 군주제 정치질서의 개혁을 위한 제도적 방안으로 제시했을 뿐이라고 보는 것이 타당할 것이다.

안외순에 따르면 개화기 지식인들은 인민의 정치참여를 논의함에 있어서도 서구 민주주의의 원리와 상당한 차이를 보였다. 즉, 서구 민주주의의 기본 원리는 개인주의, 자유주의와 개인 간 혹은 개인과 국가 간의 사회계

---

5) "歐米立憲政體." 『漢城旬報』(1884년 1월 3일). 안외순(2001a), 37에서 재인용.
6) 선거.
7) "譯民主與各國章程及公儀堂解." 「各國近事」, 『漢城旬報』(1884년 2월 7일). 안외순(2001a), 37에서 재인용.

약을 근간으로 하고 있으나, 이들은 개인이익과 국가이익의 일체성을 앞세우며 국가이익의 증진을 위한 개인의 국정참여를 강조했다는 것이다. 즉, 민치를 인민에게 정치참여의 권리와 기회를 부여함으로써 국익을 증진하기 위한 정치적 수단으로 간주한 것이다. 또한 개화기 지식인들은 저항권을 유가의 '민본'과 '위민'의 관념을 통해 국가권력에 대한 저항권을 규정하려 했다. 정치적 공동체관으로서의 맹자의 여민동락(與民同樂) 개념을 바탕으로 삼아, 저항권을 보민호국(保民護國)의 의무를 저버린 군주에 대한 방벌론(放伐論)으로 해석했다는 것이다.[8]

두 번째로, 개화기 지식인들은 '자유'와 이를 보장하는 '법치'의 원리가 유가적 사유인 '도덕'과 '덕치'로 보완되어야 한다고 주장했다. 즉, 이들은 유가적 전통 속에 자유와 권리에 대한 관념이 애당초 내재해 있었기 때문에 민주주의의 자유 개념을 어렵지 않게 수용할 수 있었으나, 민주주의의 개인주의적 자유의 관념을 유가적 관념인 관계중심의 윤리와 결합시키려 시도했다는 것이다. 예로서 유길준은 "'개인의 자유'만 인정한다면 '사회적 책임성'의 결여를 초래할 지도 모른다"고 경계하면서, 도덕이나 윤리에 바탕을 둔 '개인의 자유'를 역설한 바 있다.

이처럼 개화기 지식인들은 서구 민주주의의 이념적·실천적(기제적) 원리들의 의미와 효용성을 유가적 사유를 통해 걸러내어 조선의 정치개혁에 반영하려 시도했다. 이러한 경향은 '서구적 법치'와 '유가적 덕치'와의 관계에서도 발견된다.[9] 예로서 박영효는 법치를 강조하면서도 법을 단지 형법(刑法)으로 받아들이는 인식을 벗어나지 못했기 때문에 법이 유가적

---

8) 안외순(2001a), 36-41.
9) 안외순(2001a), 41-48.

도덕정치로 보완되어야 한다고 주장하고 있다. 그의 법에 대한 인식은 아래 인용문에 잘 드러난다.

> "…형(刑)을 가혹하게 하여 인(仁)을 상하게 하고 벌(罰)을 윽박질러 의(義)를 어그러뜨리며 법(法)을 천단하여 신(信)을 잃어 마침내 사람의 마음을 연약(軟弱)/완폭(頑暴)/의심(疑心)하여 우란(憂亂)하게 하는 것은 만방미개(蠻邦未開)의 정치이다. 형을 인으로써 행하고, 벌을 의로써 행하며 법을 신으로써 행하여 마침내 사람의 마음이 호건(豪健)/화평(和平)/신뢰(信賴)하여 안온(安穩)하게하는 것은 문명개명(文明開明)한 정치이다…"10)

요컨대 개화기 지식인들은 민주주의의 이념적·실천적 원리와 유가 정치이념의 핵심적 가치인 도덕을 융합하려 했으며, 유길준 역시 도덕적 도리와 덕치가 함께 어우러지는 법치를 염두에 두고 있었다. 그는 또한 국가 혹은 정부에 의한 개인의 교화와 개인의 삶에 대한 국가의 윤리적 개입을 강조함으로써 민주주의 이념을 국가 중심주의 혹은 공동체 중심주의로 재해석하려 했다.11) 즉, 그는 애초에 정부가 출현한 이유를 아래와 같이 말하고 있다.

> "…학문으로써 사람의 도리를 가르치고, 법률로써 사람의 권리를 지켜서 인생의 정당한 도리로 신명과 재산을 보전하여 국가의 대업과 정부의 규모를 세워 나갔다. 이러한 규모가 만들어진 것은 사람의 강함과 약함, 현명함과 어리석음은 말할 것도 없고, 모든 사람의 사람 된 도리와 권리를 통일시키기 위해서였다…"12)

---

10) 박영효. 1888. 『건백서』, 297. 안외순(2001a), 45에서 재인용.
11) 안외순(2001a), 46.

안외순은 또한 정치참여 주체로서의 개인에 대한 개화기 지식인들의 인식은 자본주의 경제질서의 점진적 발전과 산업혁명의 결과로서 성장한 시민, 곧 경제적 영향력에 힘입어 부상한 '정치적 시민'이 아니라 정치에 필요한 덕성으로서 지식과 도덕성을 갖춘 유가적 시민이자 유가적 군자(君子)였다고 주장한다. 이러한 측면에 있어서도 역시 개화기 지식인들이 구상한 조선의 새로운 정치질서는 유가적 전통과 근대 민주주의적 가치를 선택적으로 융합한 정치질서, 바꾸어 말해서 민주성을 일부 담지한 군주제 정치질서였음을 알 수 있다.

---

12) 유길준(1995), 138.

제 2 장
한국 민주주의 담론의 전개과정에 있어서 유길준의 위상

유길준은 개화기의 양반 지식인들이 그러했던 것처럼 엄격한 유교 교육을 받았으며, 20세에 실학자 박규수(朴珪壽)의 문하에 들면서 김옥균(金玉均)·박영효·김윤식(金允植) 등 개화 엘리트들과의 교류와 『해국도지(海國圖志)』 등 서양사정에 관한 책들을 통해 해외문물을 접하게 되었다. 그는 1881년 26세의 젊은 나이에 신사유람단의 일원으로 일본에 파견되어 경응의숙(慶應義塾)에서 수학, 문명개화론자인 후쿠자와 유키치[福澤諭吉]의 『서양사정(西洋事情)』을 접하면서 『서유견문』을 구상하게 된다. 또한 1883년 보빙사(報聘使)[1] 민영익(閔泳翊)의 수행원으로 미국으로 건너가 약 2년간 수학하는 동안 자신의 개화사상을 가꾸어 나갔으며, 1884년 갑신정변의 실패 소식을 듣고 귀국하던 길에 유럽 각국을 살펴 볼 기회를 얻었다. 귀국과 동시에 연금되는 상황에 처한 그는 7년여에 걸친 연금 기간 동안 『서유견문』을 집필했다.[2]

---

1) 혹은 전권대신.
2) 1887년 가을부터 집필을 시작하여 1889년 봄에 탈고하였으며, 1895년에 동경에서 자비로 출판하였다(유재천(1993)). 이후 그는 정부의 관직에 등용되어 자주적인 개화를 위해 입

유길준이 지향한 것은 조선의 국가 체제를 자주적이자 독립적인 근대국민국가 체제로 개편하는 것이었다. 그는 이를 위해 대외적으로는 국권의 강화, 대내적으로는 정치질서의 재구성을 통한 포괄적이자 전면적인 정치사회개혁이 요구된다고 역설하며, 개인의 기본권이 보장되고 국가와 국민이 통합되는 것을 개혁의 핵심적 목표로 삼았다.3) 이러한 맥락에서 볼 때, 유길준의 개혁사상은 조선 후기에 정립된 '민국(民國)' 이념, 곧 군민일체론(君民一體論)에 입각해 군(군주)과 민(백성), 국(나라)과 민을 운명공동체로 간주한 새로운 통치이념으로부터 상당한 영향을 받았다고 볼 수 있다.

바로 이러한 측면에서 한국 민주주의 담론, 보다 넓게는 근현대 한국지성사의 전개과정에서 유길준이 차지하고 있는 위상을 규정할 수 있다. 유길준은 앞서 논의한 전통성과 근대성의 선택적 결합을 통해 근대민주주의의 기본 원리를 한국적으로 수용하려 시도한 대표적 개화기 지식인으로서, 이러한 그의 시도는 개화기 이래 한국의 정치지형 속에서 이루어진 민주주의 개념의 변용을 추동한 최초의 계기가 되었다고 말할 수 있다. 즉, '민주주의의 한국화'는 유길준을 필두로 한 개화기 권력 엘리트들의 개혁전략으로부터 시작되었다 해도 과언이 아니다. 물론 개화기 이전에도 최한기(崔漢綺, 1803~1877)의 『지구전요(地毬典要)』(1857)를 포함한 일부 정치적 담론이 민주주의의 기본 원리들에 관해 언급하고 있으나, 그러한 원리들을 실제 정치과정에서 구현하려 한 것은 바로 유길준을 필두로 한 개화기 지식인들이라고 말할 수 있다. 이러한 변용에 따른 '민주주의

입헌군주제의 도입, 상공업 및 무역진흥, 근대적 금융·조세제도와 교육제도의 도입 등을 주장함으로써 1984년 갑오개혁의 이론적 기초를 제공한 제도권 개화 엘리트였다.
3) 정용화(2000), 290.

길들이기'4)는 한국정치의 역사적 전개과정이 노정하여 온 "비동시성의 동시성(the contemporaneity of the uncontemporary)"5)의 근원이 되었음에 틀림없다. 개화기 정치지성들에게 있어서 "비동시성의 동시성"의 확보, 곧 전통성과 근대성의 병존과 결합이야말로 자주적 근대화의 기본 방향이었던 것이다. 따라서 유길준은 이러한 "비동시성의 동시성"이 오늘날에 이르기까지 한국정치의 가장 두드러진 특성이자 불안정 인자로 자리 잡게 만든 장본인이었다고 볼 수 있다. 이제 유길준의 민주주의관에 대한 기존 연구의 시각과 맥락을 정치체제의 개혁, 민주주의 이념과 정치질서, 그리고 근대국제질서로의 편입을 위한 국가주권의 확립을 중심으로 요약해 보겠다.

---

4) 본 ≪근현대 한국지성사대계 총서≫ 제1권의 저자는 서론에서 "지난 100여 년간 이루어진 민주주의 담론은 민주주의 개념의 한국화, 즉 민주주의를 한국적 조건에 맞추어 '길들이는 작업'이 전개된 양상"을 보여준다고 주장한다.
5) 임혁백. 2014. 『비동시성의 동시성, 한국근대정치의 다중적 시간』. 서울: 고려대학교출판부 참조.

제 3 장
유길준의 민주주의관: 기존 연구의 시각과 맥락

1. 정치체제의 개혁: '임금과 국민이 함께 다스리는 정치체제'

우선 김현철의 연구는 유길준을 위시한 개화 엘리트들이 권력분립과 입헌군주제의 도입을 고려하게 된 배경으로서 고종(高宗)의 실정과 민씨(閔氏) 일파의 자의적 권력행사로 인한 폐해 등 군주제의 폐단과 더불어, 서구 민주주의의 이념적·절차적 원리가 주로 일본을 통해 유입되고 있었던 당시의 지적 분위기를 지적하고 있다.[1] 즉, 근대화를 성공적으로 달성한 일본의 지식인들은 영국의 입헌군주제를 정치적 근대화의 이상적 모델로 간주했으며, 유길준 역시 이러한 영향을 받아『서유견문』에서 영국의 입헌군주제를 염두에 둔 '임금과 국민이 함께 다스리는 정치체제', 즉 헌정질서에 입각한 '군민공치'를 문명개화를 위한 최선의 정치질서로 제시했다는 것이다. 유길준은 자신이 영국의 입헌군주제를 가장 선호한 이유를 다음과 같이 밝히고 있다.

---
[1] 김현철. 2015. "유길준의 공화주의와 리더십 −군대 서구공화주의의 인식과 개혁활동을 중심으로."『한국·동양정치사상사학회 학술대회 발표논문집』, 71-89.

> "…여러 나라 가운데서도 영국의 정치 체제가 가장 훌륭하고 잘 갖추어져 있어 세계 제일이라고 불린다. 세금과 정령을 의논하는 대신은 국민의 천거로 임명하는데, 이는 국민들이 함께 다스린다는 의도가 있는 것이다…"2)

유길준은 서구의 근대국가들이 지닌 강력한 국력이 정치체제로부터 비롯된다고 보았다. 즉, 어떤 정치체제이든 국민을 위한다는 데(爲民과 民本)에는 다름이 없으나, 어떤 국가가 다른 국가보다 더 부강한 이유는 인종이나 국민의 자질 때문이 아니라 바로 특정한 정치체제를 갖고 있기 때문이라는 것이다. 그는 이러한 맥락에서 '부강한 국가'의 정치제도와 규범을 받아들여 조선의 정치체제를 개혁할 것을 아래와 같이 역설했다.

> "…무릇 정치 체제는 어떻게 되어 있든지 간에, 그 근본 의도를 자세히 따져 본다면 백성을 위한다는 한 가지 줄기에서 벗어나지 않는다. 정치 체제의 종류가 달라진 까닭은 시세가 변화하고 인심이 달라지는 데 따라서 자연적으로 습관이 생긴 것이지, 사람의 지혜에 따라 하루아침에 어떠한 정치 체제로 시작한 것은 아니다…유럽과 아메리카 두 주에 있는 여러 나라가 아시아 주 여러 나라에 비하여 백배나 부강하다는 사실이다. 누구든 자기 나라가 부강해지기를 바라지 않겠는 가만은, 정부의 제도와 규범이 달라서 이 같은 차이가 생기는 것이다. 만약 사람의 재주와 지식에 등급이 있기 때문이라고 말한다면, 이는 결단코 그렇지 않다. 아시아주의 황색인을 유럽이나 아메리카주의 백색인들과 비교할 때에, 그 자질에 모자람이 없다는 것은 분명하다…"3)

---

2) 유길준(1995), 149.
3) 유길준(1995), 146.

정용화의 연구 역시 유길준이 수용하려 한 서구의 정치질서는 우선 국민으로서의 개인의 기본권이 보장되고, 이를 기반으로 강력한 국권이 확보되는 정치질서였다고 주장한다.[4]

"…사람마다 자기의 권리가 제대로 지켜진 뒤에, 모든 인민의 의기를 모아 한 나라의 권리를 지켜 나가는 것이다. 인민의 권리가 중요하다는 것을 모르면, 다른 나라로부터 침략을 당해도 분노하지 않는다…"[5]

즉, 유길준은 국가는 군주의 전유물이 아니라 군주와 국민이 공동으로 소유한 것이기 때문에 애국과 충성이야말로 모든 국민이 마땅히 감당해야 할 의무이자 책임이라고 보았으며, 이러한 인식에 따라 국민의 권리를 보장함으로써 애국심과 충성심이 자연스럽게 형성되어 국가의 권리 역시 보장될 수 있는 새로운 정치체제의 도입을 역설했다는 것이다.

유길준은 정치체제의 유형을 다섯 가지로 구분하여 각각의 특성을 논의하면서, 당시 조선의 정치체제를 "임금이 명령하는 체제"로 규정했다. 그는 더 나아가 이러한 '임금이 명령하는 체제'를 개혁함에 있어서 현실적으로 도입 가능한 정치질서는 임금과 국민이 함께 다스리는 체제, 즉 군민공치일 수밖에 없다고 주장했다. 김봉진의 연구는 이러한 군민공치의 논리가 민본과 위민이라는 유가적 관념에 기반을 두고 있을 뿐만 아니라, 더 나아가 근대 민주주의 정치질서의 이념적·실천적 기반인 인민주권, 즉 '민치'의 관념 역시 포함되어 있다고 주장하고 있다.[6]

---

4) 정용화. 1998. "조선에서의 입헌민주주의 관념의 수용: 1880년대를 중심으로." 『한국정치학회보』 32:2, 117-122.
5) 유길준(1995), 103.
6) 김봉진(2011), 229.

"…이 정치 체제는 그 나라의 법률과 정치에 관한 모든 권리를 임금 혼자서 마음대로 하지 않고, 의정에 참여하는 여러 대신들이 반드시 먼저 작정한 것을 임금이 명령하여 시행하는 것을 가리킨다. 대개 의정에 참여하는 여러 대신들은 국민이 천거하여 정부의 의원이 되기 때문에, 대신들은 자기를 천거해 준 국민을 대신하여 사무를 집행하는 셈이다…"[7]

유길준은 앞서 언급한 바와 같이 군민공치 체제 가운에서도 영국의 정치체제가 "가장 훌륭하고 잘 갖추어져 있어 세계 제일"이라고 칭송하면서, 체제개혁의 이상적 모델로서 영국의 입헌군주제를 염두에 두었다. 즉, 그는 영국식 입헌군주제가 도입된다면 "나라를 보전하는 커다란 길이며 임금을 사랑하는 정성이 될 것이다"라고 주장했으나, 급격한 체제전환에 대해서는 유보적 태도를 보였다. 조선이 당면한 정치사회적 현실을 고려할 때 체제의 전환은 점진적으로 추진되어야 한다는 것이다.[8]

"…그러므로 어느 나라든지 국민들의 풍속과 나라의 형편을 묻지 않고 그러한 정치 체제를 취하는 것이 좋을 듯하지만, 결단코 그렇게 할 수 없는 이유가 있다. 한 나라의 정치 체제란 오랜 세월에 걸쳐 국민들의 습관이 된 것이다. 습관을 갑자기 바꾸기 어려운 것은 언어를 바꾸

---

[7] 유길준(1995), 144.
[8] 정용화(2000), 298-299; 김봉진(2011), 228-229. 반면 김신재는 유길준이 지향한 정치체제는 독일식의 입헌군주제를 염두에 둔 것이라 주장한다. 그는 근거로써 유길준이 명시적으로 영국과 독일의 입헌군주제의 차이를 언급하지는 않았지만, 유길준이 영국의 입헌군주제를 최선의 모델로 간주하기는 하지만, 이를 당장 도입하기 보다는 교육을 통해 국민들의 정치적 지식의 수준을 높인 이후에 정치참여의 기회를 부여하는 것이 타당하다는 등 점진적인 추진을 주장한 것으로 볼 때, 이는 '군주주권의 초기 입헌군주제'를 지향한 것으로 보이며, 이는 영국식이라기보다는 독일식일 것이라고 추론가능하다는 것이다. 김신재. 2007. "유길준의 민권의식의 특질." 『동학연구』 22, 140.

기 어려운 것과 같다…유럽주 각국의 정치 체제도 근본은 임금이 마음대로 하거나 명령하는 체제였지만, 수백 년 동안 시험을 거치면서 규범과 제도를 차츰 변경하여 오늘날처럼 임금과 국민이 함께 다스리는 체제에 이르게 되었다…"9)

또한 유길준은 한 나라의 정치질서는 국민 스스로 만들어나가는 것이기 때문에 국민의 지적 수준이 정치체제의 성격을 결정한다고 보았으며, 그러한 시각에 따라 국민이 정치참여권을 획득하기에 앞서 국정에 참여할 수 있는 지식을 얻도록 하기 위한 계몽과 국민교육이 선행되어야 한다고 역설했다. 입헌군주제로의 전환은 국민이 최소한의 정치적 식견을 갖춘 이후에야 비로소 가능한 것으로 판단했던 것이다.

이러한 유길준의 인식으로부터 그가 여타 개화 엘리트들과 마찬가지로 군주제 정치질서의 유가적 정당성에 대해 상당한 이념적 집착을 갖고 있었던 것을 알 수 있다. 다시 말해서, 그는 비록 군민공치로 표현한 입헌군주제의 도입을 정치개혁의 이상적 목표로 제시했음에도 불구하고 군주권의 실질적 박탈을 주장하지는 못했던 것이다. 따라서 유길준의 군주관은 그가 그토록 칭송했던 영국 입헌군주제 하에서 국왕의 위상, 즉 '의회에 갇힌 왕(King-in-Parliament)'10)과는 상당히 동떨어진 것이었다.

유길준은 또한 전통적 우민관(愚民觀)을 완전히 극복하지 못했다. 즉, 그는 인민을 군왕과 함께 국가를 이끌어나갈 수 있는 지적 배경과 능력을 갖고 있지 못한 무지한 백성이자 식자들에 의해 계도되어야 할 대상으로 여겼던 것이다. 물론 이러한 주장은 개화기의 정치적 현실 속에서 군민공

---

9) 유길준(1995), 149.
10) 김웅진. 2006. "모자이크 헌법과 '의회 속의 왕'." 김웅진 외. 『라운더바우트를 도는 산적과 말 도둑, 무엇이 영국 민주주의를 만드는가?』. 서울: 르네상스, 38-47.

치 체제가 성공적으로 정착될 수 있다는 확신을 갖고 있지 못했던 유길준이 점진적이자 부분적인 개혁을 추진하기 위한 또 하나의 근거로 제시된 것일 가능성이 크다. 즉, 그는 정치개혁과정에서 현상유지와 개혁의 교차점을 찾기 위해 민주주의 정치질서의 유가적 적용을 시도한 전형적 개화엘리트였다고 말할 수 있다.

김봉진 역시 이러한 견해에 동의하고 있다. 즉, 오늘날의 시각에서 볼 때 유길준의 점진적 개혁론은 지극히 보수적인 것으로 비추어질 수 있으나, 당시의 상황에서는 "현실적이며 진보적"이었다고 평가한다.[11] 또한 김신재와 박지향[12]은 유길준이 비록 국민의 정치참여를 전제로 한 군민공치를 선호했음에도 불구하고 재산이 없거나 교육을 받지 못한 이들을 국민의 범주에 포함시키지 않았다고 비판한다. 즉, 유길준의 시각이 "민을 정치의 기본으로 생각했지만, 민이 정치적 권리를 갖는다는 민권론에는 이르지 못했다"는 것이다. 그러나 그가 엘리트 중심 우민관에 따라 일반국민의 정치참여를 제한하려 했던 것은 서구의 초기 자유민주주의 사상이 노정한 일반적 특징과 일치하기 때문에, 개화기의 정치적 현실을 고려할 때 오히려 당연한 것으로 볼 수 있다고 주장한다.[13]

> "…국민의 지식이 부족한 나라에선 갑자기 국민들에게 국정 참여권을 주어서는 안 된다. 만약 배우지 못한 국민들이 학문을 먼저 닦지도 않고서 다른 나라에서 시행되고 있는 훌륭한 정치 체제를 본받으려고 한다면, 나라 안에 커다란 변란이 싹틀 것이다. 그러므로 당국자들은 국민들을 교육하여 국정에 참여할 지식을 갖춘 뒤에 이러한 정치체제

---

[11] 김봉진(2011), 228.
[12] 박지향. 2000. "유길준이 본 서양." 『진단학보』 89, 247.
[13] 김신재(2007), 141.

에 대하여 의논하는 것이 옳다…한 나라의 정치 체제는 언제나 그 국민들의 학식 정도에 따라 제도의 등급이 이뤄지기 때문에, 정치 체제의 종류가 어떠하든지 간에 사실은 그 나라 국민이 스스로 성취한 것이다…14)

정용화는 유길준이 조선 정치체제의 개혁모델로서 입헌군주제를 채택한 이유를 그의 군주에 대한 인식으로부터 찾고 있다. 유길준에게 있어서 군주는 자연스럽고 당연한 존재였으며, 따라서 민주적 정치체제를 논하면서도 결코 군주의 존재를 배제할 수 없었다는 것이다. 즉, 정용화는 유길준이 단지 군주에 의한 전제체제를 최악의 정치체제로 간주했을 뿐이며, 군주의 존재 자체를 부정하지는 않았다고 본다. 즉, 유길준은 이러한 맥락에서 국가와 군주를 구별하고 군주를 국가의 대표, 혹은 상징으로 새롭게 자리매김함으로써 인민의 권리보장과 군주의 지위 확보가 동시에 가능한 정치체제를 추구했다는 것이다.15) 이러한 정용화의 주장은 앞서 언급한 바와 같이 유길준이 여타 개혁 엘리트들과 마찬가지로 유가적 해석을 거친 민주주의 정치질서의 부분적 적용을 시도했다는 사실을 재확인해 준다.

2. 민주주의 이념과 정치질서

앞서 논의한 바와 같이 유길준은 조선이 자주적 독립국가로서 새로운 동아시아 국제질서의 일원이 되기 위해서는 체제개혁, 그 중에서도 '임금

---

14) 유길준(1995), 149-150.
15) 정용화(2000), 299-300.

과 국민이 함께 다스리는 정치체제'로의 전환이 요구된다고 보았다. 그는 이러한 정치적 개혁을 달성하기 위해서는 조선사회에 새로운 체제를 뒷받침하는 이념과 정치적 가치체계가 정착돼어야 한다는 인식에 따라『서유견문』의 제4편에서「국민의 권리」에 대해 논의하고 있다.

1) 국민의 권리로서의 자유와 통의(通義)

정용화16)는 유길준이 근대 서구의 계몽주의적 자연권 개념, 곧 천부인권(天賦人權)으로서의 권리 개념을 자연스럽게 수용했다고 보고 있다. 유길준은 이러한 국민의 권리를 자유와 통의로 구분해 설명하고 있다.17) 즉, 자유를 "무슨 일이든 자기 마음이 좋아하는 대로 따라서 하되, 생각을 굽히거나 얽매이지 않는 것"이라 정의했으나, 이와 동시에 다음과 같은 제한을 가한다. 즉, "나라의 법률을 삼가 받들고 정직한 도리를 굳게 지니면서, 자기가 마땅히 해야 할 사회적인 직분 때문에 다른 사람을 방해하지도 않고, 다른 사람의 방해도 받지 않으면서, 자기가 하고 싶은 일을 자유롭게"18) 행할 권리가 바로 유길준의 자유 개념이었던 것이다. 한편 김봉진은 유길준이 언급한 자유는 천부인권으로서의 자유 개념과 민권으로서의 자유 개념을 모두 포괄하고 있다고 주장한다. 여기에서 민권으로서의 자유는 국가의 제도나 법에 의해 제한되는 권리로서, 유길준은 이를 "법부권(法賦權)"이라 부르고 있다.19)

---

16) 정용화(2000), 301-302.
17) 유길준(1995), 112.
18) 유길준(1995), 112.
19) 김봉진(2011), 223-224. 그는 유길준의「인민의 권리」를 두 부분으로 나누어, 전자는 후쿠자와의『서양사정』의 권리론을 번역하여 서술한 것으로, 후반부는 유길준이 창작한

다음으로 통의(通儀)는 "당연한 정리(正理)"로서, 언제 어디서나 공통되는 의리 또는 도리를 뜻한다. 유길준은 다음과 같은 예를 들어 통의를 설명하고 있다.

> "…이제 몇 가지 예를 들어보자. 가령 관직을 맡은 사람이 그 임무나 직책을 수행하기에 알맞은 직권을 가지는 것은 당연한 정리다. 집을 소유한 자가 주인으로서의 명의와 실권을 갖추어 자기의 소유물이라 말하는 것도 당연한 정리이다…천만 가지 사물이 당연한 이치를 따라 본래부터 가지고 있던 상경(常經)을 잃지 않고, 거기에 맞는 직분을 지켜나가는 것이 통의의 권리이다…"[20]

정용화는 유길준의 통의는 "이치(理致)에 합당한 권리"로서 서구의 권리 개념을 동양의 전통적 이(理)의 관점에서 해석한 것이라 보고 있다.[21] 또한 유길준은 법이나 정직한 도리, 혹은 통의에 어긋나지 않는 것에 한해 자유가 허락된다고 주장했으며, 따라서 통의를 자유와 방종을 구분 짓는 규범으로 인식하고 있었다는 것이다. 이는 그가 "자유를 보존하는 것이 참다운 통의의 효용"이라고 말한 데에서도 알 수 있다. 이처럼 개화기에 이루어진 서구 민주주의 원리의 수용과정을 전통적 유가 사상과 근대적 자유주의 사상의 융합과정으로 보는 시각은 유길준의 통의를 유교적 가치관

것이라 주장한다. 또 그는 자유권의 경우 주로 『서양사정』 이편의 「예언(例言)」에 실린 자유에 관한 설명을 역술한 것이며, 통의론 부분은 『서양사정』 외편의 통의론과 직분론을 역술한 것이라 보고 있다.

20) 유길준(1995), 112-113.
21) 정용화는 그렇다 해서 전봉덕이 주장하는 것처럼 유길준이 '통의'와 '권리'를 구분하지 못한 채 쓴 것이 아니라, 천부인권으로서의 권리라 할지라도 인간의 윤리의 관점에 걸맞게 적절히 조정되어야 한다는 그 만의 독자적 사고가 함축되어 있다고 보고 있다. 정용화(2000), 302; 전봉덕. 1981. 『한국근대법사상사』. 서울: 박영사.

에서 서구의 근대적 관념을 수용한 결과로서 해석하려 한다. 그러나 문지영은 유길준이 존 스튜어트 밀(J. S Mill)의 근대 자유주의를 수용한 후쿠자와 유키치의 영향을 받았다는 점을 고려할 때, 통의의 관념이 전적으로 유가 사상의 테두리 내에서 형성되었다고 단언하는 것은 "후대의 자의적인 해석"에 불과하다고 주장한다. 또 유길준이 "자유나 권리를 '통의'로써 설명하고, '정도(正道)'·'정리(正理)'와 작지으려" 했던 것은 낯선 서구의 민주주의 관념을 익숙한 유교적 용어를 사용해 서술하려 했기 때문인 것으로 보고 있다.[22]

2) 권리와 법, 시민적 자유, 자주적 개인

김봉진은 유길준의 '직분'에 관한 인식을 후쿠자와 유키치의 직분론과 비교하고 있다. 즉, 후쿠자와 유키치의 직분은 의무를 강조했으나 유길준의 직분은 '권리이자 의무'였음을 주장하면서 다음과 같은 결론을 제시하고 있다. 즉, 준법의무의 강조로 시작된 후쿠자와 유키치의 직분론은 국민의 권리보다는 법률이 우선하는 법우선론으로 전환되었고, 그 이후에는 민권에 대한 관권 우선, 국권 우선으로 귀결됨으로써 종국에는 국권주의, 식민주의, 팽창주의를 낳았다는 것이다. 그러나 유길준은 비록 후쿠자와의 직분론과 권리론으로부터 영향을 받았음에도 불구하고 법보다는 국민

---

[22] 문지영. 2003. "개화기 조선의 '자유주의' 수용론?: 기존 논의들에 대한 비판과 제언."『사회과학연구』11, 225-226. 근대자유주의는 고전적 자유주의의 자유방임적 특성과 대비하여 사회적 자유주의로서의 내용을 지닌다. 즉, 각 개인의 개성에 대한 중시와 함께 사회적 관계가 강조되고, 자유의 개념도 자기가 하고 싶은 것을 그것이 무엇인지에 상관없이 행할 수 있는 자유로 부터 "행하고 누릴 만한 가치가 있고 우리가 다른 사람들과 함께 행하고 누리는 어떤 것을 누릴 적극적인 힘 또는 능력"으로 변한다.

의 권리가 우선한다는 입장을 끝까지 고수했다고 본다.[23]

> "…무계한 통의는 사람이 타고난 것이다. 하늘 아래 사는 사람이라면 누구든지 막론하고, 세속 안에서 어울리며 교제하는 자나 세속 밖에 처하여 혼자 살며 의지할 곳이 없는 자라도 다 도달할 수 있는 올바른 이치인 것이다. 그러나 유계한 통의는 그 뜻이 약간 다르다. 인위적으로 만든 법률도 다그쳐서 사람으로 하여금 반드시 지키게 할 수는 없지만, 법률의 근본 취지가 사람들의 행동거지를 바로잡으려고 하는 것이므로, 비록 한 사람의 직분에는 관계가 없더라도 세속에서 사귀는 직분으로는 간섭할 수가 있다…"[24]

유길준은 이처럼 천부적 권리인 "무계의 통의"와 세속적 권리인 "유계의 통의"를 구분하여 법우선과 권리우선에 관해 논의하고 있다. 즉, 무계의 통의든 유계의 통의든 모두 인위의 법률로 함부로 규제해서는 안 되지만, 세속의 권리인 유계의 통의는 법률의 취지에 맞추어 규제할 수 있다는 것으로서 이는 권리우선론을 의미한다.[25] 김봉진은 이러한 유길준의 권리우선주의가 후쿠자와 유키치의 『서양사정』을 역술한데서 온 결과이며, '권리'에 대한 그의 고유한 인식은 『서유견문』의 내용 가운데 「국민의 권리」의 후반부에서 발견된다고 주장한다.

> "…자유와 통의는 인생에게서 빼앗을 수도 없으며 흔들거나 굽힐 수도 없는 권리이다. 그러나 법률을 각별히 준수하고 정직한 도리로 자기 몸을 삼간 뒤에, 하늘이 내려 준 권리를 보유하여 인간 세상의 즐거

---

[23] 김봉진(2001), 225.
[24] 유길준(1995), 113-114.
[25] 김봉진(2001), 225.

움을 누려야 하는 법이다…만약 남의 권리를 침범한다면 법률의 공평한 이치가 이를 반드시 허락하지 않을 것이며, 그 침범한 정도만큼 그 범죄자의 권리를 박탈할 것이다…그러므로 사람의 권리는 자기 스스로 손상하기 전에는 만승천자의 위엄이나 일만 군사를 대적할 용맹으로도 흔들거나 빼앗을 수 없다. 스스로 손상시키는 자의 권리를 제한하거나 굽히는 방법은 오직 법률만이 당연한 의무로서 홀로 가지고 있는데, 법률의 공도는 아니다. 권리를 주었다 빼앗았다 하는 자는 권리의 절도(竊盜)라고도 할 수 있고 권리의 원수라고도 할 수 있지만, 자유를 지나치게 사용하면 방탕에 가까워지기 때문에 통의로 조종하여 그 정도를 알맞게 해야 한다…"26)

김봉진에 따르면, 유길준은 자유와 통의를 하늘이 내려 준 권리인 자연권으로 인식했으나, 각 개인이 지닌 권리의 등가성에 기초해 타인과 연관된 "유계의 통의"는 법률로 제한될 수 있다고 보았다. 전봉덕은 유길준의 이러한 법률 개념에 대해 "인권을 법률의 유보 하에 두는 법부인권론"이며, 법부인권은 "논리적으로 천부인권의 포기를 의미하는 것"이라 주장한다.27) 그러나 김봉진은 전봉덕의 견해를 반박하며 유길준에게 있어서 법률은 '공평한 이치'에 따라 타인의 자유를 보장하기 위한 것이었을 뿐이라고 주장한다. 즉, 유길준은 인권을 보장하기 위해서는 법률을 지켜야 한다는 준법론을 제기하고 있지만, 그렇다고 해서 법이 국민의 권리에 우선한다고 본 것은 아니라는 것이다.28)

유길준은 자유를 '새나 짐승의 자유', '야만인의 자유', '유식한 사람의 자유' 등 세 종류로 구분하여 상세히 설명하고 있다. 그에 따르면, 사람은 '새

---

26) 유길준(1995), 116.
27) 전봉덕(1981); 김봉진(2011), 226, 각주 12에서 재인용.
28) 김봉진(2011), 226.

나 짐승의 자유'와 같은 자연권으로서의 자유와, 시민의 권리로서의 자유(시민적 자유) 등 두 가지의 자유를 갖고 있다. 이 중에서 시민적 자유는 사회전체의 안녕과 인간적인 삶을 보전하기 위해 법률과 통의에 따라 제한되는 자유를 의미한다.[29] 유길준은 이러한 자유를 "유식한 사람의 자유"라 칭하면서, "유식한 사람의 자유는 부자유한 가운데 있다"고 주장한다.

이로부터 정용화는 유길준이 거론한 자유는 스스로 통제하고 제한할 수 있는 능력과 책임이 수반된 자유였다고 주장한다. 또한 유길준은 자유보다는 책임을 강조하는 '자주'라는 개념을 선호함으로써 서구의 근대적 이념으로서의 '자주적인 개인'의 확립을 강조하였다는 것이다.[30] 결국 유길준은 그가 구상하던 개혁적 민주주의 정치체제의 이념적 기반으로서 민주주의의 핵심 가치인 '자주적 개인'과 '시민적 자유'를 강조했다고 말할 수 있다.

> "…사람의 강약은 시비로 판별하고, 새나 짐승의 강약은 세력으로 정한다. 그러므로 만약 사람의 강약을 시비로 판별하지 않고 세력으로 정한다면, 이는 새나 짐승과 다를 바가 없다…새나 짐승은 그들의 자유를 사용하면서 통의의 구속을 받지 않을뿐더러 법률의 규제도 또한

---

29) 이를 정용화는 유길준이 앞서 언급한 '처세의 자유'로 간주하고, 시민자유(civil liberty)로 칭하였으며, 이와 대별되는 개념인 '새나 짐승의 자유'는 자연자유(natural liberty)로 부른다. 정용화(2000), 303.
30) 그는 동양에서는 자유라는 개념보다는 자주라는 개념이 많이 채용되었다고 하면서, 특히 메이지[明治]시기 자연권 사상에서는 개인의 '자주' 개념을 중시했으며, 이는 서양이 일본보다 앞선 원인을 합리적 사고와, 자유·자주 정신에 있다고 보고, 구미사회를 '자주적인 개인'으로 치환시킨 후쿠자와의 『문명론지략』(1875)의 영향이라 보고 있다. 정용화(2000), 303.

없기 때문에, 약한 자의 고기를 강한 자가 먹으면서 자기 세력을 마음껏 떨치며 서로 살아간다. 그러나 사람은 더불어 살면서 법률로 기강을 세우고 통의로써 한계와 영역을 정하여, 서로의 자유를 견제하고 조종함으로써 사람들 사이에 고르지 못한 여러 상황을 조절해 나아간다. 그러기에 야만인이라 하더라도 그들이 누리는 자유는 새나 짐승의 자유와는 견줄 바가 아닌데, 완벽한 경지에 이르지는 못하였으므로 이를 가리켜 '야만인의 자유'라고 한다…그러므로 "유식한 사람의 자유는 부자유한 가운데 있다"고도 하니, 이는 사람의 욕심을 억제하고 하늘의 이치를 보존하여, 정직한 방법으로 사람의 권리를 간직해야 함을 말하는 것이다…"[31]

김봉진에 따르면 유길준의 인식에는 권리가 '권력'이어서는 안 된다는 관념이 분명 존재하고 있었다. 즉, 유길준은 새나 짐승은 약육강식의 상태에 놓여있기 때문에 강약이 세력이 되지만, 인간세상이 강약(권력)에 의해 불공평해서는 안 된다고 주장하며 당시의 권력정치를 비판했다는 것이다. 그러나 그 역시 현실적으로 존재하고 있는 불평등을 인정하면서, 현실의 불평등을 평등하게 조정하기 위해 필요한 것이 바로 통의와 법률에 의한 규제라고 인식한 것으로 본다. 즉, 유길준의 권리에 대한 인식의 바탕에는 천리자연권(天理自然權)과 균분주의(均分主義)의 관념이 놓여 있었다는 것이다

3) 평등

민주주의의 이념적 원리로서의 평등은 천부인권으로서, 인간이 인간으로서 가지는 자격이나 지위, 그리고 법적, 도덕적, 인격적 권리에 있어서

---

31) 유길준(1995), 118.

아무런 차별이 없는 상태를 의미한다. 또한 헤겔(G. Hegel)이 인류의 역사적 발전과정을 논하며 자유는 일인의 자유에서 소수의 자유로, 더 나아가 만인의 자유, 즉 만인의 평등으로 개전할 것이라 주장한 것처럼, 상보적(相補的) 관계로서의 자유와 평등은 본질적으로 동일한 가치를 지닌다.[32] 따라서 평등은 곧 자유의 평등이라고 말할 수 있다. 왜냐하면 불평등한 자유라는 말은 그 자체로 성립 불가능하고, 자유 없는 평등 역시 불가능하기 때문이다. 따라서 헌법에 보장된 정치적·사회적·법적 권리에 있어서의 평등이 바로 자유의 평등인 것이다. '자주적 개인'과 '자유'에 이어 유길준의 '평등'에 대한 인식을 살펴보면 다음과 같다.

> "…자유와 통의의 권리는 천하에 살고 있는 모든 사람들이 다 같이 가지고 있으며, 다 같이 누리고 있다. 사람마다 제 한 몸에 가지고 있는 이러한 권리는 태어날 때부터 함께 생겨나, 어디에도 얽매이지 않고 독립하는 정신으로 발전하여, 무리한 속박을 받지 않고 불공평한 방해를 받지 않는다…"[33]

이러한 주장으로부터 유길준 역시 천부인권으로서의 평등 관념을 수용했다고 볼 수 있다. 즉, 그는 천부인권으로서의 평등을 자유와 통의의 권리에 있어서의 평등으로 간주했던 것이다. 그러나 정용화는 유길준이 비록 평등의 관념은 수용했으나, 가치로서의 평등과는 구별된 현실에서의 차별을 인정하고 있다고 주장한다.

---

32) 박동천. 2010. 『정치학특강』. 서울 : 모티브북, 49-50.
33) 유길준(1995), 113.

"…사람이 세상에 살면서 사람답게 사는 권리는 현명함과 우둔함, 귀함과 천함, 가난함과 부유함, 강함과 약함에 따라 구별되지 않는다. 사람답게 사는 권리는 세상에서 가장 공평하고 올바른 원리다…사람 위에도 사람이 없고, 사람 아래에도 사람이 없다. 천자도 사람이고, 서민도 또한 사람인 것이다. 천자라고 하거나 서민이라고 하는 것은 다 인간 세상의 법률이나 (인륜이라고 하는)커다란 벼리를 가지고 지위를 구별한 것이다…지위에 따라 당연히 통의가 있게 되니, 그에 따르는 권리가 어찌 없겠는가…그러나 (지위에 따르는 권리는) 사람이 사람답게 사는 권리와는 같지 않다. 높고 낮은 서열과 크고 작은 경우를 정하고, 형세의 변천이나 득실에 따라 옮겨지거나 없어지기도 하는 것이니, 그 이름은 실상의 겉모습일 뿐이다…그러므로 인생의 권리와 지위의 권리를 두 가지로 나누어 보면, 그 비중이 아주 차이가 난다. 하나는 안에 간직한 진리이고, 다른 하나는 밖으로부터 온 세력이다…"[34)]

유길준은 '인생의 권리'와는 또 다른 '지위의 권리'라는 개념을 도입해 현실에서의 차별에 대한 합리화를 시도한다. 즉, 천부의 인권으로서의 '인생의 권리'는 모든 사람에게 동등하게 작용하지만, 현실적으로 사회적 관계에서 발생하는 지위와 계급에 따른 '지위의 권리'는 각각의 지위에 따라 다르게 나타날 수밖에 없다는 것이다. 정용화는 이와 같은 '지위의 권리'에서의 차이와 차등을 인정하는 유길준의 사고가 유가 사상으로부터 영향을 받은 것이라고 주장한다. 즉, 유교 윤리는 다양한 인간관계에서 오는 위계질서에 맞는 역할, 즉 각자의 직분에 따르는 도리를 잘 수행함으로써 안정적인 공동체적 삶을 영위할 수 있다고 본다. 따라서 군주와 신하, 부모와 자식, 윗사람과 아랫사람간의 관계 등에 있어서의 상호의무와 존중, 그리고 상호호혜를 강조한다. 요컨대 유길준은 서구 민주주의

---

34) 유길준(1995), 117.

이념적 원리인 평등을 수용하면서도 조선의 유교적 질서, 즉 위계적 사회 구조를 유지하기 위한 방편으로 각자의 직책과 신분에 맞는 책임과 의무를 강조함으로써, "위계질서의 비위계화, 권위의 합리화"를 추구하였다는 것이다.35)

4) 법치

정용화는 근대 서구의 정치이념과 유가 사상 모두 인간을 존중해야 한다는 원칙에는 일치하지만, 인간의 권리를 공적 제도와 법을 통해 공식화했는가에 있어서는 차이가 있다고 본다. 그런데 유길준은 국민의 권리가 법률에 의해 보장되어야 한다는 법치의 원리를 수용했다는 것이다.

> "…법률의 근본적인 의도는 사람의 권리를 신중히 여기고 잘 보호하려는 것이다 법률이라는 기능이 없었다면 권리도 존재하기가 반드시 어려웠을 것이다. 이렇게 생각해 본다면, 권리가 비록 천하 사람들이 저마다 가지고 있는 가장 귀한 보배라고는 하지만, 사실은 법률에 의지하여 그러한 현상을 보전하는 것이니, 사람의 권리는 법률이 만들어 준 것이라고 하더라도 잘못된 말이 아니다…"36)

법치주의는 영국 의회민주주의의 기본 원리인 법의 지배(rule of law)에서 비롯된 것으로서, 군주의 통치행위가 법이 허용하는 범주를 벗어나지 않도록 통제하여 군주권의 자의적 행사를 방지하는 것을 목적으로 한다. 따라서 영국적 법치주의는 군주권에 대한 법의 우위를 의미한다. 유길준

---

35) 정용화(2000), 304.
36) 유길준(1995), 120.

이 입헌군주제를 제안한 것은 조선의 절대군주제를 개혁하는 과정에서 바로 그러한 법치의 원리를 수용해야 할 필요성을 강조하기 위한 것이었다고 볼 수 있다. 물론 유길준이 앞서 잠시 언급한 영국 의회민주주의 체제의 국왕관인 '의회에 갇힌 왕', 곧 국민대표제에 따라 통제되는 왕의 관념을 받아들인 것은 아니다. 즉, 그는 군주권을 제한함으로써 민권을 보장하려 했던 것이 결코 아니며, 단지 국력을 급속하게 신장시키기 위한 수단이자 방책으로서 법치의 원리를 수용했던 것이다. 즉, 유길준의 주된 관심은 강력한 자주독립국가를 건설하기 위한 체제개혁에 놓여 있었기 때문에, 그의 민권의식은 민주주의 이념과 정치질서의 타당성에 대한 신념의 소산이라기보다는 국권의 신장과 긴밀히 연결되어 있었다.

> "…법률이 분명치 않으면 인민들이 서로 권리를 침범하여, 나라의 권리를 함께 지키기는 고사하고, 그로 말미암아 다른 나라의 침략을 받더라도 방어하기가 어려울뿐더러, 도리어 업신여기는 계제를 만들게 된다. 그래서 나라의 법령은 엄격하고 분명하기를 요구하는데, 이는 귀천과 빈부를 가리지 않고 평등하게 다루려는 공도를 행하기 위해서이다. 법률의 공도를 힘써 지켜 권리의 용도를 정하였으니, 이를 말미암아 논한다면 교육과 법률이 나라의 권리를 보전해 나아가는 커다란 근본이라고 하겠다…"[37]

이와 더불어 유길준은 교육과 계몽을 통한 민권 향상을 강조했다. 그러나 그는 당시의 조선 백성, 즉 정치적 식견을 제대로 갖추지 못한 우매한 인민을 근대국민국가의 주권자인 '국민'으로 간주하지 않았고, 교육과 계몽을 통해 새로운 정치질서의 주체로서 국민을 새로이 육성하려 했다.[38]

---

37) 유길준(1995), 104.

이에 대해 김신재는 "유길준에게는 '이상적 인민'과 '현실적 인민'이 각각 민권론과 민권제한의 근거로 공존하고 있다"고 주장한다.39) 이처럼 유길준이 한편으로는 천부인권으로서의 개인의 자유와 평등을 강조하면서도 또 한편으로는 백성의 삶에 대한 국가권력의 도덕적·윤리적 개입의 필요성을 역설했던 것은 바람직한 조선의 정치질서에 관한 그의 시각이 전통성과 근대성, 유가 이념과 근대 민주주의 이념이 뒤섞인 합성적 시각이었다는 사실을 다시 한 번 보여준다.

3. 근대국제질서로의 편입: 국가주권으로서의 자주와 평등

정용화는 유길준에게 있어서 최대의 관심사는 19세기 말엽 새롭게 개편된 동아시아 국제질서 속에서 자주적 근대화를 통해 조선의 국가적 생존을 보장하는 것이었다고 주장한다. 『서유견문』을 저술할 당시 조선을 둘러싼 국제관계의 역학을 명확히 파악하고 있던 유길준은 무엇보다도 먼저 청(淸)의 무리한 내정간섭과 강압적 속국정책으로부터 벗어나 조선의 독립적 국권을 확보하고, 조선의 자주국으로서의 위상을 대내외에 공표해야 한다고 보았다. 즉, 그는 조선이 새로운 국제질서 속에서 주체적이자 독립적인 행위자의 위상을 획득하기 위해 가져야 할 국가적 속성은 바로 '자주성'이라고 보았다. 근대 국제관계에서 이러한 자주권은 곧 주권(主權)을 지칭한다 할 때, 유길준은 이를 국내적 주권과 국외적 주권으로 구분하여 국내 주권은 한 국가의 모든 정치행위와 법집행을 그 국가의 고유

---

38) 김신재(2007), 156-158.
39) 김신재(2007), 146.

한 헌정질서에 따라 수행할 수 있는 권리이며, 국외적 주권은 국제관계를 구성하는 독립된 주체로서 타국과의 교섭에 임할 권리임을 천명했다는 것이다.[40]

> "…나라의 권리는 두 가지로 나누어 볼 수 있다. 하나는 국내적인 주권이다. 나라 안에서 시행되는 모든 정치와 법령은 그 정부의 입헌적인 기능을 스스로 지키는 것이다. 다른 하나는 국외적인 주권이다. 독립과 평등의 원리에 따라 외국과 교섭하는 일이다…"[41]

또한 유길준은 아래 인용문에 나타난 것과 같이 국권을 천부적 인권과 동일한 것으로 인식해 국가 간 주권의 평등 역시 자연권으로 간주하고 있다. 김봉진은 이러한 국권인식을 '자연법적 국가평등론' 혹은 '천부국권론'으로 칭하고 있다.[42]

> "…나라끼리 교제하는 것도 또한 공법으로 규제하여, 천지에 공평무사한 이치로 한결같이 행해 나간다. 그러기 때문에 커다란 나라도 한 나라고, 작은 나라도 한 나라다. 나라 위에 나라가 없고, 나라아래에도 또한 나라가 없다. 한 나라가 나라 되는 권리는 피차 동등하고, 지위도 털끝만한 차이가 없다…"[43]

또한 그는 이러한 국제공법의 논리를 앞세워 청의 부당함에 맞서려 했

---

[40] 정용화(2000), 290-294; 김봉진(2011), 221. 자주(自主)의 사전적 의미는 "남의 보호나 간섭을 받지 아니하고 자기 일을 스스로 처리함"을 의미하며, 국가 간의 관계에서의 자주는 타국의 지휘나 간섭 없이 자국이 자유롭게 판단하고 스스로 행위 하는 것을 의미한다.
[41] 유길준(1995), 90.
[42] 김봉진(2011), 222.
[43] 유길준(1995), 93.

다. 즉, 그는 공법에 따라 증공국(贈貢國)과 속국(屬國)을 구분한 후, 증공국은 속국과 달리 독립적 주권국가들과 동등하게 조약을 체결할 수 있으며, 사절단을 파견하거나 초빙하고, 교전이나 강화를 선언할 권리가 있기 때문에 독립적 주권국으로서의 위상을 지닌다고 주장했다. 이러한 논리에 비추어 볼 때 조선은 결코 청의 속국이 아니며, 비록 증공국이라 할지라도 다른 주권국가와 동등한 권리를 보유한 자주적 국가였던 것이다.[44]

이와 더불어 유길준은 청의 횡포에 맞서 조선의 권리를 최대한 확보하고자 전통적인 사대자소(事大字小), 즉 내치와 외교는 자주라는 원리를 내세웠다.[45] 즉, 그는 약소국이 억지로 공물을 바치는 이유는 강대국의 무자비한 횡포나 부당한 간섭에도 불구하고 현실적으로 강대국에 대적할 힘이 없기 때문에 "나의 공물을 받고 나의 권리를 침범하지 말라는 취지로 강대국과 약소국이 서로 인정한 약관"[46]에 따라 자국을 보전하기 위해서라고 주장한다. 따라서 공물을 받고도 약소국의 권리를 침탈하려 한다면 이는 조약의 근본 취지를 훼손하는 것인 동시에 신의의 원칙에 따라 이루어진 관계를 강대국이 일방적으로 파기하는 것으로서, 강대국의 무자비한 횡포라고 보았다. 또한 그는 "강대국의 난폭한 조치는 세상 사람들의 이목을 꺼리게 되고, 공법의 제재를 받을까 꺼리게 되어, 은밀한 명령으로 위협하는 습관이 있다"[47]고 청의 부당한 간섭과 횡포를 비판하면서, '신의'를 촉구하고 있다.[48] 즉, 유길준은 사대자소의 원리를 빌어 청에게 신의

---

44) 정용화(2000), 294.
45) 정용화(2000), 295.
46) 유길준(1995), 99.
47) 유길준(1995), 100.
48) 정용화(2000), 297.

를 지킬 것을 요구하고, 또 다른 한편으로 근대적 만국공법(萬國公法)의 논리에 따라 주권국으로서의 권리(자주와 평등)를 확보하려 했던 것이다. 또한 김봉진은 유길준이 공법을 "자연법에 근거한 국제법"이자 "천지의 정리 즉 천리(天理)에 근거한 공천하의 법"이라 주장했다는 사실을 들어 국권을 포함한 유길준의 권리 관념은 근대 자연법사상에 근거한 천부자연권(天賦自然權)과 전통적 천리자연권(天理自然權)을 모두 포괄하는 것이었다고 주장한다.[49]

---

[49] 김봉진(2011), 222. '천리자연권'이란 '주자학적 천리에 근거한 자연권'.

제 4 장
『서유견문』을 통해 본 유길준의 민주주의: 경험과학적 내용분석

　조선이 개항 이후 형성된 새로운 동아시아 국제질서에 적응하기 위해서는 무엇보다도 먼저 자주독립국가의 기틀을 마련하는 것이 시급한 과제였다. 유길준은 앞서 논의한 바와 같이 조선의 자주독립과 부국강병을 달성하기 위해서는 근대국민국가체제로의 전환이 불가피함을 인식하고, 『서유견문』을 통해 정치개혁, 특히 제도적 개혁의 필요성을 역설했다. 그러나 그는 결코 문명개화와 서구화를 동일시하지 않았으며, 자주적 근대화의 맥락에서 달성해야 할 문명개화의 목표와 방법에 대해 자신만의 뚜렷한 견해를 갖고 있었다.[1] 즉, 그가 제시한 자주적 근대화의 방식은 근대서구의 민주주의의 이념과 제도를 선택적으로 받아들여 전통적 군주제 정치질서를 개혁하는 방식이었다. 제4장에서는 이러한 유길준의 민주주의관, 즉 개혁을 위한 정치기제로서의 민주주의관을 『서유견문』에 대한 내용분석을 통해 추적해 보기로 한다.

---

[1] 김태준. 2004. "유길준의 『서유견문』에 대하여." 『한힌샘 주시경연구』 17, 77.

1. 범주정의: 일반사전 구축과 분석단위 선정

앞서 제3장에서 요약해 본 기존 연구의 내용을 바탕으로 유길준의 민주주의 담론이 전개된 맥락을 상정한 후, 이에 따라 일반사전의 구성범주를 구축하고 각 범주에 속한 단어, 구 등 분석단위를 선정하였다. 즉, 우선 유길준의 민주주의관을 가장 기본적인 맥락인 《근대화》와 《민주주의》 등 두 가지 범주로 분류한 다음, 《근대화》를 〈국가의 자주성〉과 〈체제개혁〉, 《민주주의》를 〈이념적 기반〉과 〈정치제도와 절차〉 등 각 2개 항목 총 4개 세부영역으로 재분류하고, 이들 모두를 다시 《전통적 속성》과 《근대적 속성》으로 구분하여 총 8개 맥락을 설정하였다(아래 〈표 2〉 참조). 그리고 이렇게 작성된 일반사전에 따라『서유견문』가운데 ①제5편-1「정부의 시초」와 ②제5편-2「정부의 종류」, ③제4편「국민의 권리」, ④제3편「나라의 권리」등 4개 표본을 대상으로 유길준의 민주주의 담론을 구성하고 있는 맥락들이 구조적으로 연계된 양상과 각 맥락의 상대적 중요성을 추적하였다.

〈표 2〉 일반사전: 8개 맥락별 범주정의

개념	맥락	범주정의와 분석단위(단어, 구)	
		전통적 속성	근대적 속성
근대화	국가의 자주성	보전, 공물, 조공, 섬기는, 증공국, 수공국, 속국 등 전통 국가의 자주성과 연관된 용어	주권, 주권국, 자주, 독립, 동등, 국교, 권리, 조약, 보편화 등 근대국가의 자주성과 연관된 용어
	체제 개혁	정치, 나라, 정치체제 등 근대적 정치체제의 개혁과 연관된 공통속성의 용어	
		미개, 야만, 임금이 마음대로 하는, 임금이 명령하는, 귀족이 주장하는, 독단에 따라 행하는, 귀족들이 합의하는 등 체제의 개혁과 관련되는 전통적 속성을 지칭하는 용어	개혁, 개화, 개정, 문명, 문물이 깨치기 시작한, 임금과 국민이 함께 다스리는, 국민들이 함께 다스리는 등 체제개혁과 관련되는 근대적 속성을 지칭하는 용어

민주주의	이념적 기반	사람, 인간 등 민주주의의 이념적 기반에 관련된 공통속성을 지칭하는 용어	
		공도, 도의, 예, 도리, 명분, 통의, 이치, 정리(正理), 충성, 오륜, 법도, 직분, 백성을 위하는, 등 민주주의의 이념적 기반에 관련된 전통적 속성을 지칭하는 용어	국민: 국민, 민, 백성, 인민 등 자유: 자유, 신명의 자유, 언론의 자유, 종교의 자유 등 평등: 평등, 공평 등 의사: 국민의 의사 기타: 권리, 참여, 국정 참여권 등 민주주의의 이념적 기반에 관련된 근대적 속성을 지칭하는 용어
	정치 제도와 절차	명령, 법령 등 민주적 정치제도 및 절차와 연관된 공통속성을 지칭하는 용어	
		국법, 세습, 세습제, 다스리다, 마음대로 부려서, 정령, 국법, 임금, 우두머리, 왕, 귀족, 신하, 대신들 등 민주적 정치제도 및 절차와 연관된 전통적 속성을 지칭하는 용어	의정, 국회, 입법, 행정, 정부, 당국자, 대통령, 사법, 법, 법률, 공법 제도, (국민의) 천거, 삼권으로 나누어져 있다, 맡아 다스린다, 여론 등 민주주의 정치제도 및 절차와 연관된 근대적 속성을 지칭하는 용어

2. 민주주의 인식의 표본별 양상과 특성

1) 제5편-1 「정부의 시초」

　제5편-1은 조선의 군주제 정치질서를 제도적으로 개혁해야 할 필요성을 역설한 내용을 담고 있으며, 그러한 주장은 아래 〈워드 클라우드 1-1〉에 명백히 부각되고 있다. 즉, '정부'가 제일 크게 돋보이고, 다음으로 '사람', '법률', '국민', '임금'의 순으로 두드러져 보이며, 뒤이어 '나라', '제도', '도리', '보전', '개화' 등이 뒤따르고 있다. 이러한 빈도분포는 유길준이 문명개화를 지향한 근대 민주주의적 정치제도(정부)의 구축이 단지 군주(임금)뿐만 아니라 국민을 위한 것이기도 하다는 분명한 메시지를 전달하려 했다는 사실을 보여준다.

〈자료 3〉 워드 클라우드 1-1: 제5편-1 「정부의 시초」

 언급빈도 상위 10개 용어를 표시하는 〈입체원도표 1-1〉에서도 〈워드 클라우드 1-1〉에 나타난 것과 동일한 양상이 재현되고 있다. 즉, ≪민주주의≫ 범주의 하위 카테고리인 〈정치제도와 절차〉에 속한 근대적 속성 용어 '정부'가 22.3%로 가장 많이 언급되었고, 다음으로 〈이념적 기반〉의 전통적 속성과 근대적 속성에 공통적으로 속한 '사람'(18.3%)과 〈정치제도와 절차〉의 근대적 속성에 속한 '법(률)'이 14.3%로 뒤따르고 있다. 이어 〈이념적 기반〉의 근대적 속성인 '국민'과 〈정치제도와 절차〉의 전통적 속성인 '임금'이 각각 10.3%, '나라'와 '제도'가 각각 5.7%, '도리'와 '보전'이 각각 4.6%로 동일하게 언급되었으며, 마지막으로 ≪근대화≫ 범주에 속한 〈정치체제의 개혁〉의 근대적 속성인 '개화'가 4%를 차지하고 있다.

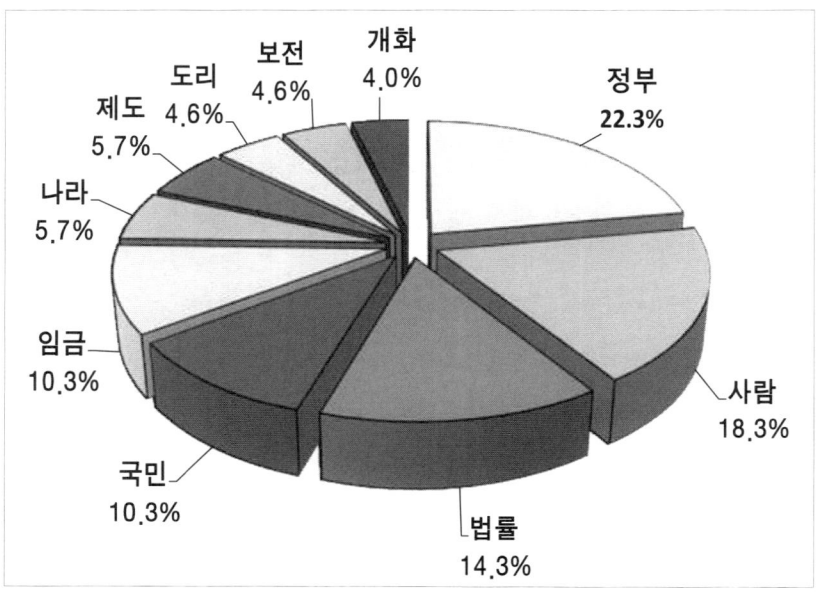

〈자료 4〉 입체원도표 1-1: 제5편-1 「정부의 시초」

전반적으로 볼 때, 제5편-1 「정부의 시초」에는 전통적 속성과 근대적 속성을 불문하고 ≪민주주의≫ 범주에 속한 용어들의 언급빈도가 ≪근대화≫에 연관된 용어들의 언급빈도(전통적 속성 27.4%, 근대적 속성 11.7%)를 크게 상회하고 있다(전통적 속성 72.6%, 근대적 속성 88.3%). 즉, 유길준이 이 편을 통해 전개한 담론의 초점은 민주주의적 정치제도의 구축을 통한 정치질서의 개혁에 놓여 있었다.

물론 이러한 정치질서의 개혁은 어디까지나 자주적 근대화라는 맥락에서 제시된 것이었으나, 내용분석 결과가 보여주듯 이념적 측면보다는 제도적 측면에서의 개혁에 한정된 것이었다. 즉, 근대적 속성의 경우 '정부', '제도', '법률' 등이 포함된 〈정치제도와 절차〉에 대한 언급빈도(50%)가 '국민', '권리', '공평'과 같은 ≪민주주의≫의 〈이념적 기반〉에 대한 언급빈도(38.3%)를 상회하고 있다. 유길준의 민주주의는 이념으로서의 민주주의라기보다는 정치제도로서의 민주주의였던 것이다.

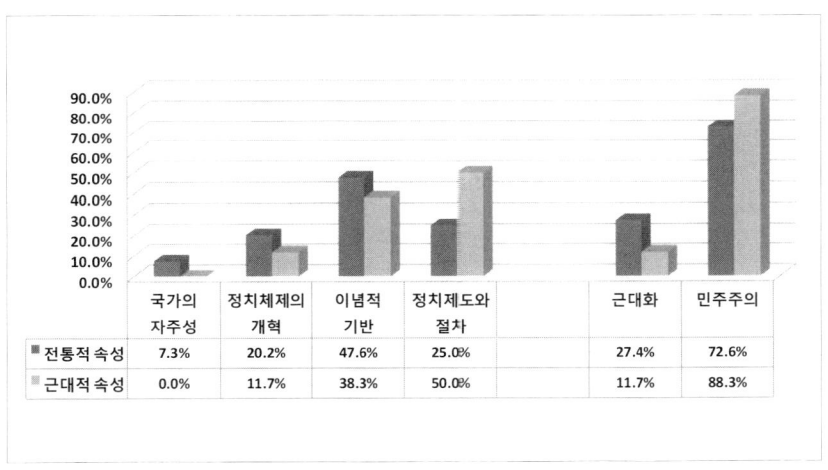

〈자료 5〉 제5편-1 「정부의 시초」

한편 전통적 속성의 경우에는 '사람', '백성', '이치', '도리' 등 〈이념적 기반〉에 대한 언급비율이 47.6%로 '임금', '세습', '국법', '신하' 등 〈정치제도와 절차〉에 대한 언급비율 25%보다 높게 나타나고 있다. 이는 유길준의 이념적 지향이 전통적 유가 사상의 틀을 결코 벗어나지 못했다는 기존 연구의 보편적 견해를 뒷받침해주는 결과이다. 즉, 이념에 관한 한 그는 전통주의자였던 것이다. 또한 '미개', '야만', '개화', '문명', '나라', '국가' 등 〈정치체제의 개혁〉에 관련된 용어들이 전통적 속성(20.2%)과 근대적 속성

(11.7%)의 맥락에서 모두 언급되고 있으나 근대적 속성의 경우 〈국가의 자주성〉에 관련된 용어가 전혀 나타나지 않고 있다는 사실은 유길준의 국가관이 어디까지나 전통적 국가관의 연장선상에서 정립된 것이며, 그가 체제개혁의 방향을 설정함에 있어서도 전통성과 근대성의 조합을 모색했다는 근거가 될 수 있다.

요컨대 제5편-1 「정부의 시초」에 대한 내용분석은 유길준이 백성의 안위와 국가의 보전을 위해서는 전근대적 군주제 정치질서를 민주적 성격을 지닌 근대적 정치질서로 개편해야 하며, 그렇게 하기 위해서는 정부를 포함한 정치제도의 개혁이 무엇보다도 먼저 단행되어야 한다는 주장을 전통적 유가 이념을 빌려 전개했다는 기존 연구들의 공통적 견해를 뒷받침할 수 있는 계량통계적 근거를 제시해 주고 있다.

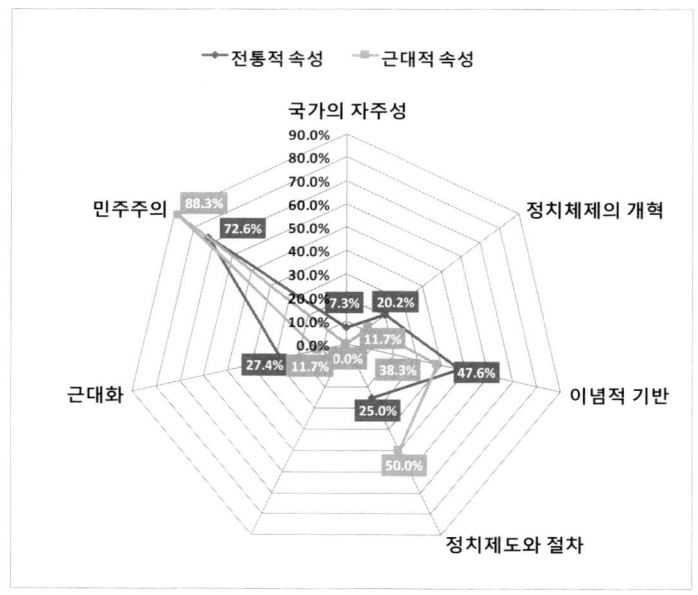

〈자료 6〉 제5편-1 「정부의 시초」

2) 제5편-2 「정부의 종류와 제도」

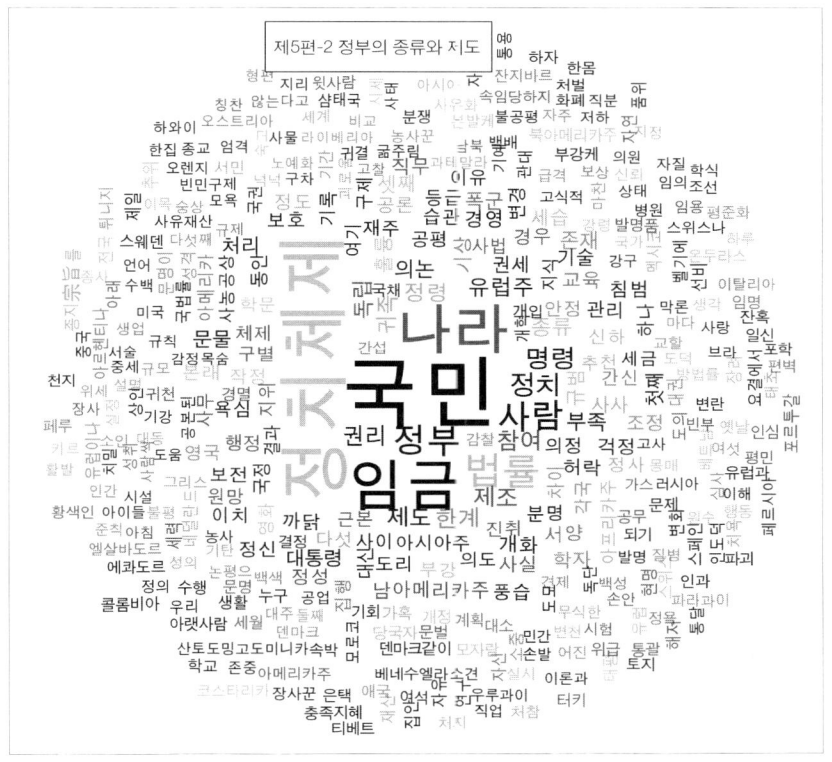

〈자료 7〉 워드 클라우드 1-2: 제5편 「정부의 종류와 제도」

　유길준은 제5편-1에 이어지는 제5편-2 「정부의 종류와 제도」를 통해 민주주의 정치제도의 선별적 도입을 역설하고 있다. 즉, 제5편-2에는 조선의 부국강병과 자주적 근대화를 달성하기 위해서는 정치체제의 개혁이 반드시 이루어져야 하며, 영국의 입헌군주제가 그러한 체제개혁의 이상적 범례라는 인식이 명백히 반영되고 있다. 개화기 조선이 수용해야 할 정치체제의 유형이 제시된 것이다. 위의 〈워드 클라우드 1-2〉는 바람직한 정치체제의 유형에 관한 유길준의 시각을 잘 보여주고 있다. 즉, 가장 돋보이는 단어는 '국민'이고, '정치체제'가 그 다음으로 크게 보이며, 뒤이어 '나라', '임금', '법률', '정부', '사람'의 순으로 두드러지고, '정치', '명령', '귀족' 등의 용어 역시 발견된다. 이러한 양상은 〈입체원도표 1-2〉에서도 재현되고 있다.

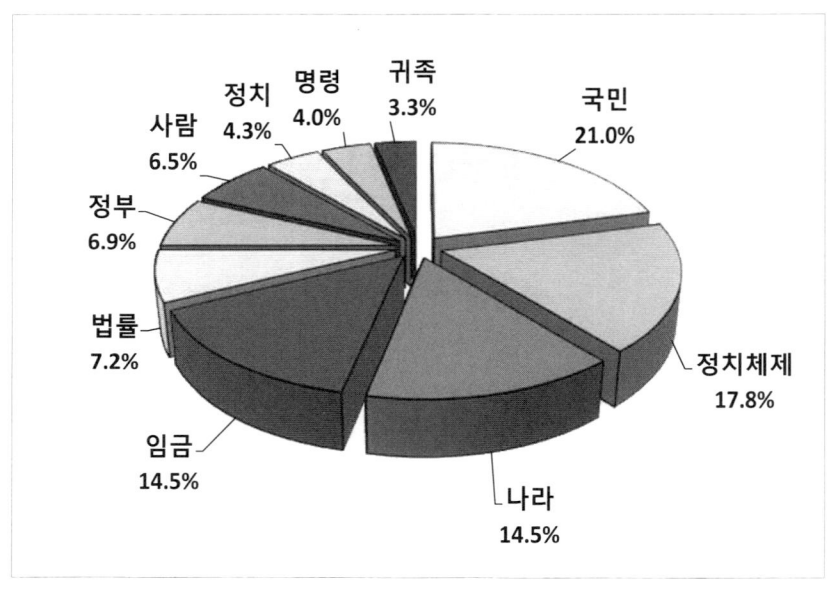

〈자료 8〉 입체원도표 1-2: 제5편-2 「정부의 종류와 제도」

분석단위들의 빈도분포를 구체적으로 살펴보면, ≪민주주의≫의 〈이념적 기반〉에서 근대적 속성을 표상하는 '국민'에 대한 언급의 비율이 21%로 가장 높게 나타났다. 그리고 「정부의 종류와 제도」의 저술 목적이 문명개화를 지향한 정치체제의 개혁이었던 만큼, ≪근대화≫ 범주의 〈정치체제의 개혁〉의 전통적 속성과 근대적 속성에 공통적으로 속한 '정치체제'(17.8%)와 '나라'(14.5%), 그리고 〈정치제도와 절차〉의 전통적 속성인

'임금'(14.5%)에 대한 언급이 그 뒤를 이었고, 다음으로 〈정치제도와 절차〉의 근대적 속성인 '법률'(7.2%)과 '정부'(6.9%)에 대한 언급이 발견된다. 이러한 용어의 빈도분포로부터 유길준이 조선의 새로운 정치체제를 구상함에 있어서 가장 중요하게 여긴 것은 바로 '국민'(출현빈도 21%)을 근간으로 한 근대국가의 건설이었다는 사실을 알 수 있다. 또한 정치제도와 절차를 논의하면서 전통성을 함의한 '임금'이라는 용어 역시 빈번히 사용한 것을 볼 때(출현빈도 14%) 그의 체제구상에 있어서 국민, 임금, 그리고 '나라'(출현빈도 14.5%)라는 세 가지 관념이 중심축을 이루고 있었다는 것을 알 수 있다. 즉, 유길준은 군(君)과 민(民) 가운데 어느 한 쪽으로 경도된 것이 아니라 양자 모두를 중심으로 구성된 나라를 염두에 두고, 그들 간의 권력관계가 법치의 원리(법률, 8.2%)에 따라 제어되는 정치체제, 곧 엄정한 헌정질서에 입각한 군민공치를 가장 바람직한 정치체제로 제시했던 것이다.

한편 〈이념적 기반〉에 속한 '사람'이 6.5%, 〈체제개혁〉에 속한 '정치'가 4.3%, 〈정치제도와 절차〉에 속한 '명령'의 출현빈도가 4%로서, 모두 전통적 속성과 근대적 속성에 공통적으로 포함되는 것들이다. 특이한 것은 ≪근대화≫ 범주에서의 〈정치체제의 개혁〉과 ≪민주주의≫ 범주의 〈정치제도와 절차〉에서 전통적 속성과 근대적 속성에 공통적으로 포함되는 용어가 상대적으로 많이 언급되고 있다는 점이다. 이는 근대화에 관한 유길준의 인식이 정치기제의 개혁을 중심으로 형성되었다는 것을 보여준다. 다시 말해서, 전통적 정치제도와 절차에 민주성을 가미함으로써 체제개혁을 달성하는 것이 바로 유길준이 생각한 근대화였던 것이다.

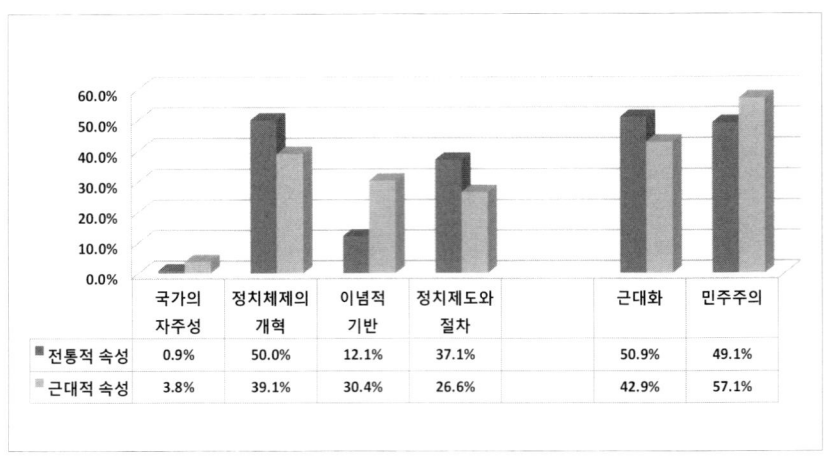

〈자료 9〉 제5편-2 「정부의 종류와 제도」

전반적으로 볼 때, 이 표본을 통해 이루어진 유길준의 민주주의 담론은 ≪근대화≫와 ≪민주주의≫라는 두 가지 맥락 가운데 어느 한 쪽에 치우치지 않고 고르게 진행된 구조적 성격을 갖고 있다고 말할 수 있다. 다만 근대적 속성의 경우에는 ≪민주주의≫와 연관된 용어의 출현빈도(57.1%)가 ≪근대화≫의 범주에 속한 용어의 출현빈도(42.9%)에 비해 약간 높은 반면, 전통적 속성의 경우에는 양자 간에 괄목할 만한 차이가 나타나지 않았다(근대화 50.9%, 민주주의 49.1%). 또한 전통적 속성의 경우는 〈정치체제의 개혁〉(50%)과 〈정치제도와 절차〉(37.1%)에 대한 언급이 다른 항목에 비해 현저히 많았으며(〈국가의 자주성〉 0.9%, 〈이념적 기반〉 12.1%), 근대적 속성은 〈정치체제의 개혁〉(39.1%), 〈이념적 기반〉(30.4%)과 〈정치제도와 절차〉(26.6%) 모두에 고른 관심을 나타내고 있음을 파악할 수 있다. 특히 전통적 속성과 근대적 속성을 불문하고 가장 많이 언급되고 있는 맥락이 〈정치체제의 개혁〉인데, 이는 '정치체제', '나라', '정치'와 같은 공통속성 용어가 빈번히 사용되었기 때문이다(전통적 속성 50%, 근대적 속성 39.1%). 요컨대 정치체제의 개혁을 근대화의 핵심적 표징으로 간주한 유길준의 근대화관이 바로 표본을 통해 가장 잘 드러나고 있다.

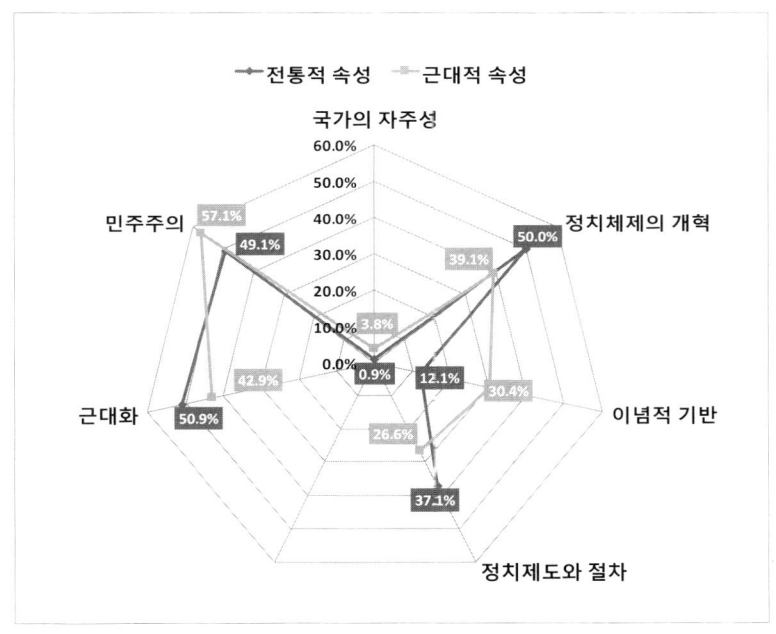

〈자료 10〉 제5편-2 「정부의 종류와 제도」

그런데 여기에서 한 가지 주목해야 할 점은 유길준의 군민공치에 관한 기존 연구들이 그가 생각한 통치권력의 배분구도에 대해 거의 논의하지 않았다는 사실이다. 주지하다시피 유길준이 체제개혁의 이상적 모형으로 제시한 영국 입헌군주제는 지극히 포괄적인 "국왕의 대권(royal prerogatives)"[2]을 의회 내 다수당 의원들로 구성된 내각(총리)에게 위임하고 있으며, 따

---

2) Budge, I., et al. 1998. The New British Politics. Harlow: Addison Wesley Longman, 179-180.

라서 권력배분에 있어서 시민을 대표하는 의회의 권력이 왕권을 압도하는 명백한 비대칭적 구도를 갖고 있다. 그러나 내용분석이 보여주듯이 유길준은 〈정치제도와 절차〉를 논의하면서 '임금'을 결코 버리지 않았을 뿐만 아니라(출현빈도 14%), '국민'(출현빈도 21%)의 권리 역시 강조하고 있다. 즉, 유길준이 구상한 군민공치는 군과 민의 권력이 거의 비슷하게 배분된 체제였으나, 영국식 입헌군주제에 비해 왕권을 훨씬 더 폭넓게 수용함으로써 체제의 전통성과 근대성을 동시에 유지할 수 있는 정치질서였다고 볼 수 있다. 그에게 있어서 근대국민국가는 전통성을 완전히 탈피한 국가가 결코 아니었던 것이다.

3) 제4편 「국민의 권리」

유길준이 근대 민주주의 정치제도와 절차를 선택적으로 수용해 조선의 정치체제를 군민공치체제로 전환해야 한다고 역설하는 과정에서 당면한 문제는 그러한 제도와 절차를 뒷받침하고 있는 이념적 원리를 어떻게 수용하는가의 문제였다. 그는 이러한 문제를 해결하기 위해 『서유견문』 제4편에서 근대 민주주의의 이념적 기반인 자유·평등·법치의 원리를 통의와 정리·이치·직분 등의 유가적 가치와 융합하려 시도했다. 예로서 그는 근대적 개념인 자유를 전통적 개념인 통의에 비추어 해석하고 있다. 통의는 자유와 방종을 구분 짓는 규범이며, 사회적 상호관계에서 개인의 자유는 통의와 법률에 의해 제한되는 자유를 의미한다는 것이다.

이러한 그의 시도는 〈워드 클라우드 1-3〉를 통해서 확인된다. 즉, 그래픽 상에서 '사람'이 가장 크게 표현되어 있고, 그 다음으로 '권리'가 크게 보이며, 그 뒤를 이어 '자유', '법률', '통의', '나라', '국민'의 순으로 크기가 작아지고 있다. 이와 동일한 양상이 〈입체원도표 1-3〉에서도 나타나고 있다. 즉, ≪민주주의≫ 범주에 속한 〈이념적 기반〉의 공통속성에 해당되는 '사람'이 33%로 제일 많이 언급되었고, 그 다음으로 동일한 〈이념적 기반〉의 근대적 속성에 포함된 '권리'가 18.7%, '자유'가 11%로 나타났으며, 이어 ≪민주주의≫ 범주 가운데 〈정치제도와 절차〉의 근대적 속성인 '법(률)'(10.9%), 〈이념적 기반〉의 전통적 속성을 지칭하는 용어인 '통의'(5.4%), ≪근대화≫ 범주에 속한 〈정치체제의 개혁〉의 전통적 속성인 '나라'(5.2%), '국민'(4.7%), '인간'(4.5%), '보호'(3.4%), '국법'(3.2%)의 순으로 언급되었다.

〈자료 11〉 워드 클라우드 1-3: 제4편 「국민의 권리」

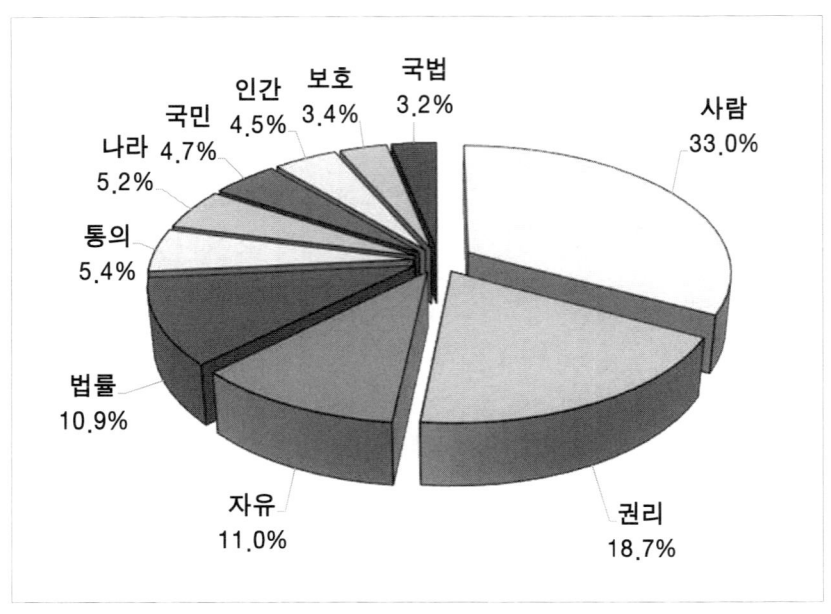

〈자료 12〉 입체원도표 1-3: 제4편 「국민의 권리」

이러한 용어들의 출현빈도로부터 그의 정치이념은 '사람'(인민)과 인민의 '권리'를 근간으로 삼고 있으며, 권리의 핵심인 '자유'를 '법률'로 보장하는 '나라'의 건설을 정치개혁의 당위적 목표로 설정했음을 파악할 수 있다. 물론 여기에서 그가 말한 자유의 관념은 통의, 곧 "당연한 정리(正理)" 혹은 "천하 일반에 통하는 불변의 도리"인 천부인권의 일부로서, 나라(정부)는 이러한 천부인권을 보장하는 의무와 책임을 갖는다는 유가적 사유의 소산이다. 이처럼 유길준이 서구의 근대 민주주의 이념을 유가 사상의 체를 통해 걸러내고자 했던 것은 조선사회의 전통적 위계질서를 유지하기 위한 방편의 일환이었다. 즉, 그는 전통성의 테두리 내에서 근대성을 수용하여 군주제로 대표되는 조선의 위계적 사회구조를 유지하는 가운데 체제개혁, 더 나아가 자주적 근대화를 추진한다는 이율배반적 개화전략을 제시했던 것이다. 이러한 그의 개화전략은 집권 엘리트가 주도하는 '위로부터의 개혁'의 한계와 더불어, 임혁백이 근대한국정치의 가장 두드러진 특성으로 지적한 "비동시성의 동시성"3)이 개화기 정치지형에서 표출된 전형적 사례라고 말할 수 있다.

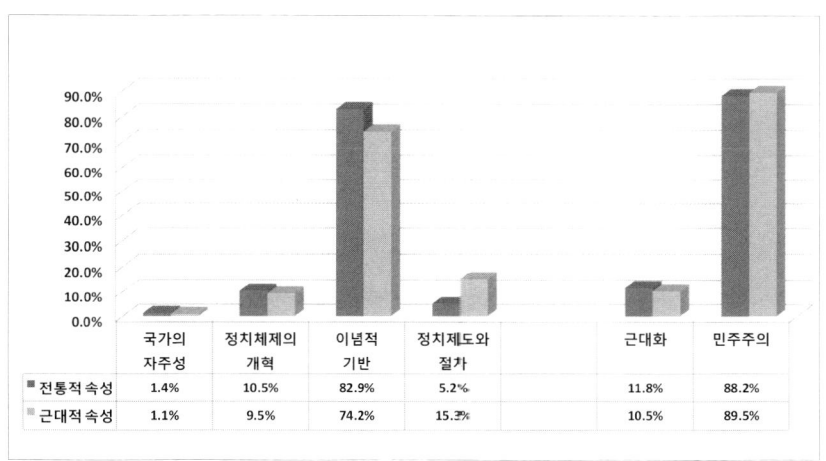

〈자료 13〉 제4편 「국민의 권리」

이 표본에 대한 분석결과를 전반적으로 살펴보면, 전통적 속성과 근대적 속성을 불문하고 ≪민주주의≫ 범주에 관련된 용어의 출현빈도가 ≪근대화≫ 범주에 대한 용어의 출현빈도를 크게 상회하고 있으며(전통적 속성 88.2%, 근대적 속성 89.5%), 그 중에서도 특히 〈이념적 기반〉에 관련된 용어들의 사용빈도수가 여타 다른 맥락에 속한 용어들의 사용빈도수보다 월등히 많음을 알 수 있다. 즉, '사람', '인간'과 같은 공통속성뿐만 아니라, '권리', '자유', '평등'과 같은 근대적 속성과 '통의', '정리', '이치', '공도', '직분' 등 전통적 속성에 대한 언급이 고루 이루어졌음을 알 수 있다.

---
3) 임혁백(2014), 61.

이와 더불어 근대적 속성의 경우에는 '법', '법률'과 같은 〈정치제도와 질서〉에 관한 언급도 15.3%에 달하고 있다. 이러한 용어들의 전반적 분포양상을 고려할 때, 유길준은 앞서 누차 지적한 바와 같이 근대 민주주의를 수용함에 있어서 이념적 원리와 정치제도를 일방적으로 받아들이기보다는 이들을 전통적 가치체계에 융융시킴으로써 그 나름대로의 합성 민주주의관, 곧 '유길준식 민주주의' 개념을 정립했다고 말할 수 있을 것이다. 즉, 그는 서구 민주주의의 원리를 전통적인 사회질서의 유지에 적용할 수 있도록 민주주의 개념의 개화기적 변용을 시도한 것이다.

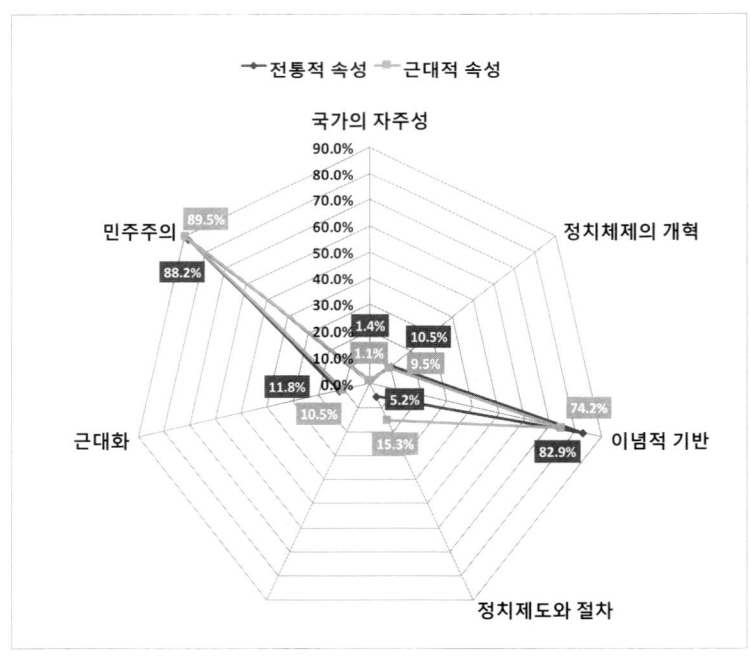

〈자료 14〉 제4편 「국민의 권리」

4) 제3편 「나라의 권리」

유길준은 앞서 살펴본 바와 같이 제4편 「국민의 권리」를 통해 민주주의 정치제도뿐만 아니라 그러한 제도를 뒷받침하는 이념적 원리 역시 유가사상의 틀을 통해 받아들여 군주제를 개혁할 것을 역설하고 있다. 예로서 그가 조선의 정치개혁이 수용해야 할 이상적 체제모형으로 영국식 입헌군주제를 제시한 것은 법에 의한 군주권의 제한, 곧 '법치'의 원리를 강조하려 했기 때문이다.

〈자료 15〉 워드 클라우드 1-4: 제3편 「나라의 권리」

제3편 「나라의 권리」에서는 법치에 따른 군주권의 제한이 국민의 기본권을 보장하는 것을 넘어서서 국권(國權)을 강화하는 수단이 될 수 있다는 유길준의 주장이 부각되고 있다. 즉, 그는 문명개화의 핵심적 목표를 조선이 근대 동아시아 국제질서 속에서 자주적 주권국가로 자리 잡는데 요구되는 국권의 강화에 두었기 때문에, 법치의 의미를 이러한 맥락에서 확대 해석하고 있다. 다시 말해서, 유길준에게 있어서 법치는 군주제 정치질서의 개혁을 뒷받침해 주는 이념적·절차적 원리인 동시에 국권 강화의 선행조건이었던 것이다. 이러한 그의 인식은 〈워드 클라우드 1-4〉에 나타나는 용어의 크기를 통해 쉽게 확인할 수 있다. 즉, 그래픽 상에서 가장 크게 돋보이는 용어는 '나라'와 '권리'이고, 그 다음으로 '공물을 바치는 증공국', '조약', '사람', '동등' 등의 용어가 부각되고 있으며, 뒤이어 '군주', '강대국', '공물을 받는 수공국', '주권' 등을 발견할 수 있다

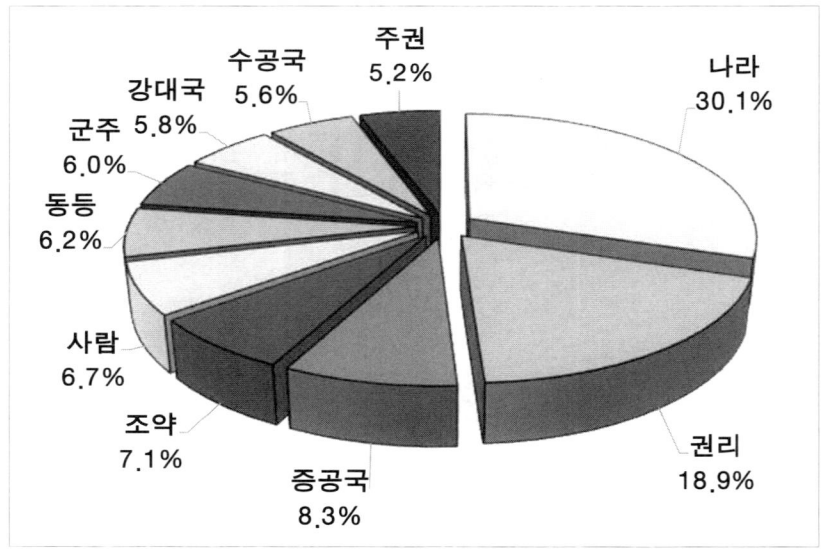

〈자료 16〉 입체원도표 1-4: 제3편 「나라의 권리」

이러한 양상은 〈입체원도표 1-4〉에서도 동일하게 나타나고 있는데, ≪근대화≫ 범주에서 〈정치체제의 개혁〉의 공통속성인 '나라'가 30.1%로 가장 빈번하게 언급되고 있고, 그 다음으로는 〈국가의 자주성〉 가운데 근대적 속성을 표상하는 '권리'가 18.9%로 2위, '조약'이 7.1%로 4위, '동등'이 6.2%로 6위, '강대국'이 5.8%로 8위, '주권'이 5.2%로 10위를 차지하였으며, 역시 같은 범주인 〈국가의 자주성〉의 전통적 속성에 속한 용어인 '중공국'이 3위로 언급되고 있다(8.3%). 5위를 차지한 용어는 ≪민주주의≫ 범주의 〈이념적 기반〉에 속한 공통속성인 '사룸'이었다(6.7%). 〈정치제도와 절차〉의 전통적 속성인 '군주'는 6%를 차지해 7위에 올랐다.

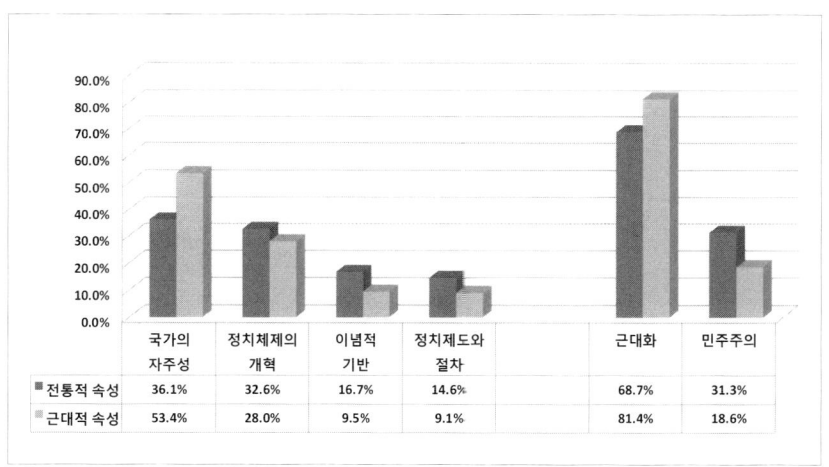

〈자료 17〉 제3편 「나라의 권리」

분석단위(용어)의 빈도분포 양상이 나타내는 특성을 전반적으로 살펴보면, ≪근대화≫ 범주에 속한 용어들이 ≪민주주의≫ 범주에 해당되는 용어들 보다 더 빈번히 언급되고 있다. 즉, 전통적 속성의 경우는 ≪근대화≫ 차원에 대한 언급이 68.7%, ≪민주주의≫ 차원의 용어가 31.3%인데 비해, 근대적 속성의 경우에는 ≪근대화≫ 차원의 언급(81.4%)이 ≪민주주의≫ 차원의 언급(18.6%)을 훨씬 상회하고 있음을 알 수 있다. 보다 구체적으로, 전통적 속성의 경우 ≪근대화≫ 범주에 속한 〈국가의 자주성〉(36.1%)과 〈정치체제의 개혁〉(32.6%)에 대한 언급빈도가 비슷한 수준을 보이고 있음에 반해, 근대적 속성의 경우에는 〈국가자주성〉(53.4%)에 대한 언급빈도가 〈정치체제의 개혁〉(28%) 보다 훨씬 높은 것으로 나타났다.

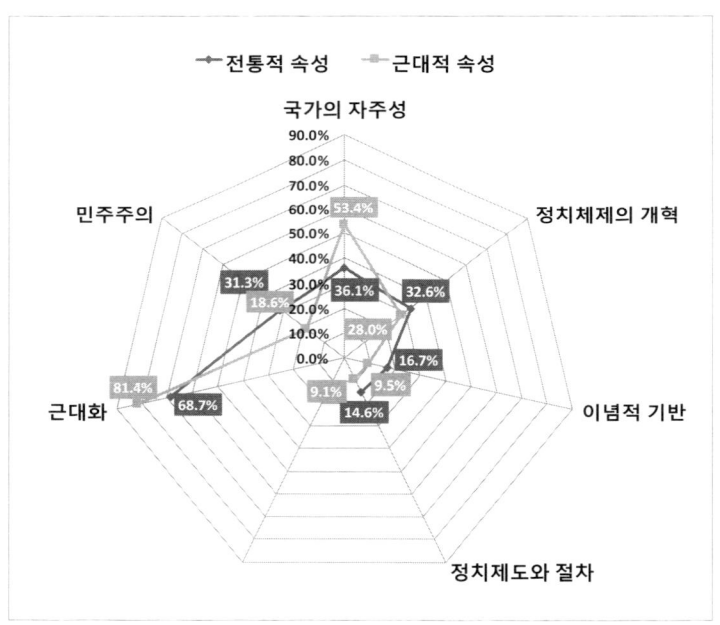

〈자료 18〉 제3편 「나라의 권리」

한편 ≪근대화≫ 차원 가운데 〈정치체제의 개혁〉의 맥락에는 전통적 속성과 근대적 속성에 모두 포함되는 '나라', '정치' 등의 용어가 주로 사용되었으며, 〈국가의 자주성〉의 경우에는 '권리', '자주', '독립', '주권', '동등'과 같은 근대적 속성의 용어에 대한 언급빈도가 '공물', '증공국', '수공국',

'속국 보전' 등의 전통적 속성을 나타내는 용어의 사용빈도보다 더 많았다. 즉, 근대적 속성의 경우 〈국가의 자주성〉에 대한 언급이 53.4%를 차지하고 있으며, 전통적 속성의 경우는 36.1%가 〈국가의 자주성〉과 연관된 용어였다. 전통적 속성은 〈이념적 기반〉과 〈정치제도와 절차〉에 있어서 근대적 속성에 비해 상대적으로 언급의 빈도가 높은 편이다. 이러한 용어들의 빈도분포 양상은 유길준이 국가의 자주성을 곧 근대성의 징표로 간주했으며, 그러한 국가적 자주성은 정치체제의 개혁을 통해 확보될 수 있다고 보았다는 기존 연구의 시각을 뒷받침해 준다. 바꾸어 말해서, 유길준은 정치질서의 개혁을 통해 확보될 수 있는 국가의 자주성과 근대성을 등치시켰던 것이다.

제 5 장

유길준의 민주주의 인식구도:
구조적 특성과 맥락별 중요성

『서유견문』에 포함된 네 편의 글을 대상으로 수행한 내용분석의 결과를 근거로 유길준의 민주주의 인식이 드러낸 구조적 특성, 그리고 그러한 인식을 구성하고 있는 맥락의 상대적 중요성을 비교하여 그의 민주주의관을 구성해 보면 아래와 같다.

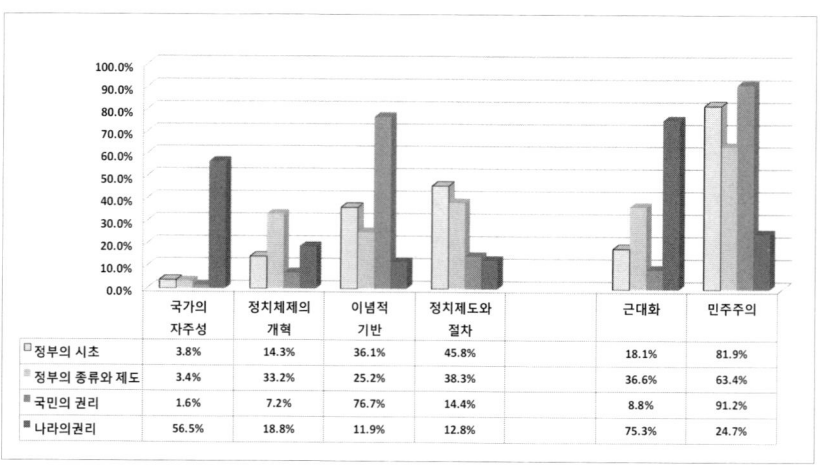

〈자료 19〉 서유견문에 나타난 민주주의 맥락의 양상

우선 ≪민주주의≫ 차원에 대한 언급이 가장 많이 이루어진 표본은 제4편 「국민의 권리」였으며, 그 다음으로 제5편-1 「정부의 시초」가 뒤따르고 있고, 이어 제5편-2와 제3편의 순서이다. 이에 반해 ≪근대화≫에 대한 언급의 빈도는 제3편 「나라의 권리」에서 제일 높게 나타나고, 제5편-2 「정부의 종류와 제도」, 제5편-1 「정부의 시초」, 제4편의 순서로 점차 낮아진다.

이를 각 범주별로 상세히 살펴보면, ≪근대화≫ 범주에 속한 〈국가의 자주성〉의 경우에는 제3편 「나라의 권리」에서의 언급빈도가 다른 표본들에 비해 훨씬 높은 비율을 차지하고 있다. 이러한 양상은 조선의 존속과 국가적 안위를 보장하기 위해서는 근대 민주주의의 이념적·제도적 원리를 선택적으로 수용해 국권을 강화하여 자주적 주권국가의 기틀을 마련해야 한다는 유길준의 개화관, 즉 민주주의관이 바로 이 표본에 가장 잘 반영되어 있기 때문에 나타난 것으로 판단된다. 다음으로 〈정치체제의 개혁〉의 경우에는 제5편-2 「정부의 종류와 제도」편에서 가장 빈번히 언급되고 있고, 그 다음으로 제3편 「나라의 권리」가 따르고 있다. 또한 제5편-2 「정부의 종류와 제도」에서는 〈정치체제의 개혁〉과 더불어 ≪민주주의≫ 차원에 속한 〈정치제도와 절차〉에 대한 언급 빈도가 다른 편들에 비해 상대적으로 높게 나타나고 있다. 즉, 유길준은 제5편-2를 통해 문명개화를 달성하기 위해서는 군주제 정치질서의 개혁, 특히 제도적 개혁이 반드시 요구된다는 점을 강조했던 것이다.

한편 ≪민주주의≫ 차원에서 〈이념적 기반〉에 대한 유길준의 관심은 제4편 「국민의 권리」에서 가장 명백히 드러났으며, 그 다음으로는 제5편-1 「정부의 시초」이다. 그러나 제4편의 경우에는 〈이념적 기반〉에 관심이 편중되어 있는 반면, 제5편-1에서는 〈정치제도와 절차〉에 관해 보다 큰 관심을 표명하고 있다. 따라서 제5편-1은 제5편-2「정부의 종류와 제도」에서 본격적인 체제개혁, 즉 군주제로부터 '군민공치'에 입각한 입헌군주제로의 전환을 주장하기에 앞서 그러한 개혁의 필요성과 당위성을 강조하기 위해 저술된 것으로 보인다.

요컨대 이러한 내용분석 결과는 유길준이 새롭게 유입된 근대적·서구적 가치관이 전통적인 유교적·위계적 가치관과 충돌하고 있던 개항기의 정치지형 속에서『서유견문』을 통해 문명개화에 요구되는 가치관과 규범의 변화를 유도하고, 더 나아가 정치질서와 정치제도의 개혁을 추동하려 시도했다는 기존 연구의 평가를 뒷받침할 수 있는 경험적 증거가 될 수 있을 것이다.

유길준을 위시한 개화기 정치지성들의 노력에도 불구하고 1910년 한일합병으로 인해 조선의 자주적 근대화 시도는 일단 좌절되었으나, 이들의 담론을 기반으로 형성된 민주주의적 정향은 일제 강점기에 이르러 억압적 식민권력에 대한 저항의식으로 전환됨으로써 항일독립운동의 이념적 근간이 되었으며, 해방 후 새로운 국가건설 과정과 민주화 운동의 전개과정에 이르기까지 지대한 영향을 미쳤다. 그러나 개혁성향의 집권 엘리트였던 유길준은 앞서 논의한 바와 같이 개화기 조선의 정치사회질서를 근본적으로 전환하려 시도하지 않았다. 즉, 그를 포함한 개항기의 개화 엘리트들은 군주제의 위계적 패권구조를 유지하는 가운데 자주독립과 개화를 달성하기 위한 정치적 방책을 민주주의 정치제도의 선택적 도입에서 찾으려 했을 뿐이다. 따라서 이들의 담론은 사회생활의 기본 원리로서의 민주주의 또는 정치문화로서의 민주주의에 관해서는 거의 언급하지 않고 있으며, 이러한 개화기 민주주의관은 오늘날에 이르기까지 지속되어 민주주의의 개념을 절차적 민주주의로 제한하는 결과를 초래했다고 말할 수 있다.

제 2 부

『조선문명사』:
안확의 진화 담론

⋮

　제2부에서는 19세기 말~20세기 초에 걸쳐 도입·소개된 민주주의가 일제 강점기에 이루어진 정치적 담론 속에서 어떠한 맥락에 따라 논의되었는가를 탐색해 본다. 즉, 일제 강점기의 정치지성들이 억압적 식민통치에 저항하는데 요구되는 민족적 역량을 고취하기 위해 정치이념 혹은 정치질서로서의 민주주의를 식민의 정치지형 속에서 어떻게 받아들였는가를 추적해 보기로 한다.

　해방 이후 수십 년에 걸쳐 형성된 지적 공간의 일부에는 민주주의가 미군정(美軍政)에 의해 '이식'된 정치이념과 정치질서라는 부정적 인식[1]이 자리 잡고 있었으며, 따라서 민주주의에 대한 지성사적 성찰은 민족주의, 사회주의, 자본주의 등에 관한 논의에 비해 상대적으로 등한시되어 왔다.[2] 그러나 민주주의의 이념적·실천적 원리에 관한 담론은 앞서 살펴본

---

1) 최형익. 2004. "한국에서 근대 민주주의의 기원: - 구한말 독립신문, 독립협회, 만민공동회 활동."『정신문화연구』27:3, 183-209. 이에 대해 최형익은 별도의 학문적 반성 없이 외부 이식설을 자명한 것으로 이해하는데 이러한 연구의 문제점이 있다고 지적하고 있다.
2) 김정인. 2013. "근대 한국 민주주의 문화의 전통 수립과 특질."『역사와 현실』87, 202. 또한 그는 "민족주의는 한국 근대를 움직인 가장 강력한 '이념'으로 평가받은 반면에, 민주주의는 외적 계기에 의해 이식된 선진적인 '제도'라는 탈 맥락적이고 몰역사적인 선입견으로 인해 이제껏 살아 숨 쉬는 역사적 실체로서 제대로 조명 받지 못했다."라고 주장하고 있다.

바와 같이 개항기 혹은 개항기 이전 19세기 중엽에 이미 그 뿌리를 내렸다고 말할 수 있다. 특히 조선의 개혁과 자주적 근대화를 추구한 개화기 정치지성들은 서구의 근대적 정치질서를 뒷받침하고 있는 민주주의의 이념적·제도적 원리를 전통적 유가 사상의 테두리 내에서 선택적으로 수용하려 노력했으며, 일제 강점기에도 자주독립을 쟁취하기 위한 민족적 역량을 기르기 위한 민주주의 담론이 지속되었다. 따라서 민주주의는 미군정을 통해 단순히 이식된 것이 결코 아니며, 두 세기에 걸쳐 진행된 우리 정치지성들의 담론과 실천에 힘입어 지속적으로 조율된, 즉 한국화된 정치이념이자 정치질서라고 보아야 한다.

자산[3] 안확의 『조선문명사』는 한국의 전통적 정치질서와 근대적 민주주의 정치질서 간의 상응성을 제시함으로써 국권상실에 따른 한국인의 민족적 모멸감을 타파하기 위해 이루어진 일제 강점기의 대표적 민주주의 담론으로 간주된다. 여기에서는 『조선문명사』에 대한 내용분석을 통해 안확의 민주주의관을 재구성해 본다. 즉, 그의 민주주의관을 ①조선정치사에 내재된 보편적 근대성, ②한국의 전통적 정치질서와 근대적 민주주의 정치질서의 상응성, ③민족적 자주성의 기반으로서 조선정치의 민주주의적 성격, 그리고 마지막으로 ④일본의 식민통치에 대한 사상적 대항기제로서의 민주주의라는 네 가지 맥락에서 해체해 보기로 한다. 분석에 사용된 문헌은 2015년 5월 15일 〈우리역사연구재단〉에서 펴낸 ≪우리국학총서≫ 중 한 권인 『국학자 안자산의 한국통사 조선문명사』(송강호 역주)이며, 제1장 「서언」과 제6장 「근세 군주독재정치시대(조선)」 중 일부를 표본으로 선정하였다.

---

[3] 안확의 호 자산(自山)은 자유, 자주, 자치의 사상을 표현한 것으로 보기도 한다. 이태진. 1985. "安廓(1881~1946?)의 生涯와 國學世界." 『역사와 인간의 대응』. 서울: 한울, 236.

제 1 장
식민지배에 대한 저항과 타협

1910년 일제 강점기의 시작과 더불어 조선의 정치질서를 근대적 정치질서로 개편하려 했던 개화기 정치지성들의 지적·실천적 노력은 완전한 실패로 돌아갔다. 또한 강점기 초기의 강압적 무단통치로 인해 개화 엘리트들 가운데 일부는 해외로 망명했으며, 국내에 남은 사람들은 식민체제에 편입되거나 지적 활동 자체를 중단했다.[1] 차기벽은 이 시기를 "항일 민족운동의 침체기"라 부르고 있다. 그러나 식민정부의 민족말살정책과 수탈정책에 대한 저항은 항일무장투쟁과 극내외에 걸친 독립운동의 형태로 지속되었고, 민족주의적 지향성 역시 강화되었다.[2] 이러한 저항은 1919년 3·1 독립운동에 이르러 정점에 달한다. 서구식 교육을 받은 새로운 지식층이 주도한 3·1 운동은 인민주권의 원리에 입각해 자주적·민주적 근

---

[1] 1870년대를 전후로 출생하여 독립협회, 갑오정권을 거쳐 계몽운동의 중심세력으로서 조선 말 정치사회 활동을 주도했던 이들 중 대부분이 총독부관리, 신문기자, 기업지배인 등으로 변했다. 이태훈. 2008. "1920년대 초 신지식인층의 민주주의론과 그 성격."『역사와 현실』67, 22-23.

[2] 차기벽. 1992. "민족주의와 민주주의 -한국의 경우를 중심으로-."『대한민국 학술원 논문집(인문사회과학편)』31, 238; 고원. 2011. "역동적 저항-역동적 순응, 이중성의 정치: 48년 체제의 역사적 기원과 전개."『한국정치연구』20:3, 36; 이태훈. 2003. "1920년대 전반기 일제의 '문화정치(文化政治)'와 부르조아 정치세력의 대응."『역사와 현실』47, 14.

대국민국가를 건설하려는 운동이었으며, 임시정부 수립과 대한민국 국체를 민주공화제로 규정한 〈대한민국임시정부헌법〉 제정(1919. 4. 11) 등 실질적인 정치적 성과를 얻었을 뿐만 아니라 국내외에 걸쳐 광범위한 항일 민족주의운동과 사회주의운동을 추동했다는 의미를 갖는다.3)

3·1 운동은 또한 일제의 식민정책에도 상당한 영향을 미쳤다. 즉, 운동 이후 식민정책의 기조가 이른바 '무단정치'로부터 '문화정치'로 전환된 것이다. 그러나 이 '문화정치' 역시 저항적 조선인들을 식민지배체제로 포섭하기 위한 전략적 대안에 불과했기 때문에 조선인들의 정치적 자유와 권리가 확대된 것은 결코 아니다.4) 그러나 식민통치의 억압적 지형 속에서 일부 지식인들은 개화기 계몽운동의 근대화 인식을 이어받아 "자본주의적 근대화가 이루어지지 않는 한 식민지배는 피할 수 없다…현실적으로 식민지배를 벗어나기 힘들며 조선인에게 가장 필요한 것은 근대적 실력을 양성하는 것"이라는 소위 '실력양성론'을 제기했다.5) 문지영과 박찬승은 "실력양성론"이 식민통치에 대한 저항의 논리라기보다는 정치적 현실을 받아들여 독립을 위한 역량을 점진적으로 확보하자는 일종의 타협론에 불과했다고 주장한다. 또 이러한 실력양성론은 1920년대의 '문화운동'과 1930년대의 '자치운동'으로 변질됨으로써 궁극적으로는 일본의 식민지배를 정당화해주는 결과를 초래했다고 보고 있다.6) 요컨대 일제 강점기의 억압적

---

3) 차기벽(1992), 13; 이태진. 2002. "민본에서 민주까지 -한국인 정치의식의 과거와 미래." 『한국사 시민강좌』 26. 서울: 일조각, 31.
4) 이태훈(2003), 3-5.
5) 이태훈(2003), 15.
6) 박찬승은 실력양성론에 대한 기존의 연구는 긍정적, 부정적 평가가 공존하고 있으나, 1970년대 말 이후로 실력양성론자들과 일제식민 지배자들 사이의 정치적 타협과 결탁이 사실로 밝혀지고, 또 실력양성론의 성격이 개량주의적이라는 것이 밝혀지면서 부정적 견해가

정치지형에는 식민통치에 극렬히 저항했던 세력과 식민정책의 변화에 능동적으로 대응해 사적 이익과 사회경제적 기반을 확장하려 시도한 타협세력이 출현함으로써 식민지배에 대한 반응의 양면성이 표출되었다. 즉, 고원의 말을 빌자면 일제 강점기를 통해 지배권력에 대한 "역동적 저항의 전통과 역동적 순응(적응)의 전통"이라는 이중성이 노정되었고, 이러한 이중성은 해방 이후 현대 한국의 정치지형에 그대로 투영되었다는 것이다.7)

이러한 일제 강점기의 억압적 식민구도 속에 이루어진 정치적 담론은 국권회복과 항일을 위한 민족주의적, 반제국주의적 지향과 실력양성에 초점을 맞추었을 뿐이며, 이에 따라 민주주의 정치질서나 이념에 대한 본격적 논의는 거의 이루어지지 않았다. 그러나 열악한 정치적 여건 속에서도 소수의 민족주의적 역사학자나 국학자들이 민족의식의 고취를 통한 국권회복을 지향해 계몽활동을 이어 나갔으며, 안확은 바로 이러한 계몽적 정치지성을 대표하는 지식인으로 평가된다. 그는 『조선문명사』를 통해 민족문화에 잠재된 근대성을 탐색하여 조선(한국)의 정치질서가 민주주의적 입헌공화제 질서로 '진화'할 수 있는 가능성을 역설했던 것이다.

더 우세해지고 있다고 주장한다. 박찬승. 1992. 『한국 근대 정치사상사 연구: 민족주의 우파의 실력양성 운동론』. 서울: 역사비평사, 22; 문지영. 2012. 『지배와 저항, 한국 자유주의의 두 얼굴』. 서울: 후마니타스, 56.
7) 고원(2011), 29.

제 2 장
한국 민주주의 담론의 전개과정에 있어서 안확의 위상

　안확은 개화기의 정치지성들과 명백히 구별된다. 양반으로서의 신분적 한계를 극복하지 못했던 개화기 정치지성들은 유가 사상과 군주제에 대한 집착으로 인해 '유가적 민주주의 담론'을 펼쳐나갈 수밖에 없었으나, 신학문에 본격적으로 노출된 서민 지식인이자 유가 이념에 대해 반감을 지니고 있던 안확은 체제(군주제)유지를 위한 보수적 민주주의 담론을 벗어나 체제의 전면적 개혁을 지향한 진보적 민주주의 담론을 진행할 수 있었던 것이다. 즉, 한국의 민주주의 담론은 안확에 이르러 엘리트중심 담론의 성격을 벗어나 "민중의 삶에 대한 헌신성"과 "자유민주주의에 대한 지향성"[1]을 지닌 민중중심 담론의 성격을 얻게 된다. 물론 안확은 일제 강점기의 정치적 현실 속에서 민주공화제의 실현방안을 구체적으로 제시할 수는 없었으며, 조선문명에 내재된 진화의 잠재력을 근거로 한 낙관적이자 미래지향적 담론을 통해 민주공화제로의 필연적 진보를 역설하는 우회적 방식으로 식민통치에 대한 지적 저항을 시도했다고 볼 수 있다.

---

1) 진덕규. 2008. "II. 한국정치사 및 정치사상사." 대한민국학술원. 『한국의 학술연구: 정치학·사회학』. 서울: 대한민국학술원. 26-109, 50.

이러한 안확의 담론을 통해 도구로서의 민주주의를 논한 개화기 담론의 편향성이 극복되어 민주주의 담론의 목표, 영역과 대상이 확장된다. 한국 민주주의 담론의 전개과정에서 안확이 지니는 중요한 위상은 바로 여기에 놓여 있다. 즉, 안확은 민주주의를 정치적 도구가 아니라 목표로서 제시했으며, 조선의 인민들에게 그러한 목표가 달성될 수 있다는 역사적 근거를 보여줌으로써 민주주의 담론에 대중동원력을 부여한 새로운 유형의 정치지성이었던 것이다.

개화기 민주주의 담론의 대상은 결코 대중이 아니었다. 즉, 개화기 정치지성들은 민주주의 정치기제의 선택적 도입을 통한 군주제의 개혁작업을 실제로 담당할 수 있는 위치에 있던 권력엘리트들, 사회상층부의 지식인들에게 개혁의지를 심어주기 위한 담론을 진행했다. 따라서 이들은 민주주의 정치기제의 유가적 정당화를 목표로 삼고 있었기 때문에 무지한 조선인민은 담론의 대상에서 당연히 제외되었다. 그러나 안확의 담론은 이미 소멸되었거나 일제에 포섭된 전통적 권력엘리트들이 아니라 조선인민 전체를 대상으로 한 것이었다. 물론 안확의 『조선문명사』를 읽고 그 내용을 이해할 수 있었던 사람들은 지식인에 한정되었을 것이라고 추측할 수 있다. 그럼에도 불구하고 안확의 민주주의 담론이 대상의 측면에서 개화기 민주주의 담론에 비해 크게 확장되었다는 사실을 부인할 수는 없다. 왜냐하면 그들 대부분이 안확과 같은 서민 지식인들이었음에 틀림없기 때문이다. 안확은 민주주의를 양반 민주주의로부터 서민 민주주의로 바꾸어 놓은 것이다.

또한 안확의 담론은 민주주의를 '도입'해야 할 외래 정치이념이나 정치기제가 아닌 자생적 이념과 기제로 규정함으로써 주체적 민주주의관을 정착시키는 계기를 제공했다고 볼 수 있다. 물론 이러한 주체적 민주주의관은 조선정치사에서 발견되는 근대민주주의적 정치질서의 흔적, 예컨대 붕당정치와 서구의 정당정치를 단순히 짝짓는 방식으로 제시되었다는 측면에서 그 타당성을 액면 그대로 받아들일 수는 없으나, 적어도 민주주의에 관한 논의에 주체성을 부여했다는 측면에서는 상당한 의미를 지닌다. 즉, 안확의 담론을 계기로 한국의 정치지형에 형성된 민주주의관은 '다른 나라의 민주주의'로부터 '우리 민주주의'의 관념으로 전환되기 시작했다고 볼 수 있다. 안확의 담론을 통해 민족적 민주주의의 역사적 뿌리가 정착된 것이다. 이태진은 이러한 맥락에서 안확의 역사인식이 "단순한 민족주의에 그치지 않고, 발전사관과 민주적 인식을 함께 하고 있다"고 주장한다.[2]

---

2) 이태진. 1989. "安廓." 『한국사시민강좌』 5, 151.

제 3 장

안확의 민주주의관: 기존 연구의 시각과 맥락

『조선문명사』를 통해 전개된 안확의 정치사적 담론에 관한 기존 연구들은 그가 조선문명에 애당초 내재되어 있던 근대성과 진화의 가능성을 조선정치사가 노정한 보편적 근대성, 조선의 전통적 정치질서와 근대적 민주주의 정치질서의 상응성, 민족적 자긍성의 기반으로서 조선정치의 민주주의적 성격, 그리고 일본의 식민통치에 대한 사상적 대항기제로서의 민주주의라는 네 가지 맥락에서 논의했다고 보고 있다. 즉, 『조선문명사』는 조선이 지닌 "자유민주주의 공화제 실현의 능력 확인"[1]이라는 목적을 지닌 민족주의적 민주주의 담론이었다는 것이다.

1. 조선정치사에 내재된 보편적 근대성

"우리나라 최초의 체계적인 정치사"[2]로 간주되는 『조선문명사 일명 조

---

1) 이태진(1989), 154.
2) 한영우. 1994. 『한국민족주의역사학』. 서울: 일즈각, 181.

선정치사(朝鮮文明史 一名 朝鮮政治史)』는 제목에서 알 수 있듯이 문명사관에 입각해 조선 정치사에 내재된 근대성을 드러내려 시도한 일제 강점기의 대표적 민주주의 담론이자 역작으로 평가된다. 예로서 이태진은 "기조(François Guizot)가 『유럽문명사』에서 자유, 진보의 역사를 추구하였듯이…안확은 우리역사에서 그것을 조선정치사 부면에 두었다"고 주장한다.3) 즉, 안확은 조선정치사를 서구정치사와 비교해 조선문명이 지녔던 근대성을 탐색하고, 이를 바탕으로 조선정치사를 자유와 진보의 역사로서 재구성하려 했던 것이다.4) 다시 말해서, 그는 조선 5,000년의 역사가 서구의 문명세계와 동일한 역사적 진보단계를 따라 전개되었음을 밝혀냄으로써 조선의 문화적 고유성이 세계사적 보편성을 담지하고 있음을 역설하려 시도했다.5) 그러나 안확이 조선의 정치적 진보가 자생적 진보라는 점을 강조하기 위해 중국의 영향력을 의도적으로 배제한 채 서구 국가들만을 비교대상으로 삼아 논의를 진행함으로써 "조선의 고유성과 우월성, 이에 따른 보편성, 근대성을 보여주려던 노력이 오히려 역효과를 불러왔다"는 비판적 견해가 제시되기도 한다.6)

---

3) 安自山 著·李太鎭 校. 1983. 『朝鮮文明史』. 서울: 중앙일보사, 312-313.
4) 한영우(1994), 182-183; 자산 안확 지음, 송강호 역주. 2015. 『국학자 안자산의 한국통사 朝鮮文明史』. 서울: 우리역사연구재단, 17. 그러나 이와는 다른 시각에서 정긍식은 안확의 조선문명사를 "상대에 대한 인식을 바탕으로 자기의 것을 탐구하는 자기 완결적이지 못한 대타성을 지니고 있다. 그래서 독자성을 발견하지 못하는 한계를 가지고 있다."라고 평가하면서, 그렇다하더라도 "한국사에서 자치를 중시하고 이 관점에서 한국사를 일관되게 서술하고 일반인의 권력참여의 확대과정을 논증한 것은 오늘날에도 그 연구사적 의의는 바래지 않을 것이다."라고 주장하고 있다. 정긍식. 1997. "자산 안확의 한국법사 이해 - ≪조선문명사≫를 중심으로." 『법학』 38:3/4, 231.
5) 정긍식(1997), 231.
6) 이종두. 2011. "안확의 『조선문학사』와 『조선문명사』 비교연구." 『대동문화연구』 73, 295, 300-301. 그러나 한편으로는 안확이 고유문화와 외래문화의 융합을 통한 보편성의

요컨대 안확이 『조선문명사』를 통해 주장하려 한 바는 "서구문명의 최대성과인 입헌주의, 공화주의"가 조선의 정치적 전통에 애당초 내재해 있었기 때문에, 이를 지속적으로 발전시키건 조선의 정치체제가 입헌주의체제, 공화주의체제로의 진보적 전환을 달성할 수 있다는 것이었다.[7] 그는 이러한 주장의 핵심적 근거로서 조선정치사의 흐름 속에서 발견되는 '자치제'의 명백한 흔적을 제시하고 있다. 즉, 자치제는 단군의 건국으로부터 "시대에 따라 그 발달정도에 차이가 있으나 시대가 내려올수록 발달"하여 조선시대에 이르러 가장 진화된 단계에 이르렀으며, 바로 이러한 자치제의 경험이 군주제로부터 입헌공화제로 진화할 수 있는 조선문명의 정치적 역량이라고 보았다.[8]

안확은 또한 자치제를 조선역사를 관통하여 발현되고 있는 조선민족의 고유성임을 밝힘으로써 일본 학자들의 "봉건사회결여론(封建社會缺如論)"을 반박하고 있다. 즉, 봉건제가 조선역사의 초기 단계부터 존재하고 있었으며, 이러한 봉건제가 조선민족의 고유한 자치정신과 자치제로부터 나온 것인 만큼 조선역사가 보편적 진화의 길을 따라왔다는 것이다.[9] 이에 대해 정긍식은 "자치제(自治制)는 조선사 전체를 관망하는 안확의 기본 시각이며, 조선문명사 전체를 일관하는 핵심주제"라고 단언하고 있다.[10]

획득을 강조하고 있기 때문에 기존의 국수적 민족주의를 극복하고 있는 것으로 파악하고 있다.
7) 安自山(1983), 319.
8) 이태진(1985), 244; 安自山(1983), 312-313.
9) 정긍식(1997), 240.
10) 정긍식(1997), 239.

2. 한국의 전통적 정치질서와 근대적 민주주의 정치질서의 상응성

안확은 조선의 역사를 정치사적 측면에서 조망하면서 조선문명의 전통적 요소와 외래적 요소의 융합을 강조했다. 그는 서구의 자유주의적 근대정치가 지닌 선진성과 보편적 근대성을 조선의 고유한 문화에 융합시킴으로써 정치적 진보를 달성할 수 있다고 주장했으며,11) 이에 따라 '전통의 근대화' 혹은 '한국 정치사의 근대적 해석'을 지향한 것으로 평가된다.12) 특히 안확은 당시 확산되어 있던 조선정치에 대한 부정적 인식을 신랄하게 비판하며, 조선의 정치질서가 고려의 정치질서로부터 훨씬 진보된 것이라는 긍정적 평가를 내리고 있다.13) 즉, 그는 앞서 논의한 것처럼 조선시대를 근대 입헌공화제로 이행을 준비하기 위한 단계로 인식하고 있었던 것이다. 이종두는 이러한 시각에 대해 "안확은 조선시대의 정치를 통하여 근대문명으로의 이행이 독자적으로 가능했으며 나아가 문명의 동력을 서구가 아닌 한국사 안에서 찾을 수 있다는 것을 보여주었다"고 주장하고 있다.14) 안확은 조선시대를 〈근세 군주독재시대(近世 君主獨裁時代)〉라 부르고 있으나, 실질적으로는 조선정치에 잠재된 민주주의적 요소를 서구식 정치권력의 배열구도, 즉 근대 정치체제와의 비교를 통해 조선문명의 수월성을 과시하려 했다는 것이다.15) 이러한 안확의 민주주의관은 신분제의 개방성과 군주-백성의 중간자로서 신민(臣民)의 존재에 따른 민권의 향

---

11) 한영우(1994), 183-184; 이종두(2011), 293-294.
12) 양승태·안외순. 2007. "安國善과 安廓의 근대 정치학 수용 비교분석." 『溫知論叢』 17, 138.
13) 安自山(1983), 320; 한영우(1994), 188.
14) 이종두(2011), 304.
15) 양승태·안외순(2007)은 안확의 조선문명사에서 발견되는 민주주의의 특질로서 권력의 제한, 붕당에 대한 근대 정당제적 해석, 자치제 등 세 가지를 들고 있다.

상, 군주권의 통제, 그리고 붕당(朋黨)16)에 대한 긍정적 해석 등 세 가지 맥락에서 논의되어 왔다.

1) 민권의 향상

안확에 따르면, 조선의 군주독재정치체제는 결코 군주가 주권을 독점한 체제가 아니었으며, 군권을 매개로 신권(臣權)과 서민의 지위가 향상되었다는 측면에서 소수의 귀족이 주권을 장악하고 있던 고려시대의 귀족정치보다 발전된 단계였다.17) 그는 이러한 민권의 향상이 사회적 유동성, 특히 신분의 이동가능성으로 인해 이루어졌다고 보고 있다. 즉, 그는 학행(學行)과 지기(志慨)가 있으면 양반이 될 수 있고, 양반도 5대 동안 관직이 없으면 상민이 될 수 있었다는 사실을 들어 조선시대의 양반이 세습신분이 아니었다는 점을 강조함으로써 "반·상(班·常)신분이 세습된 것처럼 믿어온 통념"을 부정했다. 양반과 상인은 세속계급이 아니라 성취계급이었으며, 따라서 조선시대의 계급구조는 개방되어 있었다는 것이다.18)

그는 민권의 향상을 가져온 또 하나의 이유를 신민, 곧 군주와 백성의 중간자인 관료와 유림(儒林)의 역할에서 찾고 있다. 안외순에 따르면, 안확은 신민이 군주가 올바른 정치를 행하여 백성을 보호할 책무를 제대로 이행하고 있는지를 감독하고 견제하는 역할을 수행했을 뿐만 아니라, 군

---

16) 안확은 당파 혹은 정당이라는 용어를 사용하고 있다. 그러나 안외순은 현대 한국 국사학계에서는 당파가 주는 부정적 의미로 인하여 이를 구분하여 붕당이라는 용어를 사용하도록 제안하고, 사용해 온 경향이 있다고 밝히면서 그녀도 역시 붕당이라는 용어를 사용하고 있다. 안외순(2008), 247, 각주 27.
17) 한영우(1994), 188; 이종두(2011), 303; 정긍식(1997), 236.
18) 한영우(1994), 188-190.

주에 대한 저항권을 바탕으로 의회의 기능까지 담당했다고 보았다.[19]

2) 군주권의 통제

안확은 조선의 군주독재정치가 형식상으로는 군주권을 강화한 것처럼 보이나, 실제로는 군주권의 무제한적 행사가 불가능했기 때문에 고려의 귀족정치보다 진화된 것이었다고 주장한다. 즉, 군주는 천명을 대행해 하늘의 백성인 천민(天民)과 공인(公人)인 인민을 보호해야 했으며, 인민은 군주의 부당한 통치권에 항거하고 비판할 수 있는 저항권을 갖고 있었다는 것이다.[20] 그는 이러한 인민의 저항권이 궁정회의의 토론결과를 왕이 따르지 않을 때 반대하고 저항할 수 있는 권리를 보유한 행정관료(대신)를 통해 행사되었다고 보았다. 이와 더불어, 조지(朝紙)를 통해 형성된 여론, 즉 사회 전체의 의견으로서의 공론(公論)이 입법이나 행정에 영향력을 행사하는 인민의 권력으로 작용함으로써 인민에게 참정권을 부여하는 입헌적 원리가 실현되었다고 주장한다. 또 유가 사상의 영향으로 공론의 주체가 되는 유생(儒生)들이 정치에 관여할 수 있는 권리와 국민대표로서의 자격을 가지고 있었기 때문에, 이 역시 왕권을 견제하는 요소로 작용했다고 주장한다.

이로부터 안확은 조선시대에 입법과 행정이 통합되어 있었음에 따라 마치 권력분립이 이루어지지 않았던 것으로 보이지만, 실제로는 국가정책 발의의 측면에서나 군주권을 제한하는 측면에서 서구의 입헌국가들보다

---

19) 안외순. 2008. "안확(安廓)의 조선 정치사 독법: 『朝鮮文明史』를 중심으로." 『溫知論叢』 20, 245-246.
20) 한영우(1994), 190-191; 안외순(2008); 정긍식(1997), 237-238.

오히려 우월했다고 역설한다.21) 이처럼 그는 『조선문명사』를 일관해 조선정치사 속에서 민주주의적 속성을 찾아냄으로써 조선의 정치가 근대 서구의 민주주의 정치에 비해 결코 낙후된 것이 아니었다는 주장을 펼쳐나갔다.22)

3) 붕당: 정치적 근대성의 표상

안확은 붕당정치에 대한 부정적 인식을 반박하며 조선시대의 정치는 "당파로 인해 발달을 이루었다"고 주장한다. 독재정치는 본래 오래 지속되기 어려운데, 500년을 지속할 수 있었던 것은 바로 정당이 발생했기 때문이라는 것이다. 그는 이러한 주장의 근거로서 국민대표로서의 유생과 당파의 역할을 들고 있다. 즉, 유생들이 유소(儒疏)를 통해 의견을 개진하면서 정책결정과정에서 당파간의 토론이 활성화되고, 이에 따라 강력한 군주의 권한이 견제됨으로써 조선의 정치가 진보했다는 것이다.23)

또한 그는 붕당이 사익을 추구하는 도당(徒黨)이 아니라 정당이었음을 당시의 붕당들이 취한 노선, 즉 이념적 지향을 예로 들어 밝히고 있다. "노론과 북인은 변통적 수단이 있는 자유당으로, 소론과 남인은 절의적이며, 고집적인 수단과 방침을 가진 보수당"에 해당한다고 본 것이다.24) 안외순은 이러한 맥락에서 안확이 조선시대의 붕당정치를 근대 서구민주주의의 정당정치로 파악하고 있었다고 주장한다.25)

---

21) 안확(2015), 219-233; 정긍식(1997), 238-239; 안외순(2008), 246-247.
22) 정긍식(1997), 238-239. "조선시대 왕권의 제약과 여론정치에 대한 안확의 설명은 현재는 수용되고 있지만 당시로서는 아주 획기적인 발상이었다."고 주장한다.
23) 안외순(2008), 248.
24) 안확(2015), 242-243; 한영우(1994), 191; 안외순(2008), 248.

안확은 또한 "당파가 진보하지 못하고 쇠퇴함에 따라 조선의 정치가 퇴보했다"고 단언하며, 당파정치가 조선의 정치적 진보에 기여한 바를 다음과 같이 제시하고 있다. 첫째 군권이 축소됨에 따라 정객(政客)의 권리가 신장되고 정치적 자유가 확보되었으며, 둘째 각 당파가 자신들의 주의, 주장을 실현할 수 있는 능력 있는 인재를 발탁함으로써 학문적 발전을 이룸과 동시에 인재발탁과정에서 능력 있는 상인(常人)을 등용해 일반인의 신분상승이 가능해졌고, 마지막으로 여론과 당의(黨議)가 일어나는 과정을 절충함으로써 정치가 진보하였다는 것이다. 또한 그는 조선이 동양 어느 나라도 이루지 못한 정치적 진보를 달성한 것은 바로 붕당정치에 힘입은 바가 크다고 주장하며 이를 조선문명의 수월성과 고유성을 보여주는 증거로 삼고 있다. 즉, 이종두는 안확에 의해 "조선의 고유성이 자유, 발달과 같은 보편적인 기준에 의해 규정"되었다고 보고 있다.[26]

3. 민족적 자주성의 기반으로서 조선정치의 민주주의적 성격

일제 강점기는 국권상실로 인한 민족문화의 암흑기였지만 당대의 정치지성들은 다양한 저술활동을 전개함으로써 민족적 자주의식을 고취하려 진력했다. 안확 역시 민족의 전통적 문화역량에 대한 긍정적 인식이 확립되지 않고서는 장래를 기대할 수 없다는 판단에 따라 『조선문명사』를 필두로 한 다양한 저술활동을 통해 민족적 자긍심을 불러일으키려 시도한 것으로 평가된다.[27]

---

25) 안외순(2008), 247-249.
26) 이종두(2011), 306.

안확은 문명개화론 및 사회진화론에 입각해 민족적 자긍심과 전통문화에 대한 자부심을 함양하기 위한 담론을 전개했다. 이에 대해 이태진은 안확이 유길준의 『서유견문』을 통해 문명진보론을, 그리고 양계초(梁啓超)의 『음빙실문집(飮氷室文集)』을 통해 자유민주주의 사상과 사회진화론에 노출됨으로써 조선민족의 진보가능성에 대한 확신을 갖게 되었다고 보고 있다.[28] 안확이 조선의 정치체제를 근세 군주독재정치로 칭하면서도 조선정치사에 내재된 근대성을 탐지하려 애쓴 이유는, 조선시대에 이르러 최고조로 발달한 자치제의 경험, 즉 조선문명에 잠재되어 있던 가장 큰 정치적 역량을 바탕으로 삼아 군주제로부터 입헌공화제로의 진보가 가능하다고 판단했기 때문이었다.[29]

조선시대의 자치제는 고려시대의 사심관 제도를 계승한 유향소(留鄕所) 혹은 향청(鄕廳)을 기반으로 삼고 있었는데, 유향소의 향정(鄕正)은 민선으로 선출되며 관은 이를 단지 추인할 뿐이었다. 안확은 이러한 조선 자치제의 우수성을 그리스, 로마의 자치제, 그리고 18세기 중반에 등장한 프로이센의 근세 자치제와의 비교를 통해 강조하고 있다.[30] 그는 향회(鄕會), 유회(儒會), 촌회(村會)를 자치제의 실질적 운영기구로 간주했는데, 특히 향회는 근세정치의 "원기(元氣)"로서 이 향회의 존재만으로도 조선의 군주독재체제가 입헌군주제나 공화제에 버금가는 근대성을 획득했다

---

27) 양승태·안외순(2007), 145; 이태진은 "안확이 가장 큰 뜻을 둔 저술이 조선문명사로서, 그가 3·1운동을 이후의 사회운동, 문화운동과 구분하여 '정치운동'이라 규정하고 있는 데서 바로 조선문명사를 정치사로서 기획한 의도를 짐작할 수 있다."고 밝히고 있다. 이태진(1985), 243.
28) 이태진(1985), 236-237.
29) 이태진(1985), 236-237.
30) 정긍식(1997), 241.

고 역설한다. 또한 그는 향청을 중심으로 소집되는 향회는 하원의 성격을, 향교에서 집회하는 유회는 상원의 성격을 가진 것으로 파악해 만일 향회와 유회가 통합된 조직체가 만들어진다면 서구의 의회제도가 부럽지 않을 것이라 주장했다.[31] 한편 촌 사무의 집행은 촌회를 통한 전체동민의 의결에 따라 이루어지되, 의결과정은 충분한 상의를 통해 개인의 응낙과 양해를 구하는 방식을 따랐다고 보았다.[32] 안확은 조선정치사 속에서 실제로 이루어진 인민의 정치참여와 여론의 활성화 현상을 근거로 조선정치의 민주주의적 성격을 암시하려 했던 것이다.

4. 일제 식민통치에 대한 사상적 대항기제로서의 민주주의

계몽적 성격을 지녔던 개화기의 민주주의관은 일제 강점기에 이르러 반식민운동의 이념적 근거로 전환되었다. 즉, 억압적 식민통치 하에서 인민자치의 가능성은 완전히 상실되었고, 국권과 더불어 민권 역시 사라진 상황 속에서 민주주의는 국권회복을 위한 독립운동과 식민통치에 맞서는 저항운동의 이념적 기반으로 자리 잡은 것이다. 1919년 3월 1일 조선인민은 독립을 요구하며 민족의 자주와 평등, 그리고 생존을 위한 전국적 시위를 전개하였다.[33] 이러한 상황을 목도한 안확은 『조선문명사』를 통해 당

---

31) 한영우(1994), 192; 정긍식(1997), 240-241; 안외순(2008), 250-251.
32) 안확(2015), 282-285; 정긍식(1997), 241-242; 안외순(2008), 251-252.
33) 김정인(2013), 213-214, 215-216. 이에 대해 김정인은 3·1운동은 전 민족의 항쟁이었으며, "「기미독립선언서」에 드러나듯이 인민들이 바라는 독립은 민족의 자유권과 생존권, 인류공영의 평등의 실현이었다. 또한 「기미독립선언서」에 서명한 소위 '민족 대표'들 역시 독립운동의 이유를 묻는 재판관에게 식민지하에서 민주주의 권리의 박탈 때문이었다고 응수했다. 이는 상해에서 수립된 대한민국임시정부의 임시헌장에 이러한 인민의 열

시 지식인들이 매몰되어 있었던 망국의 ス-기혐오와 병탄으로 인한 민족적 모멸감을 조선왕조의 무능의 탓으로 돌리는 부정적 인식을 깨뜨리고, 더 나아가 3·1 운동 이후 일본이 조선에 대한 식민통치를 합리화하기 위해 조성한 식민사관을 반박하기 위한 담론을 전개했다.[34]

그는 우선 새로운 역사인식을 통해 민족의 주체의식을 고양시키려 시도했다. 조선역사(한국역사)의 주체성과 독창성은 『조선문명사』를 일관하여 나타나고 있는 핵심주제이지만, 안확은 특히 조선시대의 대외관계를 재조명하면서 민족의 주체성을 강조했다. 당시 대부분의 지식인들은 조선시대의 외교 특히 중국과의 관계를 '사대주의' 혹은 '굴종적 관계', '굴복적 관계'로 인식하고 있었는데, 식민사관을 가진 일본 학자들뿐만 아니라 조선의 민족주의 역사가들 중에서도 일부는 이러한 의식을 무비판적으로 수용하는 경향이 나타났다. 그러나 안확은 즈선시대의 대외관계를 국제법적 관념에 기초한 주권의식과 호혜주의(互惠主義)의 시각에서 바라보려 했다.[35] 즉, 그는 국제관계란 자국의 권리를 해치지 않는 동시에 타국의 권리 역시 침해하지 않는 호혜주의에 따라 이루어져야 하며, 조선의 외교정책은 바로 이러한 호혜주의를 바탕으로 한 평화를 추구하고 있었다고 역설했다.[36] 이러한 안확의 주장은 일본의 식민통치논리를 반박하기 위해 과거 조선이 주권국으로서 다른 나라와 대등한 외교관계를 유지했던 것처럼, 일본과의 관계에서도 독립된 주권국으로서의 지위를 확보하는 것이 마땅하다는 점을 강조한 것이라고 볼 수 있다.[37]

망이 고스란히 담겨 있었다"고 밝히고 있다.
34) 安自山(1983), 320.
35) 한영우(1994), 194-195.
36) 안확(2015), 325-328.

과거 조선이 국제관계에 있어서 자주적이고 평등한 주권을 확보하고 있었다는 안확의 주장은 1876년 체결된 강화도 조약에 대한 김정인의 견해와 상응하는 것이다. 즉, 김정인은 "조선국은 자주국으로 일본국과 평등한 권리를 보유한다"는 조약 제1관이 조선에 대한 청의 종주권을 부인하려는 일본의 의도를 반영한 것이라기보다는 "조선이 조공-책봉으로 상징되는 수직적 국제질서를 벗어나 수평적 질서로의 전환이라는 만국공법의 세계로 진입하게 됨을 대내외적으로 천명한 것"으로 해석하고 있다.[38] 이러한 맥락에서 볼 때, 조선이 이미 평등한 국제질서의 주체로서 자리 잡고 있었다는 안확의 주장은 일제 식민통치의 부당성을 역설하기 위한 것이었음을 알 수 있다.

---

37) 1905년 일명 '보호조약'이라는 이름으로 조선의 외교권 박탈과 1910년 조선의 내치권 마저도 박탈함. 안외순(2008), 240-241 참조.
38) 김정인(2013), 218.

제 4 장
『조선문명사』를 통해 본 안확의 민주주의: 경험과학적 내용분석

1. 범주정의: 일반사전 구축과 분석단위 선정

앞서 살펴본 기존 연구의 내용을 바탕으로『조선문명사』에 반영된 안확의 민주주의관을 구성하고 있는 맥락을 상정한 후, 이에 따라 일반사전의 범주를 구축해 각 범주에 포함된 단어, 구, 절 등의 분석단위를 중심으로 맥락의 총체적 구조를 파악해 보았다. 즉, 안확의 민주주의 관을 일단 [근대화] 차원과 [민주주의] 차원으로 구분한 뒤, [근대화] 차원에서는 ≪체제의 정치적 정향≫ 맥락의 〈보편성〉과 〈자주성〉 등 2개 하위범주, [민주주의] 차원에서는 ≪이념적 기반≫, ≪정치제도와 절차≫, 그리고 ≪정치권력의 정당성≫ 등 5개 맥락을 상정하고 이들 가운데 ≪정치권력의 정당성≫은 다시 권력행사의 〈주체〉, 〈방식〉과 〈제한과 항거〉 등 3개 하위범주로 재구분하여 총 7개의 범주를 설정했다. 이와 같은 맥락과 하위범주들을 중심으로 일반사전을 작성한 다음, 이를『조선문명사』제1장과 제6장 중 근대 민주주의 정치질서와 연관된 부분만을 발췌하여 내용분석을 수행했다. 분석대상으로 선정된 문헌표본은 아래와 같다.

〈표 3〉 내용분석 대상문헌: 『조선문명사』

제1장	서언(緒言)	pp. 35-38
제6장 근세 군주독재 정치시대 (조선)	제75절 입법 - 제82절 국민대표의 발안	pp. 222-233
	제83절 정당의 발생 - 제85절 당파와 정치발달	pp. 233-244
	제105절 유향소 - 제 108절 촌회	pp. 280-285
	제123절 외무행정	pp. 325-328

〈표 4〉 일반사전: 7개 맥락별 범주정의

개념	맥락		범주정의-단위(단어, 구)
근 대 화	체제의 정치적 정향	보편성	진보, 발전, 진화, 보편성, 문명, 문화, 개선, 문화주의 등을 포함하며 정치체제의 탈문화적 보편성에 관련된 모든 단위의 용어를 포괄한다.
		자주성	민족, 자긍심, 계몽, 자각, 자치제, 자치정신, 유향소, 향회, 유회, 자주, 독립, 평등, 외교 등을 포함하며, 정치체제의 고유성 및 자주성과 관련되어 지칭하는 용어(단위)들로 구성된다.
민 주 주 의	이념적 기반		주권, 권리, 민권, 신민, 관료, 유생, 인민, 자유, 평등, 참정, 세습신분이 아니라는, 양반도 상민이 될 수 있다 등을 포함하는 민주주의의 이념적 기반에서 관련된 속성의 용어를 포괄한다.
	정치제도와 질서		붕당, 당파, 공론, 발안, 민의, 당의, 노론, 당쟁, 정파, 정당, 회의, 여론, 국회, 입법, 대표, 국민의 대표, 민선 등 근대 민주정치제도와 질서에 관련된 모든 용어(단위)를 포함한다.
	정치 권력의 정당성	주체	군주, 왕, 최고 권력자, 대통령 등 정치권력을 행사하는 주체와 연관된 용어를 지칭한다.
		행사 방식	의논, 토론, 토의, (의견)의 수렴, 회의를 통하여 의결, 입헌, 정치적 책임 등 정치권력의 행사방식에서 제기되는 모든 근대 민주주의의 요소와 관련된 용어(단위)를 모두 포괄한다.
		제한/ 항거	항거, 제한, 건의, 유소(儒疏), 복합(伏閤)*, 이의 제기, (왕을)폐위, 정치에 간섭할 권리, 신료의 권리 등 전제 군주권에 대한 제한/항거(통제)와 연관된 용어를 포함한다.

2. 민주주의 인식의 표본별 양상과 특성

1) 제1장 「서언」

<자료 20> 워드 클라우드 2-1: 제1장 「서언」

　제1장 「서언」은 조선사(한국사) 전처를 문명사로 간주한 안확의 저술 동기가 가장 잘 드러난 문헌이다. 즉, 그는 서구 민주주의 국가들과의 비교를 통해 조선의 5,000년 역사가 야만의 역사가 아니라 서구 근대문명의 역사와 궤를 같이 하는 보편적 문명의 역사임을 밝혀내려 했다. 다시 말해서, 조선문명의 독자성과 우수성을 도출함으로써 조선사의 보편적 근대성

과 자주성, 그리고 조선이 지닌 근대화의 잠재력을 역설하려 한 것이다. 이러한 인식은 앞의 〈워드 클라우드 2-1〉에서 명백히 나타나고 있는데, '정치사', '조선'이 제일 크게 보이고, 그 다음으로 '문명', '역사', '정치'가 두드러져 보이고, 그 뒤를 '조선민족', '문화', '정치시대', '법제', '제도' 등이 따르고 있다. 이러한 양상은 언급 빈도 상위 10위까지의 용어를 나타내는 〈입체원도표 2-1〉에서도 동일하게 나타난다.

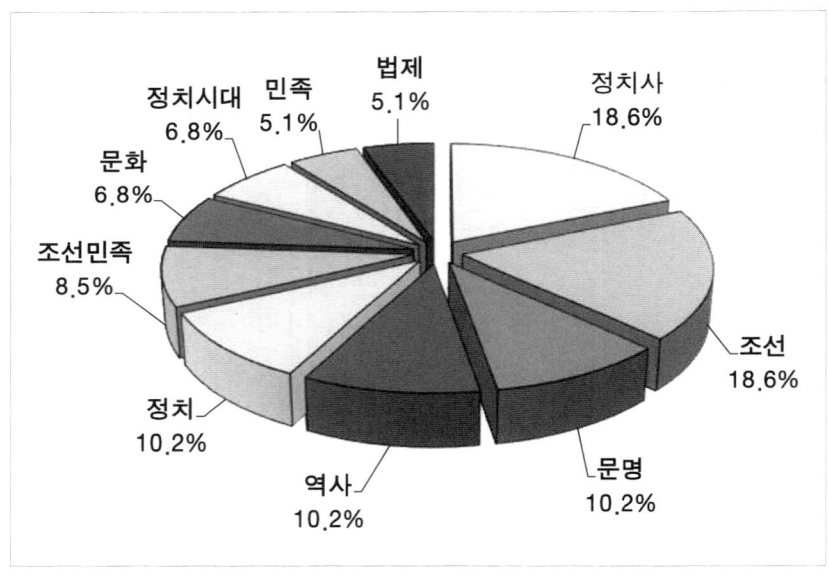

〈자료 21〉 입체원도표 2-1: 제1장 「서언」

즉, '조선'과 '정치사'가 각각 18.6%를 차지하여 동률 1위로 가장 많이 빈번히 언급되었고, 다음으로는 [근대화] 차원의 ≪체제의 정치적 정향≫ 중 탈문화적 보편성을 나타내는 용어인 '문명', '역사'와 '정치'가 모두 동일한 비율(10.2%)로 언급되었으며, 그 뒤를 이어 ≪체제의 정치적 정향≫의 하위범주인 〈자주성〉에 속한 '조선민족'(8.5%)이 6위, 그리고 '민족'이 5.1%로

9위를 차지하고 있다. 또한 '문명'과 마찬가지로 ≪체제의 정치적 정향≫ 중 〈보편성〉에 속한 '문화' 역시 6.8%(7위)로 나타났다. 마지막 10위는 [민주주의] 차원의 ≪정치제도와 질서≫에 속한 용어 '법제'(5.1%)가 차지했다.

이를 좀 더 구체적으로 살펴보면, 전반적으로 [근대화]와 연관된 맥락의 속성을 나타내는 용어의 언급빈도(84.3%)가 [민주주의]에 속한 용어의 언급빈도(15.7%)보다 높았으며, [근대화] 중에서도 '진화', '문화', '문명', '발달', '진보', '선진적' 등의 용어를 포함하는 ≪체제의 정치적 정향≫-〈보편성〉에 대한 언급이 47.1%로 '민족', '독립', '자발적인', '자치제' 등과 같은 〈자주성〉에 대한 언급(37.3%)보다 많았다. 그리고 [민주주의]의 차원에서는 ≪정치제도와 질서≫ 맥락의 용어, 즉 '법제', '헌법' 등의 사용빈도가 여타 맥락에 비해 다소 높을 뿐, 대부분의 언급은 ≪체제의 정치적 정향≫인 〈보편성〉과 〈자주성〉에 편중되어 있음을 알 수 있다.

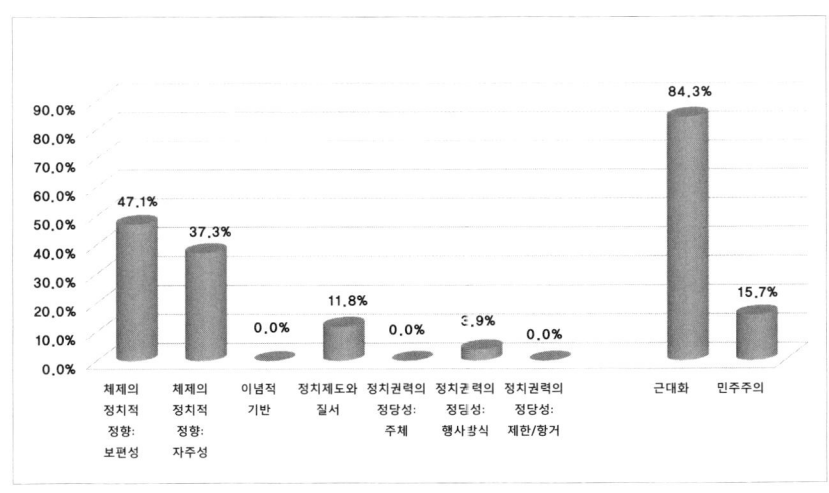

〈자료 22〉 제1장 「서언」

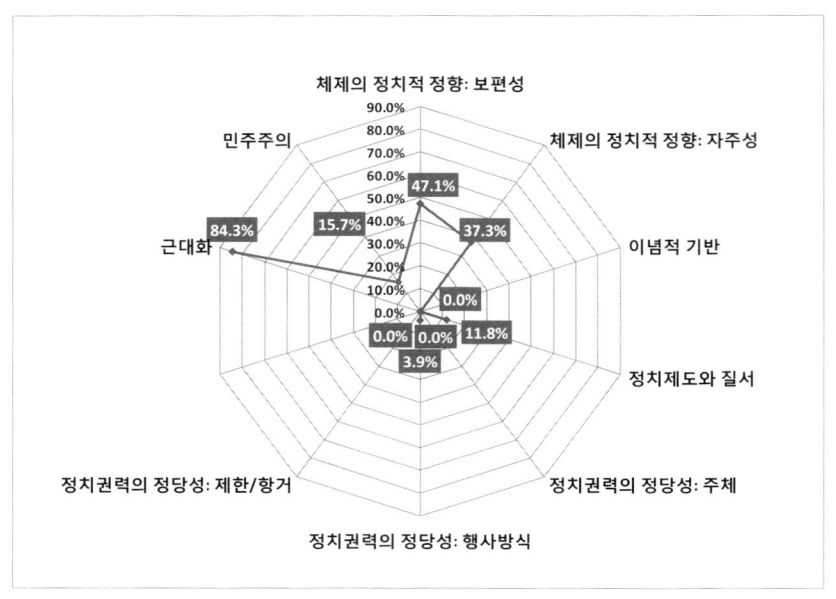

〈자료 23〉 제1장 「서언」

 이처럼 가장 빈번히 언급된 용어인 '조선'과 '정치사'를 중심으로 '문명', '선진적', '법제', '제도'과 같이 각각 [근대화]와 [민주주의] 범주(맥락)에 속한 용어들이 배열된 것을 볼 때, 안확이 조선정치(정치사)의 근대성을 주로 정치기제('제도', '법제', '자치제')의 측면에서 찾아내려 했다는 것을 쉽게 파악할 수 있다. 그런데 안확이 [근대화]에 관한 논의를 진행하는 과정에서 비록 〈자주성〉(37.3%)을 경시하지는 않았으나 그보다는 〈보편성〉(47.1%)을 앞세웠다는 계량통계적 정보가 눈에 두드러진다. 즉, 그는 조선정치의 근대성을 정치기제의 탈문화적 보편성, 곧 서구 근대국가의 정치기제와의 상응성으로 규정했던 것이다. 바꾸어 말해서, 그의 정치적 근대성은 곧 정치기제의 근대성이었으며, 그러한 근대성은 '조선적 고유성에 입각한 보편적 근대성으로서의 서구성'이라는 지극히 역설적이자 모순적인 근대성이었다. 이러한 측면에서 그가 동아시아적 혹은 한국적 특성("중국의 영향력")을 의도적으로 배제하고 서구 국가들을 비교대상으로 삼아 근대성에 관한 논의를 진행했기 때문에 조선의 자생적 진보에 관한 주장이 호소력을 상실했다는 이종두의 비판[1])에 주목할 필요가 있다.

2) 제6장-1 민권의 발달과 군권의 제한

〈자료 24〉 워드 클라우드 2-2: 제6장-1 민권의 발달과 군권의 제한

---

1) 이종두(2011), 295, 300-301 재참조.

제6장 「근세 군주독재정치시대(조선)」 제75절 「입법」에서부터 제76절 「정기회의」, 제77절 「임시회의」, 제78절 「회의의 성격」, 제79절 「의결」, 제80절 「조지(朝紙)와 민론(民論)」, 제81절 「국민대표의 발안 1」, 제82절 「국민대표의 발안 2」까지는 조선정치사가 노정한 근대성을 가장 명확하게 서술하고 있는 부분이라 할 수 있다. 안확은 앞서 살펴본 바과 같이 조선의 군주독재정치가 근대 서구정치의 민주주의적 요소를 내포하고 있었음에 따라 고려시대의 귀족정치보다 진일보한 정치라고 주장했다.

즉, 그는 조선의 전제적 군주권이 민권과 신민의 정치참여에 의해 제어되고 있었기 때문에 조선의 정체는 서구의 어느 입헌정체와 비교해도 손색이 없다고 주장하면서, 조선정치와 조선문명의 자주성과 우수성을 역설했다.[2] 이러한 그의 인식은 〈워드 클라우드 2-2〉에서도 명백히 반영되어 있다. 정책결정과정에서 군주권력의 제한 기제로 기능하고 있는 '회의'라는 용어가 가장 돋보이고, '정치'가 그 다음으로 커 보이며, '군주', '반포', '입법', '행정'이 뒤를 이어 두드러져 보이고, 이후로 '정사', '대표', '유생', '백성', '의사'의 순으로 나타나고 있다. 또한 〈입체원도표 2-2〉에서도 동일한 양상이 재현되고 있다.

즉, 〈입체원도표 2-2〉에 나타난 것과 같이 ≪정치제도와 질서≫의 속성을 나타내는 용어임과 동시에 군주의 정치권력의 〈행사방식〉을 제한하는 요소인 '회의'에 대한 언급이 25%로 가장 높았으며, 그 다음으로는 '정치'(17.9%)에 대한 언급과 정치권력의 〈주체〉를 나타내는 용어인 '군주'에 대한 언급이 12.9%로 그 뒤를 이었다. 다음으로 ≪정치제도와 질서≫의

---

[2] 이는 그가 조선문명사 술례에서 저술의 방식을 "오직 공법상의 의의에 해당하는 것만을 가려내어 기록하였는데"라고 밝힌 데서 알 수 있다. 안확(2015), 33; 안외순은 여기서의 '공법'이란 근대정치제도를 말한다고 주장한다. 안외순(2008), 234.

'반포', '입법', '행정'이 각각 7.1% 언급되었으며, 이후로 '정사'(6.4%)와 함께 ≪이념적 기반≫을 나타내는 용어인 '대표'(5.7%), '유생'(5.7%), '백성'(5%)의 순으로 언급되었다.

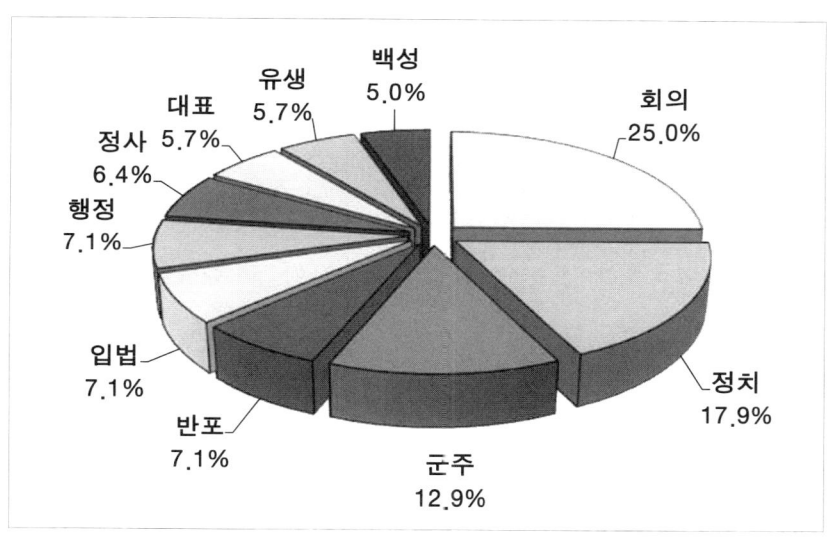

〈자료 25〉 입체원도표 2-2: 제6장-1 민권의 발달과 군권의 제한

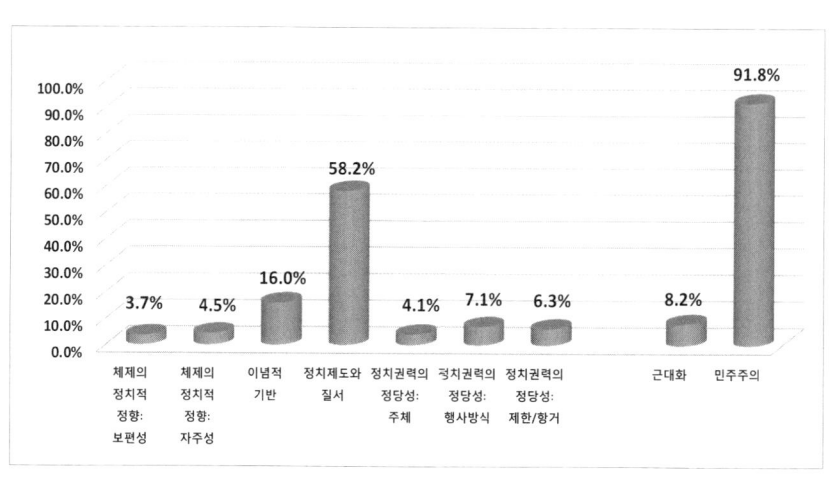

〈자료 26〉 제6장-1 민권의 발달과 군권의 제한

제2부 『조선문명사』: 안확의 진화 담론 149

보다 구체적으로 살펴보면, 제6장 75절에서부터 82절까지의 분석에서는 전반적으로 [민주주의] 차원에서의 언급빈도가 [근대화 차원]의 언급빈도 보다 월등히 높음을 알 수 있다(민주주의 91.8%, 근대화 8.2%). [민주주의 차원] 중에서도 '회의', '입법', '법률', '공론' 등을 포함하는 ≪정치제도와 질서≫에 관한 언급이 58.2%로 가장 높고, 그 다음으로 '국민', '민중', '민권', '권리', '발안' 등의 ≪이념적 기반≫에 대한 언급이 16%를 차지하고 있으며, 이어 '(의견의)수렴', '토의', '토론', '(회의)를 통하여'를 포함하는 ≪정치권력의 정당성≫-〈행사방식〉에 대한 언급이 7.1%로 나타났다. 그러나 ≪정치권력의 정당성≫-〈제한과 항거〉(6.3%)를 비롯해 다른 맥락에 대한 언급은 상대적으로 저조한 편이다(≪정치권력의 정당성≫-〈주체〉 4.1%, ≪체제의 정치적 정향≫-〈자주성〉 4.5%, ≪체제의 정치적 정향≫-〈보편성〉 3.7%).

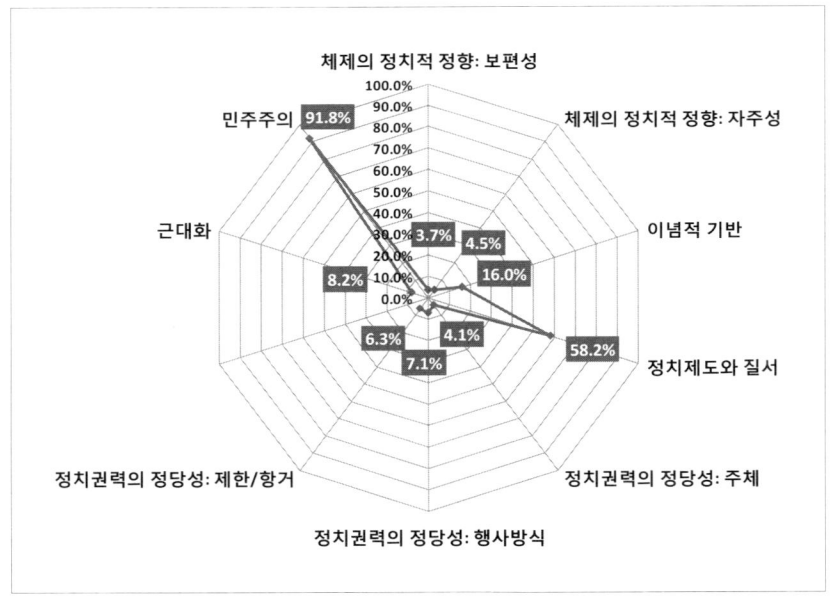

〈자료 27〉 제6장-1 민권의 발달과 군권의 제한

이러한 용어들의 빈도분포 양상은 안확이 조선의 군주권이 당시 존재하던 정치기제와 절차('회의', '공론' 등)를 통해 제어되고 있었다는 역사적 근거를 부각시키려 했다는 것을 보여준다. 또한 그는 그러한 제어기제가 근거하고 있던 이념적 기반들이 인민의 의사와 권리('국민', '권리', '발안' 등)를 반영한 것이었다는, 즉 상당한 근대성(민주성)을 함의하고 있었다는 주장을 펼쳐나감으로써 조선의 역사의 잠재적 진보성, 즉 근대적 입헌군주제로의 발전가능성을 역설했던 것이다.

3) 제6장-2 정당, 당파, 그리고 정치적 진화

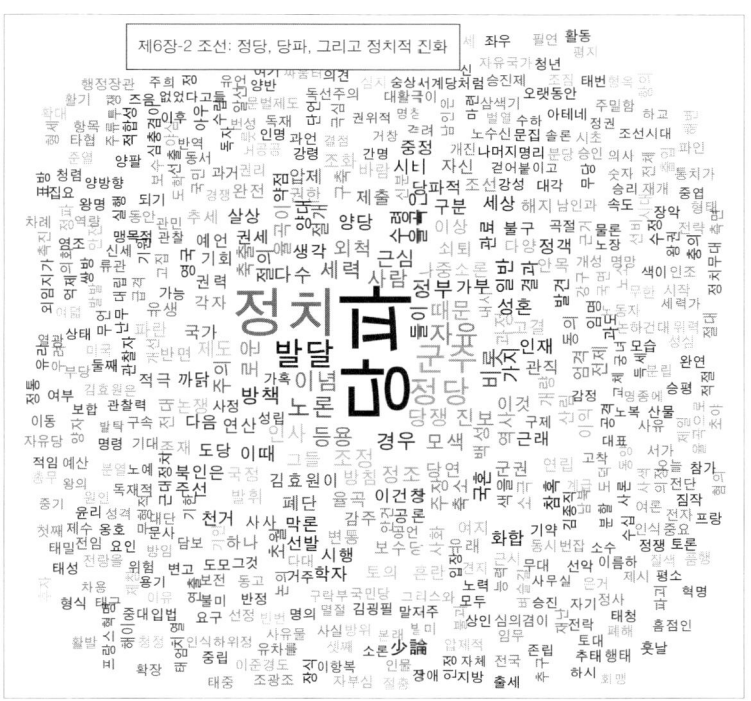

〈자료 28〉 워드 클라우드 2-3: 제6장-2 정당, 당파, 그리고 정치적 진화

안확은 조선의 당파를 근대민주주의 정치제도인 정당으로 간주하여 붕당정치에 대한 기존의 부정적 인식을 불식시키려 했다. 또한 그는 군주권의 제한 역시 당파로 인해 가능했던 것으로 보고, 당파가 정치적 쟁점을 둘러싼 논쟁을 통해 조선의 사상적 발전뿐만 아니라 정치적 진보까지 견인했다고 주장한다. 이러한 당파정치의 민주주의적 성격에 대한 인식은 『조선문명사』 제6장 제83절 「정당의 발생」, 제84절 「정당의 발달」, 그리고 제85절 「당파와 정치발달」에 관한 〈워드 클라우드 2-3〉에서도 확인되고 있다. 우선 가장 크게 돋보이고 있는 용어는 '당파'이며, 그 다음으로 '정치'가 두드러져 보이고, 그 뒤를 '정당', '발달', '군주', '이념'이 따르고 있다. 언급빈도 상위 10위에 해당하는 용어들의 분포를 보여주는 〈입체원도표 2-3〉 역시 같은 양상을 보여준다.

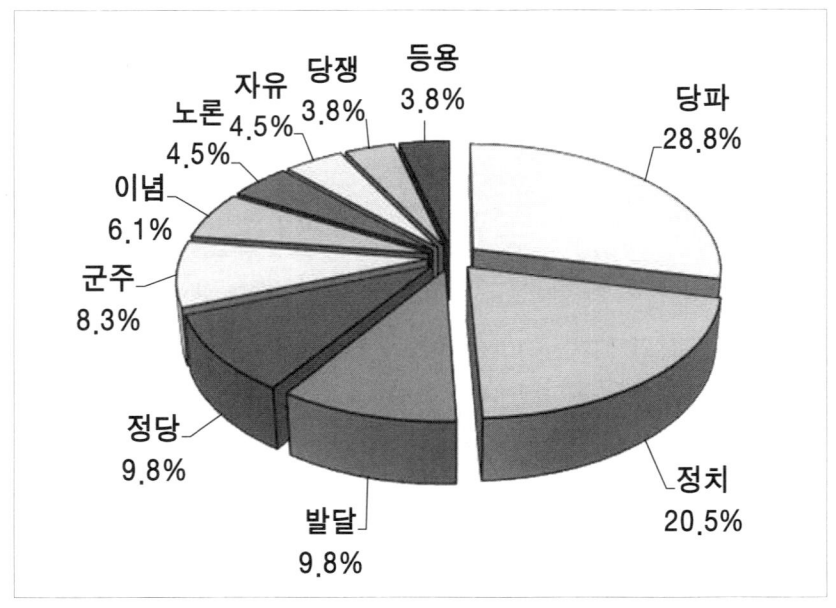

〈자료 29〉 입체원도표 2-3: 제6장-2 정당, 당파, 그리고 정치적 진화

즉, 민주주의 ≪정치제도와 질서≫에 해당하는 용어인 '당파'에 대한 언급이 28.8%로 가장 많이 나타났으며, 이어 '정치'(20.5%)와 '발달'(9.8%)이 따르고 있고, 역시 ≪정치제도와 질서≫에 속하는 '정당'에 대한 언급이 9.8%, ≪정치권력의 정당성≫-〈주체〉에 속하는 '군주'에 대한 언급(8.3%)이 뒤를 잇고 있다. 다음으로 민주주의의 ≪이념적 기반≫ 범주에 해당되는 '이념'(6.1%)과 '자유'(4.5%), 그리고 ≪정치제도와 질서≫의 '노론'(4.5%), '당쟁'(3.8%), '등용'(3.8%)의 순으로 언급되었다.

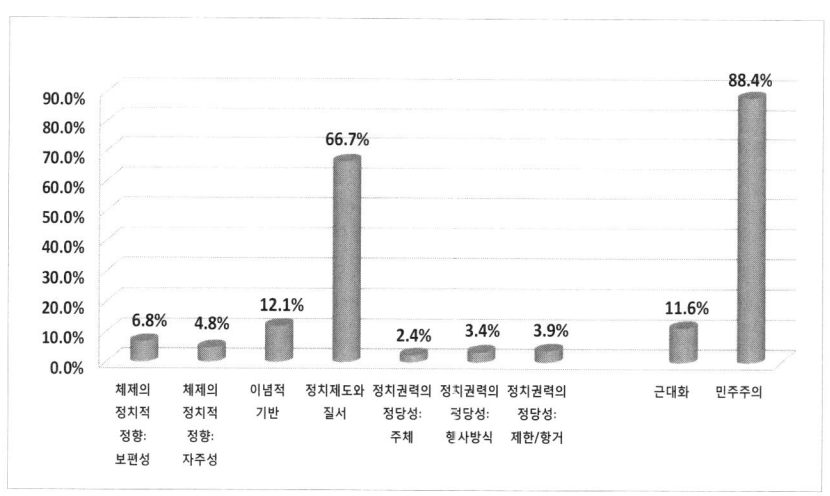

〈자료 30〉 제6장-2 정당, 당파, 그리고 정치적 진화

이를 범주정의에 따라 구성된 7개 맥락을 중심으로 살펴보면, 우선 [민주주의] 차원의 5개 맥락에서의 언급이 88.4%로 [근대화] 차원의 2개 맥락에서의 언급비율(11.6%)을 훨씬 상회하고 있다. 특히 [민주주의] 차원에 속한 맥락 중에서도 '정당', '당파', '당', '당쟁', '노론', '북인', '입법', '의회', '의정부' 등을 포함하는 ≪정치제도와 질서≫에 관한 용어의 출현빈도가

66.7%로서, 총 빈도의 절반을 훨씬 상회하고 있다.

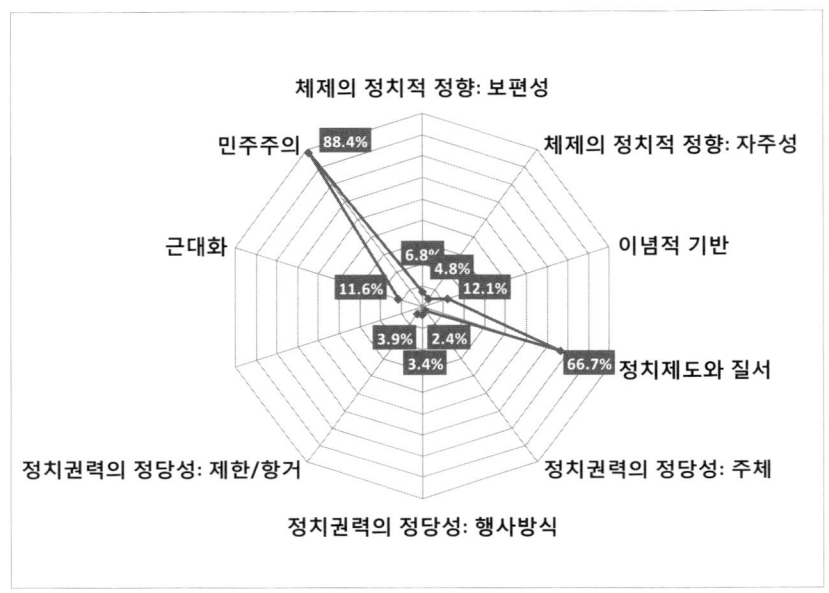

〈자료 31〉 제6장-2 정당, 당파, 그리고 정치적 진화

이러한 ≪정치제도와 질서≫에 관한 언급(66.7%)은 그 다음으로 빈도가 높은 ≪이념적 기반≫에 속한 용어, 곧 '자유', '대표', '이념' 등의 언급(12.1%) 뿐만 아니라, [민주주의]의 어떤 다른 맥락에 대한 언급보다 월등하게 많다. 즉, ≪정치권력의 정당성≫ 범주 가운데 〈주체〉에 대한 언급이 2.4%, 〈행사방식〉이 3.4%, 〈제한/항거〉가 3.9%에 불과하다. [근대화 차원]의 ≪체제의 정치적 정향≫ 가운데 〈보편성〉에 대한 언급비율은 6.8%, 〈자주성〉에 대한 언급비율이 4.8%로 나타나고 있다. 이처럼 ≪정치제도와 질서≫에만 집중된 언급빈도 분포 양상은 조선정치질서의 고유성을 보여주는 당파정치가 서구의 근대적 정당정치에 비교해 손색없을 만큼 우수

하며, 더 나아가 보편성까지 지니고 있음을 강조하려 한 안확의 의도를 확인할 수 있는 근거가 된다. 즉, 그가 정치기제의 측면에서 정당(붕당)에 초점을 맞추어 조선의 정치질서와 근대적 민주주의질서를 짝지음으로써 조선정치의 근대성을 드러내려 했다는 기존 연구의 시각이 이러한 계량통계적 자료를 통해 재확인된다. 그러나 그가 말한 '근대성'은 내용분석 결과가 보여주듯이 기제적 근대성에 불과한 것이다(≪정치제도와 질서≫ 66.7%).

4) 제6장-3 자치제

안확은 그리스, 로마, 프러시아 등 서구 문명국가와의 비교를 통해 조선의 전통적 자치제가 근대성을 지니고 있음을 강조했다. 즉, 그는 자치제가 조선 역사상 가장 우수한 정치제도라 고 역설하며, 민의와 여론, 민선(民選), 인민의 정치참여 등을 바탕으로 한 자치조직, 곧 유향소와 향회의 운용경험이 정치적 진보에 요구되는 잠재적 역량을 제공했다고 보았다. 이러한 조선 자치제의 근대성과 민주성에 대한 인식은『조선문명사』제6장 제105절「유향소(留鄕所)」, 제106절「향회(鄕會)」, 제107절「향헌(鄕憲)과 촌자치(村自治)」, 그리고 제108절「촌회(村會)」를 대상으로 한 〈워드 클라우드〉 분석 결과에서도 확인된다. 우선 ㅈ-치기제인 '향회'가 가장 크게 돋보이고, 그 다음으로 역시 같은 자치기제인 '유향소'와 '발달'이 크게 표시되고 있으며, 그 뒤로는 '자치'와 '자치기관', '정치' 등의 용어가 두드러져 보이고, 이어 '향약', '민선', '유회', '촌회', '향청', '회의', '향헌'과 같은 용어들이 나타나고 있다.

〈자료 32〉 워드 클라우드 2-4: 제6장-3 자치제

또한 아래의 〈입체원도표 2-4〉에서도 이와 동일한 분포양상이 드러나고 있다. 즉, 근대적 특성으로서의 ≪체제의 정치적 정향≫-〈자주성〉을 나타내는 '향회'에 대한 언급이 16.1%로 가장 많이 나타났으며, 그 다음이 '발달'(12.5%)이며, 그 뒤를 향회와 동일한 ≪체제의 정치적 정향≫-〈자주성〉에 해당하는 용어인 '유향소'(12.5%), '자치'(10.7%), '자치기관'(8.9%), '향약'(8.9%)에 대한 언급이 따르고 있다. '정치'라는 용어도 8.9% 언급되고 있으며, [민주주의] 차원의 ≪정치제도와 질서≫에 속한 '민선'(7.1%)과

'제도'(7.1%), ≪체제의 정치적 정향≫-〈자주성〉에 해당되는 용어인 '유회'(7.1%) 역시 언급되었다. 즉, '발달'과 '정치' 등 중립적 용어와 ≪정치제도와 질서≫에 해당되는 '민선', '제도'를 제외하면, 언급빈도 상위 10위에 해당되는 용어 중 무려 6개의 용어가 ≪정치체제의 정치적 정향≫-〈자주성〉 범주에 속한 것들이다.

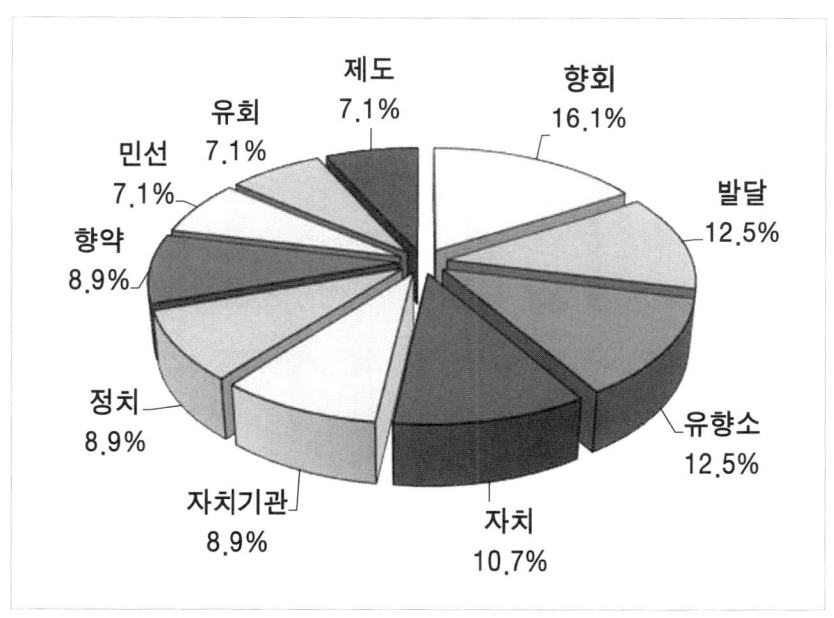

〈자료 33〉 입체원도표 2-4: 제6장-3 자치제

이를 좀 더 구체적으로 살펴보면, [근대화] 차원에 대한 언급빈도(57.6%)가 [민주주의] 차원에 속한 용어의 출현빈도(42.4%)보다 상대적으로 높은 것을 알 수 있다. 또한 [근대화] 차원 중에서도 특히 '자치', '자치제', '향회', '유향소', '촌회' 등 정치체제의 자주성에 대한 언급이 53.6%를 차지하여 '문명국', '입헌군주제', '공화제' 등을 포함하는 정치체제의 탈문화적 보편성에 대한 언급(4.0%)에 비해서 출현빈도가 월등히 높음을 알 수 있다. 한편 [민주주의] 차원에서도 '민선', '공선', '회의' 등 ≪정치제도와 질서≫에 대한 언급이 31.2%로서 다른 맥락에 비해 상대적으로 높은 빈도를 나타내고 있으며, '백성', '대표', '민중', '유림'과 같은 ≪이념적 기반≫에 대한 언급은 8.8%에 불과하다.

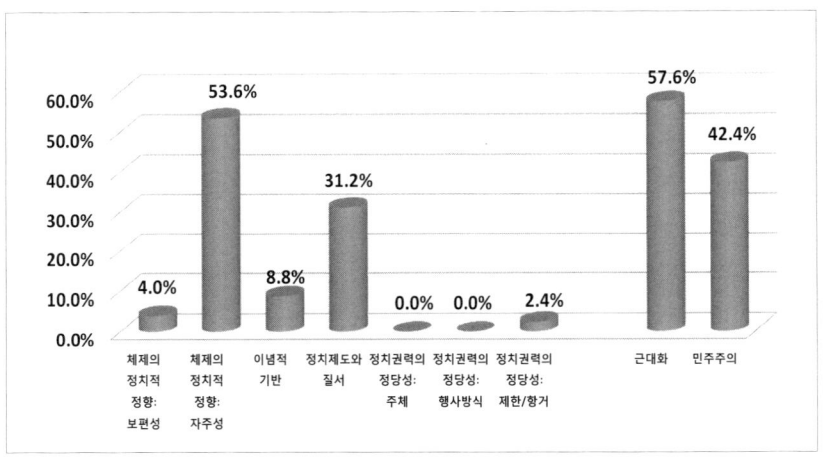

〈자료 34〉 제6장-3 자치제

이러한 결과는 안확이 조선정치의 근대성과 민주성을 ≪정치제도와 질서≫의 맥락에서 탐지하려 했음을 명백히 보여준다. 또한 이러한 제도적 근대성을 ≪체제의 정치적 정향≫ 가운데 특히 〈자주성〉(53.6%)과 연계시킴으로써 자주적 근대화를 중심으로 담론을 구조화하고 있음을 알 수 있다. 요컨대 정치제도와 질서의 측면에서 발견된 조선의 근대성은 스스로 획득한 자주적 근대성이라는 것이다.

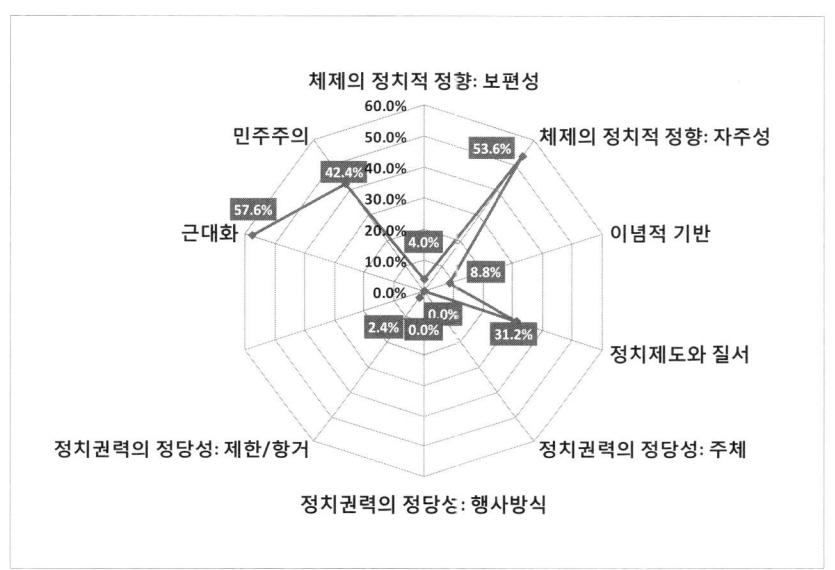

〈자료 35〉 제6장-3 자치제

5) 제6장-4 국제관계와 외교

안확은 식민통치에 대한 지적 저항을 추동하기 위해 조선이 국제관계의 대등한 행위자로서 독립된 주권국의 지의를 가졌음을 천명함으로써 국가적 주체성을 강조하려 했다. 이를 위해 그는 『조선문명사』 제6장 제123절 「외무행정」에서 조선시대의 외교가 근대 국제법적 개념에 입각한 주권국으로서의 행위였음을 강조함으로써, 조선이 주권국으로서의 지위를 회복해야 할 당위성을 역설하려 했다. 이러한 그의 견해는 아래 〈워드 클라우드 2-5〉를 통해 확인된다. 즉, '외교', '국제', '사절' 등의 용어가 제일 크게 돋보이고, 그 다음으로 '호혜주의', '행정', '외국', '외무' 등의 순으로 크게 나타나고 있다. 〈입체원도표 2-5〉 역시 이러한 양상을 재현해 주고 있다.

〈자료 36〉 워드 클라우드 2-5: 제6장-4 국제관계와 외교

즉, 언급빈도 상위 5위에 해당하는 용어들 중 '국제', '사절', '외교' 등 3개 용어가 22.2%로 동일한 언급빈도를 나타내고 있으며, 그 다음으로 '행정'과 '호혜주의' 역시 16.7%로 동일한 언급빈도를 나타내고 있다. 이는 분석표본이 제6장 제123절로 단 한 절에 불과하기 때문에 언급된 용어의 총수가 적기 때문이기도 하지만, 담론주제 역시 국제관계와 외교에 한정되어 있음에 따라 사용 용어가 편중되어 있기 때문인 것으로 판단된다.

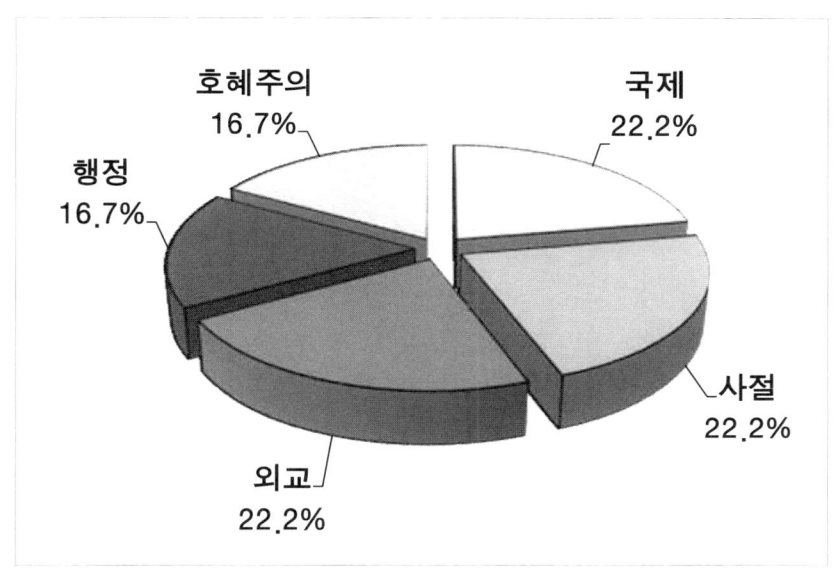

〈자료 37〉 입체원도표 2-5: 제6장-4 국제관계와 외교

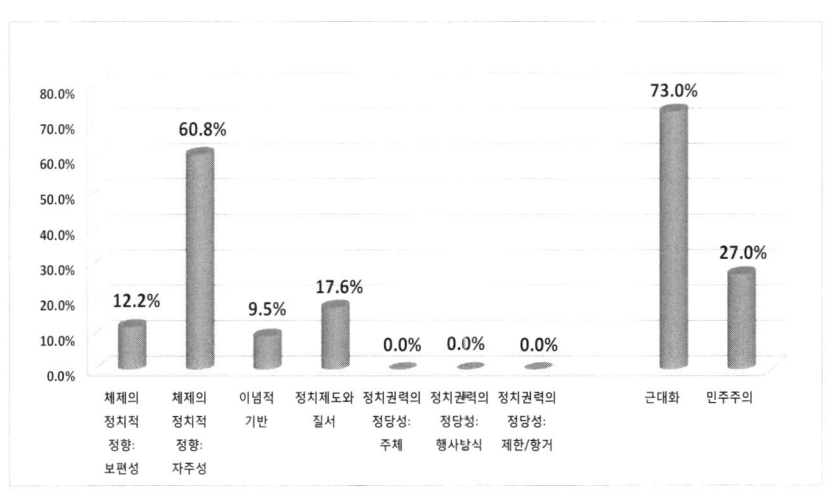

〈자료 38〉 제6장-4 국제관계와 외교

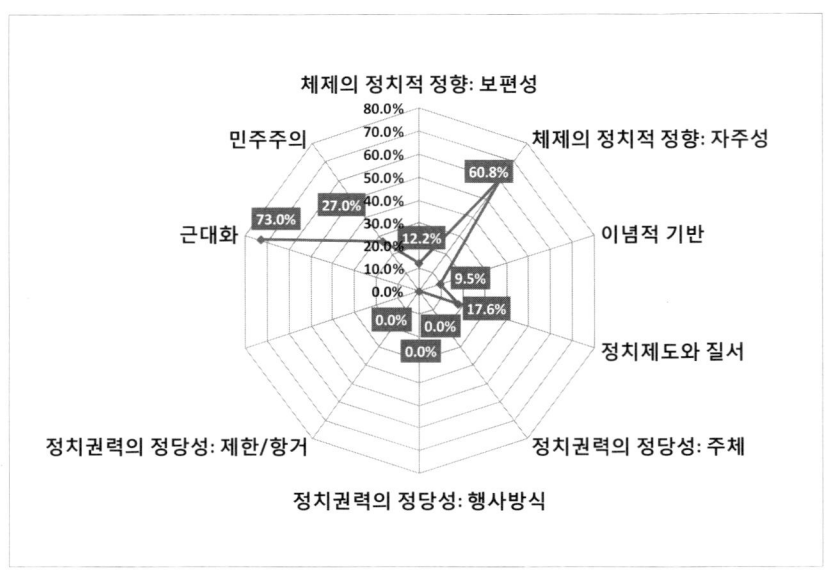

〈자료 39〉 제6장-4 국제관계와 외교

이를 구체적으로 살펴보면, 전반적으로 [근대화] 차원에서의 언급빈도 (73%)가 [민주주의] 차원의 언급빈도(27%)보다 다소 높음을 알 수 있다. [근대화] 차원에서는 '외교', '호혜주의', '조약', '사절' 등을 포함하는 ≪체제의 정치적 정향≫-〈자주성〉에 관한 언급빈도가 60.8%로 가장 높았으나, 같은 [근대화] 차원 중에서 국제사회, 국제문제 등 정치체제의 보편성에 관한 언급은 12.2%에 그쳤을 뿐이다. 한편 [민주주의] 차원의 경우에는 '법', '법률', '법규', '제도' 등을 포함하는 ≪정치제도와 질서≫에 대한 언급 (17.6%)과 '정의', '인도(人道)', '도리' 등 ≪이념적 기반≫에 대한 언급 (9.5%)만이 이루어졌을 뿐, 여타 맥락에 관련된 언급은 전무하다. 이러한 분석결과는 안확이 국제관계에 있어서 노정된 자주성을 강조함으로써 조선외교의 근대성을 부각시키고, 그러한 '자주적 근대성'을 근거로 삼아 주권회복의 당위성을 역설하려 했다는 기존 연구의 해석을 실증적으로 뒷받침해 준다. 안확은 외교적 근대성을 정치적 근대성의 또 다른 표징으로 간주한 것이다.

제 5 장

안확의 민주주의 인식구도:
구조적 특성과 맥락별 중요성

지금까지 논의한 바와 같이, 안확은 일본의 식민통치에 대한 지적 저항의 일환으로 『조선문명사』를 저술해 조선의 정치사가 보편적 근대성과 진보의 잠재력을 담지하고 있음을 역설했으며, 이러한 진보 담론을 통해 민족적 자긍심을 고취하려 시도했다. 『조선문명사』에 통해 제시된 그의 근대성과 민주주의에 관한 인식이 나타내는 구조적 특성과, 그러한 인식을 구성하고 있는 각 맥락의 개별적 특성을 정리해 보면 다음과 같다.

내용분석의 대상문헌 중에서 [근대화] 차원에서의 언급이 빈번히 이루어진 문헌은 제1장 「서언」과 제6장 제105절~제108절(「자치제」), 그리고 제6장 제123절(「국제관계와 외교」)이며, [민주주의] 차원의 맥락에 대한 언급이 자주 발견되는 문헌은 제6장 제75절~제82절(「민권의 발달과 군권의 제한」)과 제6장 제83절~제85절(「정당, 당파, 그리고 정치적 진화」)이다. 이들 가운데 제1장 「서언」의 경우에는 다른 4종의 문헌들에 비해 ≪체제의 정치적 정향≫ 범주의 〈보편성〉에 대한 언급이 자주 발견되고, 〈자주성〉에 대한 언급의 출현빈도 역시 상당히 높은 편이다.

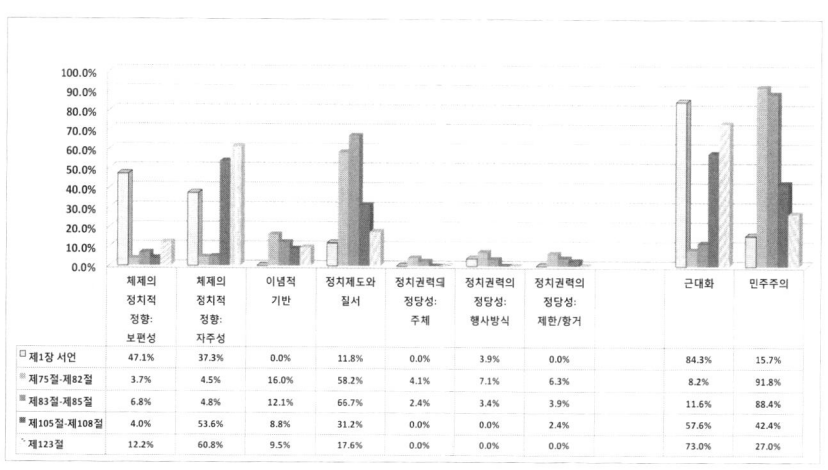

〈자료 40〉 조선문명사에 나타난 민주주의 맥락의 양상

　　제105절~제108절(「자치제」)과 제123절(「국제관계와 외교」)은 [근대화] 차원의 ≪체제의 정치적 정향≫-〈자주성〉에 대해 가장 많이 언급하고 있지만, [민주주의] 차원에서의 ≪정치제도와 질서≫에 대한 언급 역시 적지 않게 발견된다. 이에 비해 [민주주의] 차원에 초점을 맞추고 있는 제75절~제82절(「민권의 발달과 군권의 제한」)과 제83절~제85절(「정당, 당파, 그리고 정치적 진화」)은 주로 ≪정치제도와 질서≫에 대해 논의하고 있으나, ≪이념적 기반≫에 관한 언급 역시 일부 이루어졌음을 알 수 있다.

　　이러한 전반적 양상을 고려할 때, 조선 정치사가 근대성과 탈문화적 보편성을 애당초 담지하고 있었음을 강조하려 한 안확의 저술의도를 가장 잘 드러내고 있는 부분은 제1장 「서언」이라고 볼 수 있다. 물론 그는 「서언」이외의 다른 부분에서도 조선의 자치제, 국제관계와 외교에 대한 매우 긍정적인 해석을 통해 우리 민족문화의 독창성, 민족적 자주성과 주체성을 과시하려 했으며, 민권의 발달과 군주권의 제한, 당파정치의 특성을 논하며 조선정치에 내재되어 있던 민주주의적 성격을 드러냄으로써 정치적 진보에 대한 낙관적 견해를 피력하고 있다. 요컨대 내용분석의 결과는 안확이 『조선문명사』를 통해 조선인의 자긍심과 자주의식을 고취함으로써 일본의 강압적 식민통치에 대한 지적 저항을 시도했다는 기존 연구들의 보편적 결론을 확인할 수 있는 계량통계적 근거를 제공해주고 있다.

그러나 안확의 진보 담론이 '제도적 짝짓기(institutional matching)'에 기반을 두고 있다는 점에 주목해야 한다. 즉, 그가 탐색한 조선정치의 근대성은 붕당(정당) 혹은 자치제 등 조선의 정치기제와 서구의 근대적 정치기제와의 상응성(짝짓기)에 기반을 두고 있었던 것이다. 군주권의 제한도 마찬가지이다. 군주권의 제한을 바로 제도적 장치의 소산으로 보았기 때문이다. 과연 이처럼 '제도적 측면에 한정된 근대성'을 근대성으로 간주할 수 있는가에 대해서는 논란이 있을 수 있다. 왜냐하면 서구의 근대적 정치제도는 서구의 고유한 역사사회적·정치적 역동 속에서 창출되고 유지된 것이기 때문이다. 그러한 서구 정치제도의 역사적재성이 조선의 정치제도에도 동일하게 반영되어 있다고 말할 수는 없다. 바로 이러한 측면에서 근대성 혹은 근대성에 함축된 민주주의에 대한 안확의 인식은 『근현대 한국지성사대계 총서』 제1권(민주주의와 민주화 I)이 지적한 짝짓기에 따른 개념의 지칭성 왜곡 사례에 해당된다.

제3부

『사상계』와 『씨올의 소리』:
장준하와 함석헌의 저항 민주주의 담론

현대 한국정치의 역동적 전개과정에서 민주주의는 주로 억압적 지배권력에 대한 저항 내지는 권력배열구도의 전환에 요구되는 이념적 근거로 수용되어 온 것이 사실이다. 해방 후 '외형적 민주주의',[1] 곧 민주주의 정치기제의 도입 과정과 뒤이은 압축적 국가주도 근대화 과정에서 야기된 다양한 유형의 사회적 불평등, 정치참여의 통제에 따른 시민의 정치적 소외와 인권침해는 '민주회복', '사회정의 구현' 등의 구호를 앞세운 시민사회의 대중동원, 특히 정치권력의 억압적 행사에 대한 시민저항을 추동했으며, 이에 따라 민주주의는 국정운영의 원리라기보다는 정치적·경제사회적 불평등에 대한 거부와 항의의 이념적 기반으로 받아들여진 것이다. 다시 말해서, 사회분파세력 간의 이익교환과 협상의 정치적 제도화를 근간으로 한 서구 민주주의 개념이 이승만의 가부장적 권위주의체제와 박정희의 군부권위주의체제가 야기한 부정적 효과로 인해 한국적으로 재조정

---

* 제3부 내용 중 장준하 부분은 2016년 12월 발간된 『비교민주주의연구』 제12집 2호에 게재된 논문을 수정·보완한 것임을 밝혀 둔다.
1) 고원. 2012. "역동적 저항-역동적 순응, 이중성의 정치동학: 48년 한정체제의 일제 강점기 유산과 전개." 정근식·이병천 엮음. 『식민지 유산, 국가형성, 한국민주주의 1』. 서울: 책세상, 74-75.

된 변용현상이 노정되었다고 볼 수 있다. 요컨대 현대 한국정치에 있어서 민주주의 개념은 우리 정치지성들의 담론과 실천을 통해 격렬한 이념적 논쟁을 야기했으며, 일단 정치기제와 절차로 구현되는 데에는 성공했으나 정치적 행위의 규준으로서는 상당한 역사적 변용을 거쳤다고 말할 수 있다. 제3부에서는 현대 한국의 정치지형 속에서 이러한 저항적 민주주의관, 혹은 저항적 정치행태가 노정되어 온 양상을 파악하기 위해 민주화 운동을 주도했던 대표적 정치지성인 장준하와 함석헌이 어떤 맥락에서 자신의 민주주의관을 펼쳐나갔는가를 『사상계』와 『씨올의 소리』에 게재된 저술을 중심으로 파악해 본다.

한국전쟁 당시인 1953년 4월 부산에서 창간된 이래 1970년 5월까지 발간된 『사상계』는 근대국가형성의 초기 단계인 1950년대부터 1960년대 중반까지 현대 한국의 정치사회적 담론을 주도하는 출판매체로서의 역할을 수행했다. 또한 『사상계』가 폐간되자 1970년 4월 함석헌이 발행인 겸 편집인으로서 창간한 『씨올의 소리』가 『사상계』의 정신을 이어 받아 권위주의정권에 저항하는 민주화 투쟁의 이념적 기반을 제공했다. 바로 이러한 측면에서 이 두 대중잡지야 말로 현대 한국의 정치지성들의 이념적·실천적 발자취를 보여주는 중요한 사료라고 말할 수 있다. 예로서 『사상계』의 편집역점과 역할을 네 단계로 구분한 노종호[2]는 격심한 정치적 변동양상이 노정된 1959년부터 1962년까지를 제2기로 규정하면서, 『사상계』가 이 기간을 통해 계몽적·교양적 성격을 지닌 제1기(1953~1958)와 달리 부정선거로 집권한 일인지배 독재정권과 이에 동조하는 지식인들을 비판하

---

[2] 노종호. 1995. "사상계가 나에게 의미하는 것." 『광복 50주년과 장준하』. 장준하선생 20주기 추모문집, 212-213; 김삼웅. 2009. 『장준하 평전』. 서울: 시대의 창, 393-394에서 재인용.

는 저항매체로서 선회했고, 제3기(1963~1965)에 이르러서는 투쟁적 성격을 더욱 강화해 나갔다고 주장한다. 노종호에 따르면, 이러한 제2기는 그간 문필을 통해 억압적 정치권력에 대항했던 장준하가 야당정치인, 반체제 민주운동가, 통일운동 지도자로서 그 역할을 전환하던 시기이다. 그러나 1965년 이후로는 박정희 정권의 극심한 탄압으로 인해 편집위원들이 체제참여 지성과 체제저항 지성으로 분열됨으로써 『사상계』가 가졌던 한국사회에서의 역할과 한국 지성계에 있어서의 위상 및 영향력이 점차 소멸되었다고 보고 있다. 본 3부에서는 장준하와 함석헌이 『사상계』와 『씨올의 소리』3)에 기고한 글들에 대한 내용분석을 통해 그들의 민주주의 담론이 어떠한 목표와 맥락에서 전개되었고, 또 그들이 견지하고 있던 민주주의관은 과연 어떠한 것이었는가를 추적해 보기로 한다.

---

3) 『씨올의 소리』는 『사상계』가 등록 취소된 후 1970년 4월 19일에 창간되어 1980년 7월 31일 신군부에 의해 폐간될 때까지 저항적 지식인 담론을 주도했으며, 주로 함석헌 개인의 이념적 성향을 반영했던 것으로 평가된다. 조상호. 1999. 『한국언론과 출판 저널리즘』. 서울: 나남출판사, 101-102; 문지영. 2006a. "한국의 민주화와 자유주의: 자유주의적 민주화 전망의 의미와 한계." 『사회연구』 7:1, 4의 각주 4에서 재인용.

제 1 장
현대 한국의 반독재 저항운동

1948년 민주공화국 헌법에 의거하여 수립된 대한민국 정부의 공식적 이념은 자유민주주의였다.[1] 즉, 해방 이후 근대 민족국가 건설의 기본 방향과 목표를 설정함에 있어서 민주주의 국가를 수립해야 한다는 지향점은 분명히 드러났지만, 과연 어떤 형태의 민주주의체제를 채택할 것인가에 관해서는 정치사회적 분파세력들 간에 극심한 이념적 대립이 노정되었다.[2] 이러한 이념적 대립은 냉전으로 야기된 남북 분단, 그리고 뒤이은 한

---

1) 이상록에 의하면, "자유민주주의는 민주주의 그 자체가 아니라 민주주의가 역사적으로 관철되어 온 형태 중 하나이며, 정치체제로서의 자유민주주의란 자본주의사회에서의 민주적 지배형태를 지칭하는 개념이다. 자유주의는 근대시민사회의 출현과 함께 나타난 이념으로 기본적으로 개인주의에 기반하고 있다…민주주의는 국가의 통치형식에 대한 관점으로서…자유민주주의는 그 지향점과 역사적 배경이 서로 다른 '자유주의'와 '민주주의'라는 두 가지 정치 이념이 자본주의 사회발전과정 속에서 결합된 것으로서, 자본주의적 시장질서와 개인 및 집단의 정치적·경제적·사회적 자유권을 옹호하며 통상적으로 대의제 민주주의의 형식을 취하는 정부형태 또는 정치이념을 말한다." 이상록. 2010a. "『사상계』에 나타난 자유민주주의론 연구." 한양대학교 사학과 박사학위논문, 2.

2) 여현덕. 1987. "8·15직후 민주주의 논쟁." 진덕규 외. 『해방전후사의 인식 3』. 서울: 한길사, 23; 정윤재. 1992. "해방직후 한국정치사상의 분석적 이해: 안재홍·백남운 정치사상의 비교분석."『한국정치학회보』 26:1, 8; 문지영. 2005. "한국의 근대국가형성과 자유주의: 민주화의 기원과 전망에 대한 재고찰."『한국정치학회보』 39:1, 197.

국전쟁과 맞물려 공산주의를 배격하기 위한 대항 이데올로기로서의 민주주의, 곧 반공 민주주의를 표방한 대통령제 정치질서의 구축으로 마무리되었고, 미군정 하에서 적극적으로 소개된 복수정당제·보통선거제·권력분립제 등의 정치기제가 정착되면서 민주주의의 이념적 성격보다는 절차적 성격이 부각되는 경향이 나타났다.[3] 이렇게 구축된 절차적 민주주의관은 권력을 장악한 지배층의 입장에서 볼 때 정치적 권위를 확보하기 위한 제도적 기반이었을 뿐만 아니라, 북한 공산주의 정권의 정당성을 부정하기 위한 이념적 근거였다고 말할 수 있다.[4]

일제 강점기가 끝난 후 독립 한국의 새로운 정치질서를 모색하던 정치지성들은 '민주주의적 근대화'를 지향하고 있었다. 또한 1950년대 『사상계』에 관여했던 정치지성들의 대다수는 서북세력과 기독교에 연관되어 있었기 때문에 친미·반공적 성향을 강하게 노정했고, 이에 따라 미국식 민주주의를 가장 이상적인 정치사회의 운영원리로 받아들였다.[5] 즉, 이들과 제도권 야당은 비록 이승만의 독재정권을 신랄하게 비판했지만 반공 민주주의체제 자체에 관해서는 절대적 신뢰를 보였던 것이다. 그러나 이승만의 반공 민주주의가 가부장적 권위주의체제를 정당화하는 이념적 기제로 동원되자, 이들은 점차 민주주의를 일인독재에 대한 비판과 저항의 슬로건으로 앞세우게 된다.[6]

---

3) 박찬표. 2007. 『한국의 국가형성과 민주주의 -미군정기 자유민주주의의 초기제도화』. 서울: 고려대학교출판부, 374-375; 이상록(2010a), 31-33.
4) 고원(2012), 74.
5) 이상록은 "이들은 기본적으로 민주주의가 한국에서 정착하지 못하면 "결국 낙오하고 말 것"이라는 불안감을 갖고 있었다"고 주장한다. 이상록(2010a), 66.
6) 임대식. 2004. "1950~60년대 비판적 지성의 성격." 『국사관논총』 105, 8; 차기벽. 1992. "민족주의와 민주주의: 한국의 경우를 중심으로." 『대한민국 학술원 논문집 (인문사회과

1950년대 중반에 들어서면서 이승만 정권의 비민주적·반민주적 국정운영이 확대되고 그에 따라 정치적 부정부패가 만연하면서 민주주의의 회복을 요구하는 대중의 요구 역시 커졌다. 이승만은 1956년 부정선거를 통해 3선에 성공했지만 시민사회는 야당(민주당) 대통령 후보 신익희(申翼熙)의 연설회를 기점으로 자발적 대중동원을 통해 이승만 정권에 맞섰으며, 1960년대 초엽 정치적 상황이 급격히 악화되면서 시민저항이 더욱 광범위하게 확산되어 4·19 학생혁명에 이르게 된다.[7] 즉, 1960년 3·15 부정선거로 촉발된 4·19 학생혁명은 제헌헌법에 규정된 민주주의 정치질서의 회복을 구호로 앞세우며 부정선거의 무효화와 대통령의 즉각적인 하야를 요구했지만, 그 기저에는 국민주권, 억압적 지배권력으로부터의 자유와 국민적 지지기반을 상실한 정부에 대한 저항권이라는 관념이 혼재해 있었다.[8] 4·19 학생혁명을 기점으로 체제유지의 이념적 구호로서 기능했던 민주주의가 체제에 대한 저항이념으로 전환된 것이다.

이러한 맥락에서 4·19 학생혁명은 민주주의의 기본 이념과 원리를 앞세운 저항적 지식인들과 그들이 이끈 시민사회에 의해 주도된 "자연발생적 혁명"이자 현대 한국정치의 전개과정에서 시민의 "자주의식"이 표상된 최초의 사례로서 간주된다.[9] 4·19 학생혁명으로 이승만의 권위주의 정권이 축출되고 의회제(내각제)로의 개헌에 따라 장면(張勉)의 민주당 정부가 출범했으나, 혁명의 주체세력과 혁명 이후 정권을 획득한 세력 간에 드러난 정치적 시각의 괴리로 인해 정치사회적 혼란이 가중되었다. 이승

학 편)』 31, 23.

7) 고원(2012), 81-82.
8) 문지영(2006a), 82-83.
9) 차기벽(1992), 22.

만 정권 하에서 억눌려왔던 욕구의 급격한 분출로 초래된 무질서와 사회 혼란에 제대로 대처하지 못한 무능한 장면 정부에 실망한 대다수의 국민들은 점차 정치의 장으로부터 유리되었으며, 이로 인해 한국 정치사에서 최초로 등장한 의회제 정부는 1961년 5·16 군사 쿠데타에 의해 붕괴된다. 의회제 정치질서의 실험이 단 9개월 만에 실패로 끝난 것이다.

5·16 쿠데타는 국민적 저항도, 쿠데타를 저지할 수 있는 장면 정부의 능력과 의지도 없는 상황에서 발생한 것으로서 군부-관료의 연합체가 주도하는 권위주의체제로의 이행의 전조였다[10] 그런데 5·16 직후 『사상계』의 정치지성들이 함석헌(咸錫憲)을 제외하고는 모두 쿠데타에 호의적인 입장을 취했다는 사실에 주목할 필요가 있다.[11] 즉, 이들은 5·16 쿠데타를 4·19 학생혁명의 정신을 계승해 한국사회에 만연한 고질적 병폐를 척결하기 위한 민족적 결단이라 긍정적으로 평가하며 지지했던 것이다. 이처럼 『사상계』의 정치지성들이 1963년 3월 16일 박정희의 군정연장 선언 이전까지 쿠데타를 지지하거나 묵인한 이유는, 군사정권이 추진하고 있는 급속한 경제성장에 초점을 맞춘 국가주도 근대화를 통해 민주주의 정치질서의 기틀이 마련될 수 있으리라 기대했기 때문이었다. 그러나 이들은 함석헌이 1961년 7월 출간된 『사상계』 96호에 「5·16을 어떻게 볼까?」라는 권두언을 게재하면서부터 다시 군정에 대한 비판의 포문을 열기 시작했고, 박정희가 민정이양 약속을 어긴 이후에는 군사정권에 대한 배신감과 분노를 "민주주의의 존립 그 자체를 포기하는 관용이란 없다"는 강경한 어

---

10) 김영명. 2006. 『한국의 정치변동』. 서울: 을유문화사, 141.
11) 함석헌은 『사상계』(제96호, 1961. 7)에 '5·16을 어떻게 볼까' 라는 글을 통해 민중만이 혁명의 주체가 될 수 있을 뿐 군사정권은 혁명의 주체가 될 수 없다고 밝혔다. 이상록 (2010a), 83.

조로 표명함으로써『사상계』는 본격적으로 저항적 지식인 매체로서의 정체성을 확립하게 된다.12)

한편 장준하와 함석헌은 모두 반공주의자이자 민주주의자로서『사상계』를 매개로 동지적 관계를 맺고 있었지만, 5·16 군사 쿠데타에 대한 인식에서는 상당한 차이를 드러냈다. 즉, 당시 대부분의 지식인들과 마찬가지로 서구화와 근대화를 동일시한 근대화 관념을 지니고 있던 장준하는 자본주의적 산업화와 경제성장을 민주주의의 선행조건으로 보았던 반면, 상대적으로 근대화에 대한 강박이 적었던 함석헌은 민중중심 민주주의와 공동체 지향을 강조했던 것이다.13)

군사혁명과 혁명정부의 정당성을 뒷받침하기 위해 개정된 제3공화국 헌법은 4월 혁명정신의 계승을 천명함과 동시에 국민의 기본권 보장을 강화하는 민주적 내용을 담고 있었다. 그럼에도 불구하고 박정희 정권은 강력한 행정권을 기반으로 삼아 반공과 경제성장을 통한 '조국근대화'를 명분으로 내세우며 더욱 억압적인 군부권위주의체제, 개발독재체제로 변화해 나갔다.14) 그러나 1970년대 초반까지 박정희 정권에 반대하는 정치세력의 저항은 군정 시기의 정치활동금지와 민정이양 이후 이루어진 극심한 야당탄압으로 인해 미미한 수준에 머물렀다.15) 이처럼 억압적인 정치상황 속에서『사상계』의 정치지성들은 군사정권에게 민정이양과 민주주의

---

12) 박지영. 2015. "냉전(冷戰) 지(知)의 균열과 저항 담론의 재구축: 1950년대 후반~1960년대 전반『사상계』번역 담론을 통해 본 지식 장(場)의 변동."『반교어문연구』41, 512-513, 517; 이상록(2010a), 83-90.
13) 이상록. 2007. "1960~70년대 비판적 지식인들의 근대화 인식 -『사상계』·『씨올의 소리』·크리스찬 아카데미 진영을 중심으로-."『역사문제연구』18, 223-227.
14) 문지영(2006a), 85-88.
15) 김영명(2006), 166.

적 절차에 따른 대의민주정부의 수립을 강력히 요구하였다. 물론 이러한 주장은 군정을 압박하는 요인으로 작용했으나, 또 한편으로 민주주의의 개념을 절차적 민주주의로 한정시키는 결과를 초래했다. 또한 박정희가 민간인 신분으로 대통령에 당선됨으로써 민주적 정부수립에 관한 절차적 정당성은 더 이상 쟁점으로 부각되지 못했다.[16]

1964년에 추진된 한일협정은 대대적인 국민적 저항을 초래했다. 즉, 1964년 3월 24일 서울대·연세대·고려대 등에서 이루어진 "굴욕적인 한일회담 반대" 시위 이후 격화일로를 달리던 한일회담 반대투쟁은 6월 3일에 이르러 1만여 명의 학생과 시민이 참여한 대규모 대중시위로 확산되었다. 1963년 대통령선거 과정에서 박정희가 내세운 '민족적 민주주의'[17]가 한일회담 반대투쟁을 계기로 가장 핵심적인 정치적 쟁점으로 부상한 것이다. 시위 군중들은 "반민족적이며 비민주적인 민족적 민주주의는 이미 죽은 시체"[18]라 주장하며 서울 시내 파출소를 불태우고 청와대로 진입하려 시도했고, 박정희 정권은 이에 맞서 서울시 전역에 비상계엄령을 선포하고 4개 사단병력을 서울 시내에 투입해 일체의 옥내외 집회 및 시위 금지, 대

---

16) 이상록(2010a), 101-106.
17) 쿠데타로 집권한 정권이 자신들의 권력기반을 구축하고 이전 정권과의 차별성을 부각하고자 내건 슬로건들('민족 중흥', '조국근대화', '민족적 민주주의') 중 하나로서, 박정희는 자신의 민족주의가 사대주의 근성과 식민주의 근성을 청산하고 민족주체의식을 고취하자는 것이라 주장했다. 이에 대해 『사상계』의 지성들은 그들이 내건 민족적 민주주의는 국민들의 민족적 감정을 이용해 보수야당과의 경쟁에서 승리하기 위한 선거전략일 뿐이며, 향후 극우 파쇼나 진보적 좌경화로 변질되어 민주주의를 왜곡할 가능성을 우려했다. 장규식. 2014. "1950~1970년대 '사상계' 지식인의 분단인식과 민족주의론의 궤적." 『한국사연구』 167, 309-312.
18) 6·3학생운동사 편집위원회 편. 1994. 『6·3학생운동사』. 서울: 6·3동지회, 90; 박명림. 2008. "박정희시대 재야의 저항에 관한연구, 1961-1979: 저항의제의 등장과 확산을 중심으로." 『한국정치외교사논총』 30:1, 34에서 재인용.

학의 무기한 휴교, 언론·출판·보도의 사전검열, 영장 없는 압수·수색·체포·구금, 통행금지시간 연장 등 일련의 진압조치를 강행하였다. 이에 대해 박명림은 민족주의 문제로 야기된 6·3 사태가 "4월 혁명과 군사 쿠데타라는 두 역사적 사건의 연속성을 단절시킨 최초의 계기가 되었다"고 주장한다.[19]

한일협정 반대투쟁으로 격화된 권위주의 정권에 대한 도전과 저항은 1969년의 3선 개헌 반대투쟁과 1970년대의 반정부 운동으로 발전했다.[20] 1964년 "범국민 굴욕외교 반대투쟁"의 형태로 전개된 한일회담 반대운동은 단순한 외교정책에 대한 반대를 넘어서서, 박정희 정권의 한일협정 추진과정에 있어서 드러난 반민주성과 반민족적 성격에 대한 저항의 의미를 가진다.[21] 민족주의가 집권세력과 저항세력 모두에게 정치적 목표와 이해관계에 따라 수시로 동원할 수 있는 정치적 자원이 된 것이다.[22] 이미 국민들 사이에 널리 확산되어 있던 민족주의 지향은 일본 식민통치의 경험으로부터 배태된 반일감정에 기반을 두고 있었으며, 이러한 상황에서 일본과의 외교관계정상화 추진은 당연히 국민적 저항을 불러일으킬 수밖에 없었던 것이다.

1965년 〈한일기본조약〉과 이에 부속된 4개 협정이 공식적으로 조인되자 한일회담 반대투쟁은 한일협정비준 반대투쟁으로 발전했으며, 종교계

---

19) 박명림(2008), 35.
20) 김영명(2006), 167.
21) 문지영은 '한일굴욕회담 반대 학생총연합회' 명의로 발표된 "5·16을 비판한다"에서 5·16이 4·19를 계승한 것이 아니며, 오히려 그에 대한 도전이라고 선언하는 것은 5·16에 기반 한 정권이 반민주적이며, 반민족적이라 선언한 것과 마찬가지라고 주장한다. 문지영(2006a), 88-89.
22) 박명림(2008), 35.

(기독교계)와 학계에 이르기까지 확산됨으로써 민족적 민주주의와 '조국 근대화'를 기치로 내건 박정희 정권과 민족자주와 자립경제를 앞세운 저항세력들의 대립과 갈등이 더욱 심화되었다. 『사상계』의 정치지성들은 억압적 지배권력과 저항세력의 갈등이 전개되는 과정 속에서 민족주체성을 부각시키며 마틴 루터 킹(Martin Luther King)의 시민불복종 논리를 근거로 국민의 동의를 얻지 못한 정부의 법집행에 대한 국민의 저항권을 거론하기 시작했다.23)

국민의 저항권에 대한 담론은 한일회담 반대투쟁 전후로 이루어진 『사상계』 정치지성들의 민주주의 인식의 변화를 보여주고 있다. 즉, 이들은 한일회담 반대투쟁 이전에는 법치를 포함한 절차적·형식적 요건을 민주주의의 핵심으로 제시했으나, 군부권위주의 정권이 한일회담 반대투쟁을 불법행위로 규정하고 물리적 강제력을 동원하여 억압하는 것을 목도한 후에는 민주주의를 저항의 이념적 근거로 받아들이게 된다. 즉, 비록 법집행이 절차적 정당성을 가진다 하더라도 그것이 국민의 의사에 반하는 것이고 더 나아가 국민의 기본권과 자유를 제약한다면 얼마든지 저항하고 불복종할 수 있음을 천명한 것이다.24) 이러한 시각은 국민주권론이 단지 대의제 정부의 이념적 기반에 머물지 않고, 주권을 위임받은 대표자의 자의적 권력행사를 견제하기 위한 근거가 될 수 있다는 견해를 반영한 것이다. 국민주권론에 입각한 저항의 논리는 한일회담 반대투쟁 이전에 『사상계』

---

23) 장규식(2014), 314-319.
24) 이상록은 "사상계 지성들의 민주주의 인식이 과거의 대의제 지상주의에서 벗어나고 있다", "민정 이양정국까지 사상계 지식인들은 '민주주의=대의제 민주주의'라는 관점에서 시민의 정치적 권리를 선거라는 과정에서 특정인에게 위임하는 대의제의 원리를 민주주의의 핵심으로 사고"하였으나, 반대투쟁이후에는 "'부정의한 대의제 민주주의'에 대해 민주주의의 이름으로 공격하였다"라고 주장하고 있다. 이상록(2010a), 112-114.

정치지성들이 지니고 있던 민주주의 인식에 비해 훨씬 더 급진적인 것이었지만, 그렇다고 해서 이들이 지향했던 궁극적 목표, 즉 대의민주주의의 정상화라는 목표가 변질된 것은 아니다.25)

장준하는 평화적 정권교체를 목표로 1967년 6월 8일 야당(신민당) 후보로서 국회의원선거에 도전해 옥중 당선되었다. 그러나 대통령선거에서는 후보단일화를 이루어냈음에도 불구하고 집권세력의 관권과 금권을 동원한 부정선거로 인해 야당이 패배함으로써 정권교체는 이루어지지 않았다. 장준하는 『사상계』 제174호(1967.10)이 게재된 「머리를 숙이라 민권 앞에」를 통해 부정선거를 자행한 집권세력을 국민주권의 원리와 절차적 민주주의 정당성을 유린한 독재세력으로 규정하고, 민권의 확립이 독재를 타도해 대의민주주의를 정상화하기 위한 선결조건임을 강조했다.

> "…무릇 의회가 정상화되기 위해서는 그 의회를 구성하는 선거가 정상화 되어야 함이 그 대전제요, 또 선거가 정상화되기 위해서는 오로지 민권의 정상 확립 보장이 그 대전제이거늘 어찌 국민의 민권이 금력과 관력 앞에 여지없이 유린당하는 풍토에서, 국회의 정상화만을 외칠 수 있는가…"26)

1969년에 이르러 박정희는 야당의 극심한 반대에도 불구하고 집권연장을 위한 삼선개헌을 추진했으며, 국회는 여당의원만이 참석한 가운데 삼선개헌안과 더불어 국민투표 법안을 변칙적으로 통과시켰다. 야당과 개헌반대세력은 삼선개헌안과 국민투표의 불법성을 지적하면서도 국민투표

---

25) 이상록(2010a), 116.
26) 장준하. 1967. "머리를 숙이라 민권 앞에." 『사상계』 제174호, 8.

에 참여하기로 결정했는데, 그 이유는 당시 삼선개헌을 반대하는 국민여론이 확산되어 있었기 때문에 국민투표를 통해 집권세력을 심판할 수 있을 것으로 기대했기 때문이다.[27] 그러나 이러한 기대에도 불구하고 10월 17일에 실시된 국민투표 결과 압도적 표차로 삼선개헌안이 가결됨에 따라 야당과 비제도권 저항세력은 저항의 근거와 동력을 거의 상실하게 되었다. 박명림은 삼선개헌을 목표로 한 박정희 정권의 정치적 기동에 대해 "한국에서 국민투표를 동원한 민의의 동원은 반대세력의 저항을 종식시키는 효과적인 방법의 하나였다"고 주장한다.[28]

삼선개헌안에 대한 국민투표 결과를 성숙하지 못한 정치문화의 소산으로 본 『사상계』의 정치지성들은 국민의식의 계몽을 새롭게 역설하기 시작했다. 즉, 이들은 국민주권과 '민중의 뜻'을 강조했음에도 불구하고 국민을 단지 계몽의 대상으로 여긴 식자들의 전통적 우민관을 크게 벗어나지 못했던 것이다.[29] 또한 이들은 삼선개헌안의 가결을 계기로 대의민주주의의 절차적 원리 가운데 하나인 다수결의 원리에 대해서도 비판적 견해를 제시했다. 다수결의 원리가 다수의 횡포로 변질될 가능성이 높기 때문에 민주주의를 위협하는 요소가 될 수 있다고 본 것이다. 이에 따라 다수의 횡포를 견제하고 대의민주주의의 정상화를 위한 지식인의 역할, 곧 민중의 정치적 계몽이 민주주의 담론의 핵심주제로 부상했으나, 박정희 정권이 달성한 가시적 경제성장과 강력한 억압적 통치능력으로 인해 지식인

---

27) 김영삼 의원은 "삼선개헌을 반대하는 국민의 여론이 90%를 넘는 것 같다"라고 지방유세에서 느낀 점을 피력했다. 이상록(2010a), 137에서 재인용.
28) 박명림(2008), 37.
29) 신상초는 "국민투표에 회부된 문제의 의의나 국민투표 자체가 지니고 있는 의미를 명확히 파악하는 국민의 수가 적은 사회"라고 주장했다. 이상록(2010a), 36.

들의 저항은 위축될 수밖에 없었다. 이와 더불어 언론인·교수·문인 등 지식인 계층들이 현실에 안주하는 방관자적인 태도를 나타내면서 정치참여의 실천의지가 급격히 약화되었다.30)

1970년대에 접어들면서 '조국근대화'와 경제자립을 앞세운 박정희 정권은 1960년대부터 추진해 온 경제개발계획에 힘입어 광범위한 국민적 지지기반을 확보하는데 일단 성공했으나, 산업화에 치우친 비정상적 근대화에 따른 모순 역시 드러나기 시작했다. 즉, 외형적으로는 경제성장이라는 가시적 성과가 나타나고 있었지만 산업화 현장에 동원된 노동자와 농민의 삶은 더욱 피폐해 졌고, 경제개발로 축적된 자원의 분배과정에서 노정된 사회적 양극화와 부정부패에 따른 상대적 박탈감과 좌절감이 널리 확산되었다. 이러한 '비정상적 근대화' 과정 속에서 1970년 11월 13일에 발생한 평화시장 봉제노동자 전태일(全泰壹)의 분신사건은 현대 한국정치사의 결정적 전환점이 되었다. 또한 비슷한 시기인 1971년 8월 10일 경기도 광주에서 도시빈민 투쟁사건(광주대단지 사건)이 발생하면서 산업화와 경제성장의 뒷면에 가려진 노동자의 인권문제와 민중의 생존권 문제가 본격적으로 표출되기 시작했다.

박정희 정권이 추진한 '조국근대화'는 산업화를 통한 경제성장을 지향했을 뿐, 민주주의 정치질서의 확립은 전혀 고려의 대상이 되지 않았다.31) 따라서 『사상계』의 정치지성들은 "민주주의가 결여된 산업화는 서구의 근대화와 같은 정상적 근대화가 아닌 비정상적이고 왜곡된 근대화"라 주장했으며, 특히 함석헌은 박정희의 경제개발전략이 권력유지를 위한 "지

---

30) 이에 대해 학생들은 언론과 대학교수들을 비난하면서 권력의 시녀로 타락하였다고 맹공격을 퍼부었다. 박명림(2008), 38.
31) 이상록(2010a), 179; 박명림(2008), 39-41.

배계급의 민중착취 기제"에 불과할 뿐이라고 맹렬히 비난했다. 박정희의 '조국근대화'에 대한 『사상계』의 이러한 입장에 대해, 이상록은 "장준하가 '왜곡된 근대화'를 '정상적 근대화'로 되돌려 놓으라는 취지에서 박정희 장권의 '조국근대화'를 비판했던 데 반해, 함석헌은 '정상 비정상'을 가릴 것 없이 '근대문명' 그 자체에 대해 비판적 시선을 던지고 있었다"고 해석한다.[32]

한편 민주화 운동을 무력화하기 위한 수단의 하나로서 교련교육이 강화되자 학생들은 학원자유 수호투쟁으로 맞섰다. 박 정권은 학생들의 시위가 격화되자 1971년 10월 15일 '사회안정'을 기한다는 명목으로 위수령을 발동했고, 이어 12월 6일에 비상사태를 선포하면서 국가안보를 위해 일체의 사회불안을 용납하지 않을 것이며, 최악의 경우에는 국민 자유의 일부를 유보할 수 있다는 6개항의 특별조치를 포고했다. 함석헌은 박 정권이 내린 일련의 억압조치가 "공화당의 안정, 지배계급의 안정"[33]을 위한 것에 불과하다고 격렬히 비판했다. 즉, 민중이 저항하는 이유는 지배세력이 권력을 유지·확대하기 위하여 민중을 착취했기 때문임에도 불구하고 집권세력은 공권력을 앞세워 민중을 더욱 억압하고 있다는 것이었다.[34]

1972년에는 〈7·4 남북공동성명〉 발표를 기점으로 민족통일에 대한 논의가 급속도로 진전되었다. 기본적으로 민족주의자였던 장준하는 〈7·4 남북공동성명〉에 고무되어 통일에 대한 자신의 신념을 밝히면서 민족의 자주 평화 통일만이 외세에 의해 민족이 분열된 분단체제를 종식시킬 수 있다고 역설했다. 즉, 그는 평등·자유·복지·번영 등 민주주의적 가치들이 '민족적 자유'인 통일을 성취하기 전에는 완전히 실현될 수 없다고 역설

---

32) 이상록(2010a), 222.
33) 함석헌. 1971. "역시 씨울밖에 없습니다." 『씨울의 소리』 제6호.
34) 이상록(2010a), 223.

하며, 민주주의 정치질서의 확립이 통일을 위한 선행조건인 동시에 수단이라 주장했다.35) 이러한 주장에 대해 이상록은 장준하가 민주주의를 통일을 위한 수단으로만 인식함으로써 다양한 민주주의 의제들 가운데 통일과 연관된 것만 중시했다고 본다.36) 또한 장준하는 통일이 "지배층에게만 필요한 것이 아니라 민중에게 절실히 요구된다"고 말하며 남북한의 정권 담당자들에 의해 추진되는 통일이 아니라 남북의 민중이 주도하는 자주평화통일을 추구했다.37) 따라서 그는 1973년 〈6·23 선언〉 직후 정부주도의 통일논의가 유신독재를 정당화시키는 구실에 불과하다고 비판했으며,38) 함석헌 역시 통일은 반드시 이루어야 할 가치이지만 정부가 주도하는 남북한 통일은 "민중의 힘으로 이루어진, 민중을 위한, 남·북한 모두 민이 스스로 다스리는 정부"를 수립하는 것이 아니기 때문에 반대한다는 입장을 아래와 같이 분명히 천명했다.39)

"…모든 통일은 좋은가? 그렇다. 통일 이상의 지상명령은 없다. 통

---

35) 이상록(2010a), 142-144; 문지영. 2012. 『지배와 저항: 한국 자유주의의 두 얼굴』. 서울: 후마니타스, 245-246.
36) 이상록(2010a), 144.
37) 장준하. 1972. "민족주의자의 길." 『씨을의 소리』 제14호, 60-61. 이상록은 장준하가 이 시기부터 함석헌의 영향을 받아 민중과 평화를 강조하고 있다고 주장한다. 이상록(2010a), 144.
38) 〈6·23선언〉에 포함된 "남북한 동시 유엔가입을 반대하지 않는다"는 내용에 대해 장준하가 반대한 이유는 동시가입이 "남과 북이 유엔을 통해서 합법화하자는 논리로 빠져 들어갈 위험"이 있기 때문에 분단체제를 고착화시킬 계기가 될 수 있다는 점과 함께, 자주성의 측면에서 "조국분단을 통일하는 길은 조국의 분단을 국제적으로 보장받는 일을 전적으로 거부하는데서 출발해야 한다"고 생각했기 때문이다. 장준하. 1973. "민족외교의 나아갈 길." 『씨을의 소리』 제28호, 23. 이상록(2010a), 145, 각주 256에서 재인용.
39) 함석헌. 1972. "민족통합의 길." 『씨을의 소리』 제12호, 34; 이상록. 2010b. "함석헌의 민중 인식과 민주주의론." 『사학연구』 97, 184.

일로 갈라진 민족이 하나가 되는 것이며, 그것이 민족사의 전진이라면 당연히 모든 가치 있는 것들은 그 속에 실현될 것이다. 공산주의는 물론 민주주의, 평등, 자유, 번영, 복지 이 모든 것에 이르기까지 통일과 대립하는 개념인 동안은 진정한 실체를 획득할 수 없다…"[40]

"…우리는 이제까지 정치적 자유의 확보를 위해 싸웠다. 정치적 자유는 그 자체도 기본적인 것이지만 보다 큰 민족적 자유를 확보하기 위한 수단이기에 더욱 중요한 것이다. 오늘 민족적 자유가 현실적으로는 확대되고 있음을 인정 안 할 도리가 없다. 다만 그 과정, 그 방법에서 정치적 자유의 억압으로 민족적 참여가 실현되지 못했다. 하지만 이제 그 과정을 탓함에 그칠 것이 아니라 적어도 집권자에 의해 확대된 만큼의 민족적 자유를 민족 전체가 향유할 정치적 자유가 확보되어야 함을 주장해야 할 것이다. 당연히 이를 위한 법적인 또는 현실적 제 조치가 단행되어야 한다. 왜냐하면 민족 전체에게 확보되지 못한 민족적 자유란 민족 전체에게는 새로운 외압이며 따라서 이것은 말만 있고 실체가 없는 자유이기 때문이다…"[41]

1972년 10월 유신체제의 등장으로 박정희의 유신정권에 대한 공개적 저항운동은 급격히 축소되었다. 그럼에도 불구하고 지식인, 종교인과 대학생들을 중심으로 명맥을 이어간 유신체제 하에서의 저항운동은 기본적으로 반독재 운동의 성격을 유지하고 있었으나, 더욱 확대된 탄압과 격렬해진 저항의 상호작용으로 말미암아 지배권력과 저항세력 가운데 하나는 살아남고 하나는 패배하고 마는 영합게임(zero-sum game)의 형태로 진행되었다.[42]

---

40) 장준하(1972), 54.
41) 장준하(1972), 58.
42) 박명림(2008), 44-46.

제 2 장
한국 민주주의 담론의 전개과정에 있어서 장준하와 함석헌의 위상

현대 한국정치사 속에서 장준하와 함석헌이 차지하고 있던 위상에 대해서는 재론의 여지가 있을 수 없다. 즉, 장준하와 함석헌은 강력한 논리적, 감성적 호소력을 지닌 정치적 담론과 대중동원을 통해 억압적 권위주의 정권에 저항한 실천적 정치지성들로서, 현대 한국의 민주주의관이 정립되는 과정에서 막대한 영향력을 행사한 것으로 간주된다. 이들은 이미 일제 강점기에 형성되기 시작한 민중민주주의관, 서민중심 민주주의관, 민족주의적 민주주의관을 한국의 이념적 공간에 정착시켰을 뿐만 아니라, 급격한 정치적 전환의 시기에 부각된 수많은 쟁점들과 민주주의의 원리를 적절히 연결시킴으로써 민주주의에 관한 논의가 지적 담론에 머무르지 않고 시민정치참여의 동기와 유인을 제공하는 실천성을 획득하는데 결정적 역할을 수행했다. 현대 한국의 민주화는 비록 절차적 민주화에 한정되어 달성되었으나, 그러한 민주화 과정은 이들의 민주주의 담론에 힘입어 형성된 시민의 정치적 자아의식과 정치참여의지의 확산으로부터 추동력을 획득해 온 것이다. 즉, 장준하와 함석헌은 문지영이 정치적 저항운동에 있어서 비판적 지식인의 기능으로 제시한 "저항을 직접 조직하고 주동하는 실천적 기능"과 "지배권력의 부조리 및 현실의 문제점을 부각시키고 대안을 제시하는 담론형성 기능"[1] 등 두 가지 기능을 동시에 성공적으로 수행한 대표적 정치지성들이며, 그러한 측면에서 현대 한국의 정치지형을 폐쇄적 권력배분구도로부터 개방적이자 다원적인 구도로 바꾸는데 요구되는 지적 자원을 끊임없이 제공했다고 말할 수 있다.

물론 장준하와 함석헌의 민주주의 담론은 일관된 민주주의관을 반영하고 있지 않다. 담론과정에서 다양한 민주주의관이 현실정치적 필요에 따라 수시로 대체되었기 때문이다. 이들은 이념으로서의 민주주의관, 정치적 절차로서의 민주주의관을 담론의 대상과 초점에 상응해 선택적으로 적용함으로써 민주주의 개념의 지칭성을 지속적으로 조율해 나갔으며, 그로 인해 민주주의의 현대 한국적 변용을 유도한 장본인들이라고 볼 수 있다. 물론 이러한 민주주의 개념의 변용은 국가주도 근대화의 폐해나 반공 이데올로기에 따른 사상의 자유 억압 등 현실정치적 쟁점들을 해결하기 위한 대안을 제시하는 과정에서 이루어진 것이었으며, 이들이 지향한 궁극적 목표는 억압적 권위주의 정권의 해체를 통한 자유민주주의 정치질서의 확립이었음이 분명하다. 따라서 한국 민주주의 담론의 전개과정에서 장준하와 함석헌이 갖는 의미는 민주주의 담론의 성격을 이념적·절차적 원리에 대한 계몽적 담론으로부터 지극히 현실적인 쟁점중심 담론으로 변화시켰다는 데에서 찾을 수 있다. 바꾸어 말해서, 이들은 민주주의 담론의 외연을 대폭적으로 확장시켰던 것이다.

---

[1] 문지영. 2006b. "1970년대 민주화운동 이념 연구: 함석헌의 저항담론을 중심으로." 『社會科學論集』 37:1, 3.

물론 개화기의 민주주의 담론 역시 군주제의 개혁이라는 지극히 현실적인 쟁점에 맞추어 이루어졌던 것이 사실이다. 그러나 개화기 담론은 앞서 논의한 바와 같이 민주주의 이념과 정치기제 일부에 대한 유가적 해석을 중심으로 전개되었기 때문에 순수한 민주주의 담론으로 규정하기 어려울 뿐만 아니라, 군주제를 개혁하기 위한 담론에 부수된 계몽적이자 제안적 담론의 성격을 벗어나지 못했기 때문에 현대 한국의 민주주의 담론에 비해 말 그대로 '민주성'과 실천성이 크게 떨어진다고 볼 수 있다. 따라서 한국의 민주주의 담론은 현대 한국의 정치지형 속에서 장준하와 함석헌의 담론에 의해 비로소 본연의 민주성을 얻게 되었으며, 정치적 현실과의 연계성이 커지고 실천성이 확보됨으로써 정치적 전환과 변동의 추동력을 발휘하게 되었다고 평가할 수 있다.

제 3 장
『사상계』를 통해 본 장준하의 민주주의: 경험과학적 내용분석

1. 기존 연구의 시각과 맥락

　장준하는 독립과 분단, 그리고 전쟁이 야기한 정치사회적 혼란이 가중되고 있는 상황 속에서 『사상계』를 통해 이승만과 박정희 권위주의 정권을 신랄히 비판하는 가운데 민주주의의 정치적 원리와 가치를 대중들에게 알리려 진력했으며, 이러한 측면에서 1950년대~1960년대에 걸쳐 진행된 초기 민주주의 담론에 지대한 영향력을 행사했다고 말할 수 있다.[1] 즉, 그는 민주주의가 "인류를 복되게 하려는 사상"이며, 민주주의체제는 공산주의체제, 독재체제와 대비되는 정치체제이자 현존하고 있는 최선의 정치체제라 주장했다. 장준하는 또한 민주주의를 민족의 번영과 한국이 근대국가로서 성장하는데 반드시 요구되는 이념적 조건으로 규정하였다.[2]

---

[1] 문지영은 "전쟁으로 전파(全破)된 국민정신을 바로잡고 민족이 가져야 할 사상적 체계 확립의 방안을 연구"한다는 구절이 『사상계』의 전신인 『사상』에 실린 편집후기이므로, 이를 『사상계』의 발간 취지로 보아도 무방하다고 주장한다. 문지영(2012), 240-241.
[2] 이상록(2010a), 57-68; 김대영. 2003. "장준하의 정치평론 연구(2): 장준하의 정치평론에 나타난 민주주의." 『한국정치연구』 12:2, 162.

김대영은 『사상계』에 투영된 장준하의 민주주의관을 ①민권, ②민의, ③법치 등 세 가지 측면에서 논의하고 있다. 그에 따르면, 우선 장준하는 민주주의의 가장 중요한 요소로서 주권자인 국민의 "민권"을 들고 있다.[3] 즉, 고통 받고 억압 받는 "백성"의 민권을 위협하고 유린하는 특권계층에 대한 저항을 민주주의의 실천적 규범으로 내세웠다는 것이다. 장준하에게 있어서 특권계급은 역사적으로 조선시대 이래 나라의 존망을 위태롭게 하는 존재이며, 한반도의 분단 상황을 "권력 장악을 위한 조건으로 이용"하여 제 이익만을 추구하는 매국노와 같은 존재이자 권력을 유지하기 위하여 국민을 억압하는 반민주주의자였던 것이다.[4] 다음은 『사상계』 제47호(1957. 6)에 게재된 장준하의 「권두언: 우리는 특권계급의 밥이 아니다」의 일부를 발췌한 것이다.

> "…이씨왕조를 도멸(倒滅)로 이끈 자 누구였던 가? 모략과 파쟁과 가렴주구(苛斂誅求)를 일삼아 사복을 채우고 자존망대(自尊妄大)와 자가도취(自家陶醉)를 일삼던 특권계급이었다…진실로 이들 파렴치한 무리의 행패를 없이하기 전에는 민주주의도 번영도 있을 수 없을 뿐 아니라 나라 자체의 명맥이 끊어질 염려가 있다…"

김대영은 또한 장준하가 당시 현실정치의 장 속에서 민의가 제대로 실현되지 못하는 이유로서 특권계급에 의한 강압과 민의의 왜곡뿐만 아니라 권력에 굴종하는 우리 국민의 노예적 습성을 지적하며 민중 스스로의 각성을 강조했다는 점에 착안, 민권과 함께 "민의"를 민주주의의 중요한 구

---

3) 장준하. 1967. "머리를 숙이라 민권 앞에." 『사상계』 제174호.
4) 김대영(2003), 162-163.

성요소로 간주했다고 주장한다. 즉, 장준하가 특권계급에 맞서 민권을 확립할 주체로서 민중의 역할에 주목했으며, 민권을 확보하기 위해서는 민중의 투쟁이 필요하다고 인식했다는 것이다. "여하한 정당에게도, 정권에게도 대결하여 민중과 더불어 싸우겠노라"라는 문구에 잘 드러나듯이,5) 민권은 어디까지나 민중의 투쟁을 통해 쟁취할 수 있는 것이며, 이러한 투쟁은 민의가 깨어 있어야 가능하다는 것이다.

마지막으로 김대영은 장준하가 민권, 민의와 더불어 "법치"를 또 다른 민주주의의 핵심 원리로 간주했다고 주장한다. 민주주의는 법치를 통해 구현될 수 있으나 이 역시 민권과 민의를 반영한 민주적인 법일 때 존중되고 준수될 수 있을 뿐이지, 특권계급의 이익을 대변하는 반민주적 법까지 무조건적으로 준수할 필요는 없다는 것이다. 즉, 법질서의 확립이 중요하지만 이 경우 법은 국민 대다수의 공공이익에 기반을 둔 사회정의의 구현이 가능한 법에 한하며, 민의를 거스른 반민주적인 법은 개정하고 폐지할 수 있다고 보았던 것이다.

한편 문지영은 장준하의 민주주의 인식에 국민주권, 국민의사의 지고성, 대의민주주의 하에서 국민의 의사에 반하는 정권에 대한 위임 철회, 곧 저항권이 반영되어 있다고 주장한다. 즉, 장준하는 이러한 민주주의관을 바탕으로 이승만의 일인지배체제를 비판하고, 민중의 자유, 민권의 쟁취수단으로서의 저항의 필요성을 역설했다는 것이다.6) 문지영은 이와 더불어 장준하가 법치주의와 정당정치, 다수결의 원칙 등 절차적 민주주의의 중요성을 강조했다는 점을 지적하면서,7) 장준하의 민주주의 담론은 이

---

5) 장준하. 1960. "권두언: 민권전선의 용사들이여 편히 쉬시라." 『사상계』 제82호.
6) 문지영(2012), 241-243.
7) 이는 장준하를 포함하여 당시의 정치지성들이 근대 민족독립국가 형성기에 미군정의 영

승만 독재정권에 대한 비판을 넘어서서 독재를 청산한 이후 새로 수립할 정부의 나아갈 길을 제시한 것이기도 했다고 주장한다. 그러나 장준하는 개인의 자유보다는 민중과 민족의 자유를 중시했을 뿐만 아니라 경제적 측면에서도 개인들 간의 자유경쟁보다 균등과 복지를 옹호하고 있는데, 이는 그가 민주주의를 "억압적인 외세와 독재정권에 맞서는 민중의 정치적 자유와 그를 기반으로 하는 민족의 자유…그리고 구성원들 간의 동질성 확보나 민족전체의 복리와 관련해" 이해했기 때문이라는 것이다.[8] 바로 이러한 측면에서 일반대중의 민주의식 고취에 진력한 『사상계』는 4월 학생혁명과 그 이후 전개된 일련의 반정권, 반체제 저항운동 과정에 지대한 영향력을 미쳤다고 말할 수 있다.

이상록 역시 김대영, 문지영과 마찬가지로 장준하가 국민주권, 국민의 의사에 따른 동의와 같은 민주주의의 이념적 지향성을 강조했으며, 이와 더불어 정치제도와 과정을 중시하는 절차적 민주주의의 정상화를 민주주의의 회복으로 보았다고 주장한다.[9] 즉, 그는 장준하의 민주주의는 어디까지나 자유민주주의였으며, 이는 당시의 냉전 국제질서 하에서 공산주의에 맞서 강한 국가로서의 대한민국을 "재건"해야 한다는 강한 열망의 소산이었다고 지적한다.[10] 또한 그는 장준하의 민주주의 인식 가운데 "평등"

향력으로 인하여 미국의 자본주의적 지배패권을 위한 자유민주주의를 민주주의의 이상형으로 받아들였으며, 결과적으로 민주주의를 절차적 민주주의로 인식하고 있었다고 주장한 이상록(2010a), 박찬표(2007)의 견해와 일치한다.

8) 문지영(2012), 243-248.
9) 이상록(2010a), 56-65.
10) 그는 이러한 자유민주주의는 미 군정기를 거쳐 대한민국의 수립 시기에 정착되었다고 본다. 문지영(2012), 22. 역시 정부수립과 함께 자유민주주의가 제도화되었다고 주장한다. 장준하는 "민주주의의 완성이 아니라 민주주의를 지향하는 열의 그 자체"가 중요하다고 언급하고 있다. 장준하. 1956. "권두언: 민주주의의 재확인." 『사상계』 제34호.

에 주목하여, 장준하가 개인의 자유보다 민족이나 국가 전체의 자유를 중시한 것은 국민전체의 번영과 국민생활의 안정을 위해서는 균등한 부의 분배가 가능한 복지국가가 요구된다고 보았기 때문이라 주장한다. 그러나 그는 이러한 장준하의 민주주의 인식은 자유민주주의 사회를 국민의 복지와 민족의 번영을 위해 요구되는 이상적 사회로 간주하고 있을 뿐, 자유민주주의 그 자체에 내재되어 있는 자유와 평등 사이의 모순을 인식하지 못했고, 바로 그러한 인식 때문에 한국사회에서 자유민주주의가 제대로 운영되지 못하는 이유를 지배계급의 자유에 대한 억압으로만 인지했다고 비판한다. 또한 그는 장준하의 민권 개념 속에 엘리트주의와 계몽주의적 인식이 깔려 있다고 보았다. 인민을 정치적 주체로 상정하면서도 민주주의를 "인민의 정치"가 아닌 "엘리트가 인민을 지도하는 정치"로 격하시켰다는 것이다.[11]

2. 경험과학적 내용분석

다양한 영역에 걸친 정치지성들로 구성된 『사상계』의 필진에 의한 대중계몽과 저항은 4·19 학생혁명과 이승만 대통령의 하야를 이끌어낸 대중시위의 핵심적 촉발인자 가운데 하나로 작용했다고 볼 수 있을 것이다. 또한 이들은 5·16 군사 쿠데타를 통해 박정희의 군부권위주의 정권이 출범하자 권력구도의 변화에 신속하게 대응해 비판과 저항의 맥락을 조정해 나가는 모습을 보였다. 이러한 변화의 추이와 양상을 『사상계』에 게재된 장준하의 저술에 대한 내용분석을 통해 추적해 보기로 한다. 분석대상으

---

[11] 이상록(2010a), 238.

로 선정된 총 9편의 문헌표본은 아래 〈표 5〉와 같다.[12]

〈표 5〉 분석대상 문헌표본

제1기 (1953 ~ 1958)	권두언: 민주주의의 재확인	『사상계』 제34호 (1956. 5)
	권두언: 나라의 주인은 백성이다	『사상계』 제63호 (1958. 10)
	권두언: 민주정치의 확립을 위하여	『사상계』 제64호 (1958. 11)
제2기 (1959 ~ 1962)	권두언: 행정수뇌들과 입법자들을 향하여	『사상계』 제70호 (1959. 5)
	권두언: 민권전선의 용사들이여 편히 쉬시라	『사상계』 제82호 (1960. 5)
	권두언: 또 다시 우리의 향방을 천명하면서	『사상계』 제83호 (1960. 6)
제3기 (1963 ~ 1967)	권두언: 누가 우리를 기만하고 있는가?	『사상계』 제127호(1963. 11)
	법의 정신과 질서	『사상계』 제153호(1965. 11)
	머리를 숙이라 민권 앞에	『사상계』 제174호(1967. 10)

이러한 문헌표본을 해체하여 장준하가 민주주의 담론을 전개한 주요 맥락의 전반적 구조를 탐색하고, 더 나아가 각 맥락의 상대적 중요성을 평가해 보기로 한다.

---

[12] 본 연구의 분석대상 저술은 기존 연구자들이 장준하의 민주주의 담론에 관한 논의의 과정에서 주로 사용하였던 저술들을 중심으로 선정하였음을 미리 밝혀둔다. 『사상계』 권두언은 장준하가 직접 쓰거나, 주간이나 편집위원이 장준하의 의도에 따라 대리집필하기도 하였는데, 정국의 중요한 사안의 경우에는 권두언을 직접 쓰고 반드시 장준하라는 필자를 밝혔다. 1955년부터 1950년대 말까지는 직접 이름을 밝히고 썼으나, 1960년대에는 무기명으로 대리 집필하는 경우도 간혹 있었다. 그러나 1960년대 5·16군사정권에 대해 강력하게 저항하던 상황에서는 주간이나 편집위원이 집필하더라도 장준하의 이름으로 게재한 경우도 없지 않았다. 그러나 1965년 겨울부터는 거의 편집부장이 집필하고 이름을 밝히지 않고 게재하였다. 김삼웅(2009), 380-381.

1) 범주정의[13]

내용분석의 첫 단계로서, 앞서 요약해 본 기존 연구를 바탕으로 『사상계』에 게재된 글에 반영된 장준하의 민주주의관이 전개된 맥락을 상정한 후, 그에 따라 일반사전의 범주를 구축해 각 범주에 포함된 단어, 구 등 분석단위를 중심으로 맥락의 총체적 구조를 파악해 보기로 한다. 즉, ≪체제의 정치적 정향≫, ≪이념적 기반≫, ≪정치제도와 절차≫, ≪정치체제의 자주성≫, 그리고 ≪정치권력의 정당성≫ 등 5개 범주를 설정하고, 이들 가운데 ≪정치권력의 정당성≫은 다시 권력행사의 〈주체〉, 〈행사방식〉, 그리고 〈저항과 투쟁〉의 3개 맥락으로 재분류하여 총 7개의 맥락을 설정한다. 이와 같은 7개 맥락을 중심으로 일반사전을 아래와 같이 작성한 다음, 이를 ①계몽적 민주주의 시기, ②저항적 민주주의 시기, ③투쟁적 민주주의 시기 등 세 시기로 구분해 각 시기별 맥락의 상대적 중요성 및 특성을 도출해 보기로 한다.

〈표 6〉 일반사전: 7개 맥락별 범주정의

개념	맥락	범주정의-단위(단어, 구)
민주주의	체제의 정치적 정향	민주주의, 민주주의 국가, 민주주의 사회, 복지사회통일, 민생안정 등 민주주의체제의 정치적 정향과 연관된 용어
	이념적 기반	- 국민: 국민, 주권자, 주권, 민, 민중, 백성, 시민, 인민 등 - 자유: 자유, 언론의 자유 등 - 평등: 평등, 만민균활 등 - 의사: 국민의사, 동의, 주권자의 의사 - 기타: 국민자치, 인간의 존엄성, 권리 등 민주주의의 이념적 기반에 관련된 용어

[13] 범주정의에 따른 용어의 선정 과정에서 의미가 분명치 않거나 다의적인 의미를 가진 용어들은 의미의 명확성을 확보하기 위하여 소거하였음을 밝혀둔다.

정치제도와 절차		- 선거: 선거, 후보, 선거구, 지지표, 투표수 등 - 정당: 정당, 양당정치, 복수정당, 야당 등 - 입법부: 입법부, 의회, 의회정치 - 행정부: 행정부, 공무원, 정책, 등 - 법: 법, 법률, 입법, 법질서 등 - 절차: 원칙, 협동, 민주적, 다수, 절대다수, 공명정대 등 - 기타: 매스 미디어, 사회단체, 여론 등 민주적 정치제도 및 절차와 연관된 용어
정치체제의 자주성		민족, 민족주의, 자주성, 주체성 등 정치체제의 자주성과 관련되는 용어
정치권력의 정당성	주체	최고 권력자, 집권자, 집권당, 권병, 법병, 국병, 관 등 정치권력을 행사하는 주체와 연관된 용어
	행사 방식	군림, 특권, 방해, 훼손, 부정한 영달, 그늘, 사리도모, 부정의의 술수, 침범(2), 반민주주의적, 야욕, 위협, 박탈, 유린, 간섭, 강제적, 폭른 등 정치권력 주체의 권력 행사방식과 관련된 용어
	저항/ 투쟁	타도, 투쟁, 배격, 요구, 폭동, 혁명, 사과, 공격, 정권교체 등 정치권력의 부당한 권력행사에 대한 항거, 저항과 연관된 용어

2) 민주주의 인식의 시기별 양상과 특성

(1) 제1기 (1953~1958): 계몽적 민주주의 시기

제1기를 대상으로 한 내용분석에 사용될 문헌표본은 『사상계』 제34호 (1956년 5월)에 게재된 「권두언: 민주주의의 재확인」, 제63호(1958년 10월)의 「권두언: 나라의 주인은 백성이다」, 그리고 제64호(1958년 11월)의 「권두언: 민주정치의 확립을 위하여」 등 총 3편이다.

〈자료 41〉 워드 클라우드 3-1: 제34호 민주주의의 재확인

 이 시기는 앞서 언급한 바와 같이 자유민주주의의 이념적 기반과 원리, 그리고 정치기제와 절차를 일반대중에게 계몽하려 했던 장준하의 의도가 잘 드러난 시기라고 말할 수 있다. 이는 예시한 제34호 「권두언: 민주주의의 재확인」의 〈워드 클라우드 3-1〉에서 명백히 나타나고 있는데, '민주주의'가 제일 크게 돋보이고, '자유', '국민', '평등'의 순으로 두드러져 보인다. 또한 상위 5위의 빈도를 나타내는 용어를 추출한 분석에서도 같은 양상이 재현되었다. 〈입체원도표 3-1〉 역시 ≪체제의 정치적 정향≫을 나타내는 민주주의에 대

한 언급이 가장 많았고(40.6%), 그 다음으로 ≪이념적 기반≫으로서의 '자유'(25%), '국민'(18.8%), '평등'(9.4%), 그리고 ≪정치제도와 절차≫의 측면에서 '공명정대'(6.2%)의 순으로 언급되었음을 보여준다.

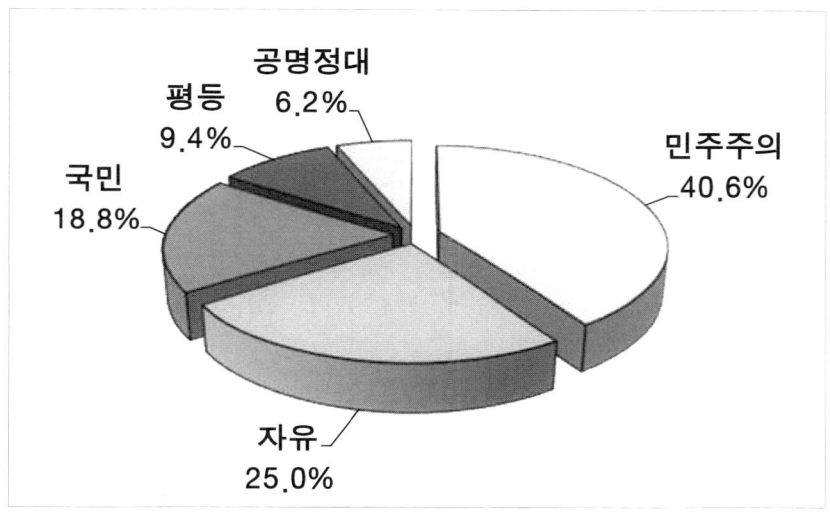

〈자료 42〉 입체원도표 3-1: 제34호 민주주의의 재확인

이를 보다 구체적으로 살펴보면, 제34호(56년 5월호)에는 '국민', '자유', '평등', '(국민의)의사' 등을 포함하는 ≪이념적 기반≫에 대한 언급의 빈도가 가장 높고(34.8%), '특권', '군림', '사리도모', '반민주적', '야욕', '박탈' 등이 포함된 ≪정치권력의 정당성≫-〈행사방식〉(23.2%)〉과 '민주주의', '민주주의 국가' 등 ≪체제의 정치적 정향≫(18.8%)에 관한 견해가 뒤따르고 있다. 이러한 용어의 빈도분포는 이 표본(제34호)을 통해 이루어진 장준하의 담론이 민주주의를 자유와 평등을 핵심적 원리로 삼고 있는 정치 이데올로기로 규정했음을 보여준다(이념적 기반 34.8%). 즉, 장준하는 이 표본 속에서 정치권력의 행사는 어디까지나 자유와 평등이라는 민주주의

의 이념적 원리에 따라 이루어질 때 비로소 정당성을 인정받을 수 있으며 (정치권력의 정당성 23.2%), 그렇게 하기 위해서는 우선 정치체제의 민주성을 확보해야 한다는 것을 강조하고 있다(체제의 정치적 정향 18.8%).

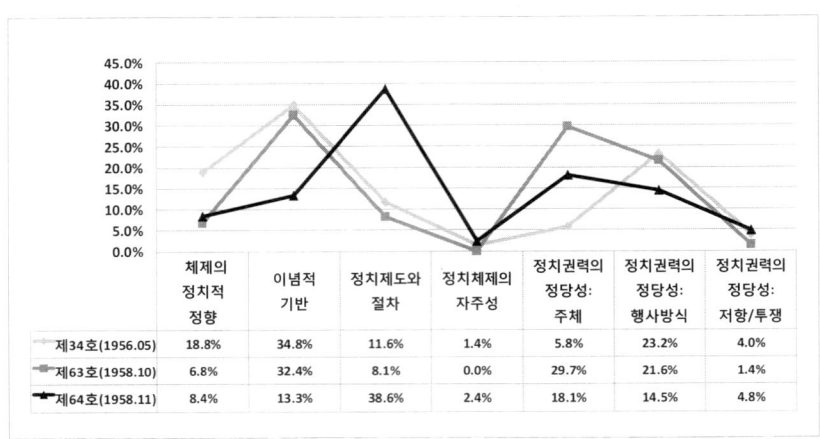

〈자료 43〉 계몽적 민주주의 시기

요컨대 장준하의 민주주의관, '이념으로서의 민주주의관'은 정치권력의 정당성과 체제의 이념적 지향이라는 두 가지 측면에서 제시된 것이다. 그는 이러한 이념적 계몽담론을 통해 이른바 '사사오입 개헌'과 부정선거를 통해 재집권에 성공한 이승만 정권을 정당성을 상실한 정권으로 규정하여 대중저항의 필요성을 역설했다고 볼 수 있다.

제63호의 경우에는 제34호와 마찬가지로 ≪이념적 기반≫에 대한 언급이 32.4%로써 가장 빈도가 높지만, ≪정치권력의 정당성≫-〈주체〉에 포함된 용어인 '지배층', '특권계급', '독재자', '관권' 등에 대한 언급 역시 상대적으로 많이 나타나고 있다(29.7%). 이는 장준하가 이승만 독재로 인해 민주주의 정치질서의 이념적 기반이 심각하게 훼손되고 있는 정치적 현실, 특권계급의 권력독점으로 인해 정치권력의 정당성이 상실되고 있는 현상을 국민에게 명확히 보여주려 시도했기 때문인 것으로 파악된다. 따라서 이 표본에 반영된 장준하의 민주주의는 제34호의 경우와 마찬가지로 이념으로서의 민주주의라고 말할 수 있다.

마지막으로 제64호의 경우에는 앞의 두 권두언들과 달리 ≪정치제도와 절차≫에 대한 언급이 상대적으로 많이 나타났으며(38.6%), 다음으로는 ≪정치권력의 정당성≫ 범주에서 〈주체〉(18.1%)에 대한 언급의 빈도가 〈행사방식〉(14.5%)에 관한 언급의 빈도를 근소하게 넘어서고 있다. 이 권두언이 쓰인 시기가 정부수립 이후 10년이 지난 시점임을 고려할 때, 이러한 용어의 빈도분포 양상은 장준하가 민주주의 정치체제가 1948년 헌법에 기초하여 구축된 정치질서에 따라 정상적으로 운영되기를 기대하고 있었으나, 그러한 절차적 민주주의마저 정치권력에 의해 훼손되는 현실을 개탄하며 이를 바로잡아야 함을 역설하려 했기 때문이라고 말할 수 있다. 따라서 이 표본에 반영된 장준하의 민주주의관은 절차적 민주주의관이라고 말할 수 있다.

특히 이 표본에 대한 내용분석은 장준하의 민주주의가 현실정치의 변화양상에 따라 이념으로서의 민주주의와 절차로서의 민주주의를 오가는 민주주의, 지칭상의 유연성과 상황종속성을 지닌 민주주의였다는 ≪근현대 한국지성사대계 총서≫ 제1권 제1군 『민주주의와 민주화 Ⅰ: 자주적 근대화와 저항의 담론』의 주장을 뒷받침해 준다. 이처럼 장준하의 민주주의관이 노정한 가변성은 그가 한국정치의 가장 심각한 문제점으로 지적한 불법적·탈법적 권력행사(이념적 훼손)가 민주주의 정치기제의 정당한 운용(절차적 타당성의 확보)을 통해 제거될 수 있으며, 그럼으로써 국민생활의 안정과 복지가 실현될 것으로 믿고 있었기 때문에 나타난 것이라고 볼 수 있다.14) 이러한 장준하의 민주주의 인식은 이후『사상계』의 주 독자층이었던 학생들이 주도한 4·19 학생혁명의 이념적·실천적 기반을 제공한 것으로 평가된다.

(2) 2기 (1959~1962): 저항적 민주주의 시기

    제2기의 내용분석에 사용될 문헌표본은 제70호(1959년 5월)의「권두언: 행정수뇌들과 입법자들을 향하여」, 제82호(1960년 5월)의「권두언: 민권전선의 용사들이여 편히 쉬시라」, 그리고 제83호(1960년 6월)의「권두언: 또 다시 우리의 향방을 천명하면서」등 모두 세 편이다.

    이 시기는 이승만 정권 말기에 해당하는 시기로서, 특히 1958년에 야당, 법조계, 언론계의 강력한 반대에도 불구하고 언론의 자유와 인권보장을 침해하는 〈신국가보안법〉이 국회에서 통과되었다(보안법 개정). 장준하는 〈신국가보안법〉의 강행처리에 대해 제67호(1959년 2월)에 백지 권두언「무엇을 말하랴- 민권을 짓밟는 횡포를 보고」로 맞섰다. 장준하는 또한 제70호의「권두언: 행정수뇌들과 입법자들을 향하여」(1959년 5월)에서는 권력행위의 원천은 주권자인 국민의 뜻에 합치된 법에 놓여 있다고 주장하면서, "행정수뇌자의 가장 긴요하고 절실하며 불가결한 의무는 그의 전 권위의 기초가 되어 있는 법의 준수에 전력을 기울이는 일"이라 천명하며 법치, 양당정치, 정책대결, 다수결과 같은 제도적 절차에 대한 관심을 표명하고 있다. 이러한 그의 입장은 아래 〈워드 클라우드 3-2〉에서도 확인할 수 있다. 즉, '법(률)'15)이 제일 크게 돋보이고, 그 다음으로 '국

---

14) 이상록(2010a), 68-70.

민', 뒤이어 '의사', '행정', '권위', '특권', '집권층', '합일' 등이 발견된다.

〈자료 44〉 워드 클라우드 3-2: 제70호 행정수뇌들과 입법자들을 향하여

이러한 양상은 언급빈도 상위 5개의 용어를 표시하는 〈입체 원도표 3-2〉에서도 동일하게 나타났다. 즉, ≪정치제도와 절차≫를 표상하는 용어인 '법(률)'(47.1%)이 가장 많이 언급되었고, 그 다음으로 ≪이념적 기반≫으

---

15) 원래는 '법'이지만, 워드 클라우드 프로그램이 한 개의 글자로 이루어진 단어를 분석과정에서 배제해 버리기 때문에 연구자가 임의로 '법'을 '법률'로 수정하여 분석하였음을 밝혀둔다.

로서의 국민, 주권, 백성 등의 용어를 포함하는 '국민'(31.4%), 뒤이어 '의사'(7.8%), '행정'(7.8%), '권위'(5.9%)의 순으로 자주 사용되었다.

이러한 용어들의 분포양상으로부터 제2기를 통해 표명된 장준하의 민주주의관은 법치를 강조하는 절차적 민주주의관으로 경도되어 있음을 알 수 있다. 즉, 그는 정치적 권위는 법치, 곧 정치적 절차의 준수로부터 연원한다고 역설하며 국민의 의사에 반하는 불법적 통치행위에 대한 저항의 정당성을 강조하고 있다.

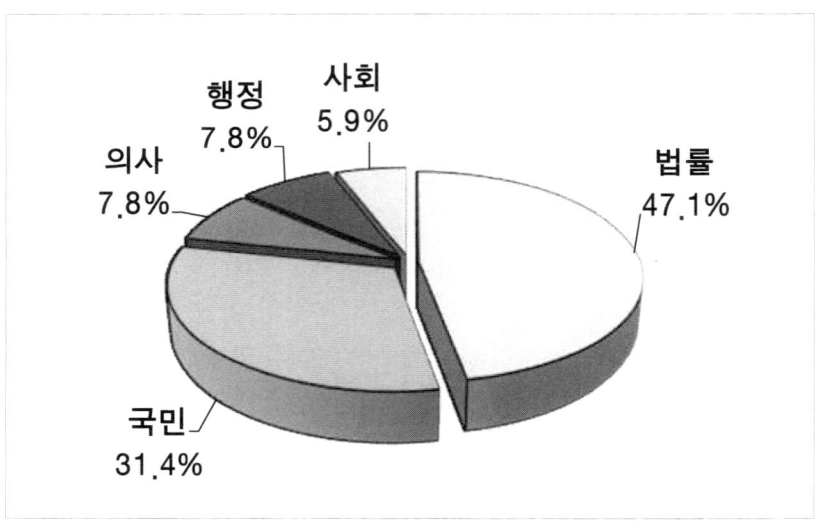

〈자료 45〉 입체 원도표 3-2: 제70호 행정수뇌들과 입법자들을 향하여

이처럼 제2기를 통해 표명된 장준하의 민주주의 인식은 4·19 혁명 이전과 이후로 대비된다. 즉, 혁명 이전에 발간된 제70호(1959년 5월)에서는 〈진보당 사건〉과 〈2·4보안법 파동〉의 여파로 인해 ≪정치제도와 절차≫에 대한 언급이 제일 빈번하게 나타나고 있으며(46.5%), 그 다음으로 ≪이념적 기반≫(26.7%), 뒤이어 ≪정치권력의 정당성≫ 측면에 있어서

〈주체〉(12.8%)와 〈행사방식〉(11.6%)에 대한 언급의 비중이 비슷하게 나타나고 있다. 그러나 혁명 직후 발간된 제82호(60년 5월)의 경우에는 ≪이념적 기반≫(53.1%)에 대한 언급이 가장 현저하게 나타나고 있다. 즉, 4·19 학생혁명 직후라는 시기적 특성상 주로 학생과 지식인들이 자유와 민권을 지키기 위해 독재에 저항한데 고무되어 민주주의의 가치, 이념적 기반에 대한 언급이 주를 이루고 있다. 이에 비해 제83호(60년 6월)의 권두언은 혁명의 성과에 대한 치하와 함께 혁명 이후의 혼란을 틈탄 정치인들의 야욕을 경계하면서, 모든 정치행위는 민주주의의 제도적 장치와 절차 내에서 이루어져야 함을 강조하고 있다. 더불어 만일 이러한 제도적 절차를 따르지 않을 경우에는 언제든 저항할 수 있다는 저항권을 천명하고 있다. 이에 따라 제83호에서는 비록 ≪이념적 기반≫에 대한 언급(29%)이 상대적으로 많기는 하나, ≪정치권력의 정당성≫ 측면 중 〈행사방식〉(19.4%)과 〈저항/투쟁〉(18.3%)에 대한 언급이 그 뒤를 따르고 있다.

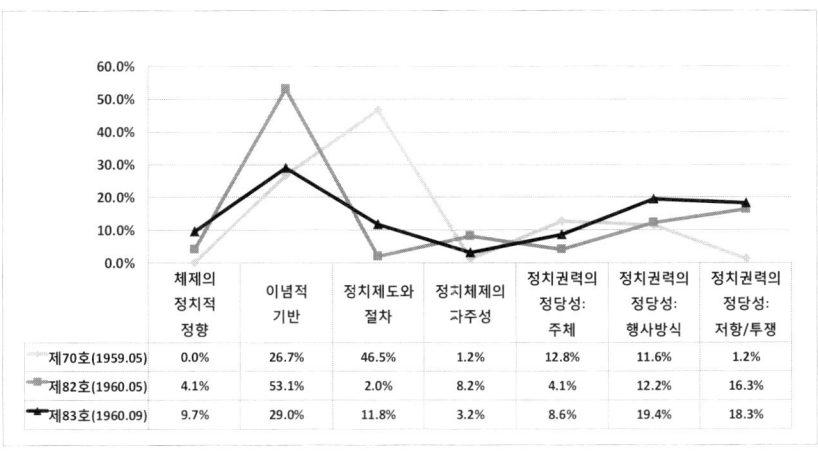

〈자료 46〉 저항적 민주주의 시기

(3) 3기 (1963~1967): 투쟁적 민주주의 시기

1963년에서 1967년까지의 기간은 장준하의 민주주의 인식이 중대한 변화를 겪은 시기라고 볼 수 있다. 즉, 한일협정 반대투쟁을 불법행위로 규정하고 물리적 폭력을 통해 진압하려 한 박정희 정권의 행태를 목도하면서 그의 민주주의 인식에 상당한 변화가 나타난 것으로 판단된다.

〈자료 47〉 워드 클라우드 3-3: 제174호 머리를 숙이라 민권 앞에

보다 구체적으로, 한일협정 반대투쟁 이전에는 법치와 법의 준수, 그리고 절차적 민주주의를 민주국가 건설의 핵심요건으로 간주했던 반면, 반대투쟁

이후에는 아무리 민주적 제도와 절차에 따라 통과된 법이라 하더라도 국민의 기본권을 침해하는 법집행과 권력행사는 결코 정당하지 못하기 때문에 얼마든지 저항할 수 있다고 주장한다. 그는 특히 민권의 확립을 기반으로 한 제도적 정권교체를 언급하며, 야당의원으로서 정권에 대한 투쟁성을 분명히 드러내었다. 이러한 변화양상이 그의 『사상계』 저술에도 반영되고 있는가를 추적하기 위해 제127호(1963년 11월)의 「권두언: 누가 우리를 기만하고 있는가?」, 제153호(1965년 11월)의 「법의 정신과 질서」, 그리고 제174호(1967년 10월)에 게재된 「머리를 숙이라 민권 앞에」 등 세 편의 글을 분석하였다.

장준하의 민주주의 인식이 투쟁적 성격으로 변화되었다는 점은 제174호의 「머리를 숙이라 민권 앞에」에 대한 〈워드 클라우드 3-3〉 분석을 통해 명백히 노정되고 있다. 즉, '민권'이라는 용어가 가장 크게 돋보이고 있고, 그 다음으로 '선거', '민주주의', '야당', '투쟁'의 순으로 두드러져 보이며, '집권당', '정권교체', '국회'와 같은 용어 역시 발견된다.

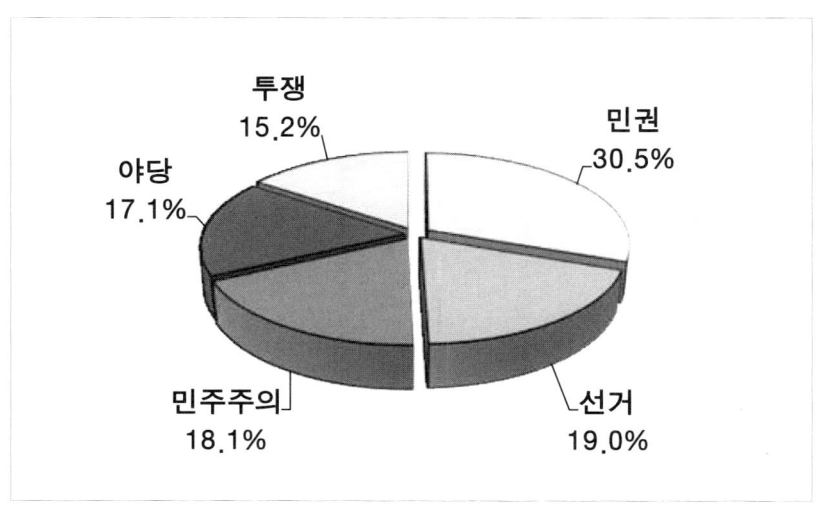

〈자료 48〉 입체 원도표 3-3: 제174호 머리를 숙이라 민권 앞에

이러한 양상은 〈입체 원도표 3-3〉에서도 동일하게 나타나고 있다. 민주주의의 ≪이념적 기반≫을 표상하는 '민권'에 대한 언급의 비율이 30.5%로 가장 높았으며, 그 다음으로 ≪정치제도와 절차≫로서의 '선거'(19%)와 '야당'(17.1%)에 대한 언급과 ≪체제의 정치적 정향≫을 나타내는 '민주주의'가 18.1%, ≪정치권력의 정당성≫ 범주 가운데 〈저항/투쟁〉에 속한 '투쟁'이 15.2%의 순으로 언급되고 있다. 이 가운데 특이한 것은 여타 저술에서는 크게 눈에 띠지 않던 정치적 요구와 투쟁, 정권교체 등을 나타내는 '투쟁'이라는 용어가 상대적으로 많이 언급되고 있다는 점이다.

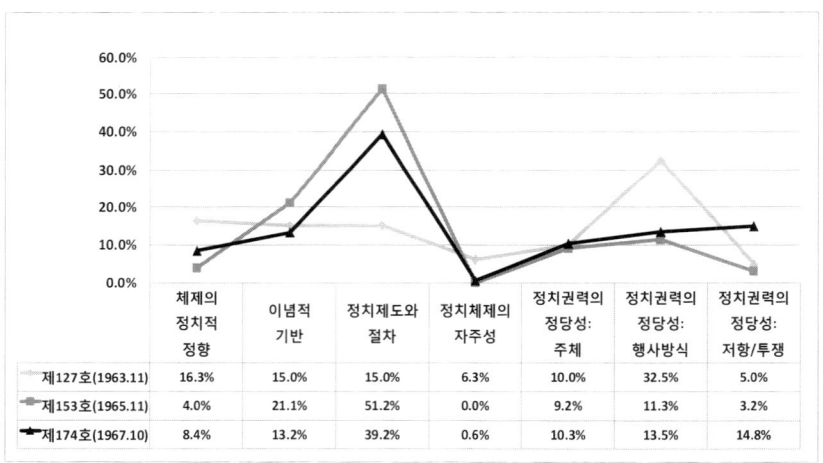

〈자료 49〉 투쟁적 민주주의 시기

이를 보다 상세히 살펴보면, 1963년 11월에 발간된 제127호의 「권두언: 누가 우리를 기만하고 있는가?」는 민정이양 약속을 파기하고 군정을 연장했던 박정희가 민간인 신분으로 대통령 선거에서 당선된 이후에 작성된 것으로서, ≪정치권력의 정당성≫ 범주의 하위 카테고리인 〈행사방식〉 대한 언급이 32.5%를 차지하고 있으며, '민주즈의', '민주정치', '공화국', '대의 민주정치' 등 ≪체제의 정치적 정향≫(16.3%)이 그 뒤를 따르고 있다. 이어 '국민', '국민의사', '국민자치', '인간의 존엄성' 등 ≪이념적 기반≫(15%)과 '선거', '투표', '공약'과 같은 ≪정치제도와 절차≫가 동일한 빈도(15%)로 언급되고 있음을 알 수 있다. 이는 박정희가 민간인 신분으로 선거라는 제도적 장치를 통해 대통령에 당선됨으로써 절차적 정당성이 더 이상 중요한 사안으로 부각될 수 없었다는 이상록[16]의 주장과 일치하는 결과이다.

다음으로 제153호(1965년 11월)에 게재된 「법의 정신과 질서」에서는 '법', '법질서', '사법', '다수의석' 등 ≪정치제도와 절차≫에 대한 언급이 51.2%로 가장 많이 나타났으며, '국민', '주권', '언론의 자유', '평등', '정의' 등의 ≪이념적 기반≫이 두 번째로 많이 언급되었다(21.1%). 다음으로 '폭력', '강제력', '파괴', '엄중처벌', '계엄령'과 같은 ≪정치권력의 정당성≫ 측면에서 〈행사방식〉(11.3%), '군', '검찰', '경찰', '법관', '군정' 등 권력행사의 〈주체〉에 대한 언급(9.2%)이 뒤따르고 있다. 이는 국민의 기본권을 침해하는 법제정과 권력기관의 자의적 법집행에 대한 경고로 보인다.

제174호(1967년 10월)의 「머리를 숙이라 민권 앞에」는 장준하가 옥중 출마하여 당선된 6·8 부정선거 이후에 쓰인 것이다. 즉, 이 글이 쓰인 1967년은 재집권에 성공한 박정희 정권이 6월 8일 실시된 국회의원 선거에서 공개투표, 대리투표, 무더기 투표, 개표 등과 같은 광범위한 부정행위를 자행하자 신민당을 필두로 한 야권이 이를 부정선거로 규정하고 규탄투쟁에 돌입한 시기였다. 부정선거에 대한 책임추궁으로 공화당 의원 6명을 당에서 제명하고 관련 공무원을 파면하는 선에서 마무리 되자, 장준

---

16) 이상록(2010a), 106.

하는 부정선거는 국민의 기본권을 유린하는 행위이며 민주주의의 절차적 공정성을 훼손하는 정치권력은 독재권력이라 규정하고, 독재정권을 무너뜨리고 민주주의를 정상화시키기 위해서는 민권의 확립이 필수적이라 주장하게 된다.

이러한 상황 하에서 작성된 권두언 「머리를 숙이라 민권 앞에」에는 '선거', '유권자', '후보', '정당', '야당', '의회' 등 ≪정치제도와 절차≫에 대한 언급이 39.2%로 가장 많이 나타나고 있으며, 다음으로 '요구', '투쟁', '정권교체', '혈로', '쟁취', '초토화' 등과 같은 ≪정치권력의 정당성≫의 하위범주 〈저항/투쟁〉에 대한 언급이 14.8%, '집권당', '집권자', '공화당', '박정권', '독재자' 정치권력의 〈주체〉에 대한 언급이 13.5%였다. 또한 '민권', '국민', '민주' 등의 ≪이념적 기반≫에 대한 언급 역시 13.2%를 차지하고 있다. 요컨대 세 편의 저술 중 한일회담 이후에 발간된 제153호와 제174호에 게재된 두 편의 글에는 ≪정치제도와 절차≫에 대한 언급이 가장 많았고, 한일협정 이전에 발간된 제127호 권두언의 경우에는 정치권력의 〈행사방식〉에 대한 언급의 빈도가 높게 나타났다. 또한 제174호의 글은 세 편의 문헌표본 가운데 정당성을 상실한 정치권력에 대한 〈저항/투쟁〉의 빈도가 상대적으로 높게 나타난 표본이다. 제3기에 이르러 장준하의 민주주의가 본격적인 저항 민주주의의 성격을 노정하게 된 것이다.

3. 장준하의 민주주의 인식구도: 구조적 특성과 맥락의 시기별 중요성

1956년으로부터 1967년까지 『사상계』에 게재된 9편의 글을 대상으로 한 내용분석 결과를 기반으로 장준하의 민주주의 인식이 노정한 시기별 양상과 특성, 그리고 그러한 인식을 구성하고 있는 맥락의 상대적 중요성을 비교, 검토하여 그의 민주주의관을 추적해 보면 아래와 같다.

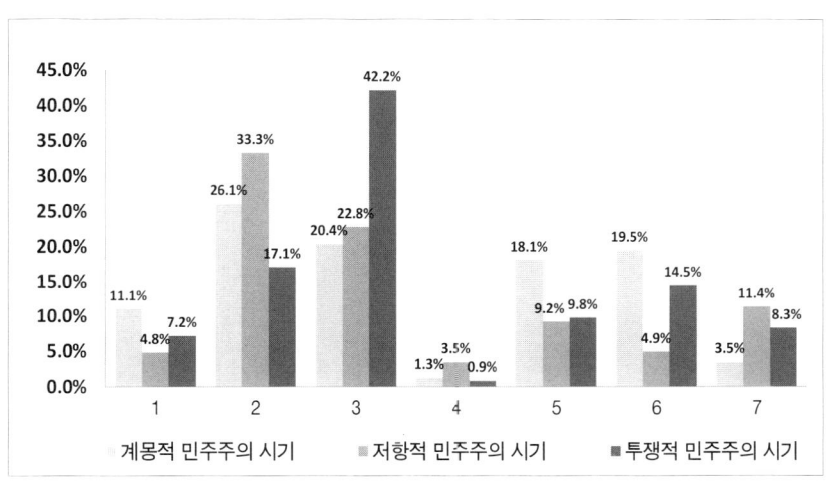

〈자료 50〉 시기별 민주주의 맥락의 양상

우선 계몽적 민주주의 시기(제1기)는 ≪이념적 기반≫에 대해서 가장 많이 언급하고 있지만, 특히 뒤이은 제2기와 제3기에 비해 ≪정치권력의 정당성≫이라는 맥락에서 권력의 〈행사방식〉과 〈주체〉, 그리고 ≪체제의 정치적 정향≫에 대한 언급이 가장 많이 나타나고 있다. 또한 4·19 혁명을 전후한 저항적 민주주의 시기(제2기)에는 ≪이념적 기반≫과 ≪정치권력의 정당성≫ 측면에서 〈저항과 투쟁〉의 언급 빈도가 상대적으로 높음을 알 수 있다. 제2기는 장준하를 필두로 한 『사상계』의 정치적 지성들에 의해 지속적으로 계몽된 대중이 그들의 손으로 이승만 정권을 축출하는 데 성공한 4·19 혁명의 직후 시기였기 때문에, 혁명의 의의와 혁명의 성과에 대한 언급이 주를 이룬 것으로 보인다.

마지막으로 제3기인 투쟁적 민주주의 시기는 ≪정치제도와 절차≫에 대한 언급이 다른 두 시기보다 월등히 높게 나타난 반면, 〈저항과 투쟁〉에 관한 언급의 비율은 제2기(저항적 민주주의 시기)보다 상대적으로 적은 것으로 나타나고 있다. 이는 제2기의 특성상 혁명에 관한 언급이 상대적으로 많을 수밖에 없었기 때문이기도 하지만, 그보다는 민주주의에 대한 장준하의 근본적 인식에 기인하는 것이라 볼 수도 있다. 즉, 그에게 있어서 민주주의는 민족과 겨레의 번영을 위해 반드시 달성해야 할 정치적 좌표인 동시에 절차적 민주주의였다. 따라서 『사상계』에 게재된 저술뿐만 아니라 그의 정치적 행보에도 이러한 신념이 그대로 투영된 것으로 보인다.

요컨대 장준하는 서구적 자유민주주의 이념을 수용하는 가운데 민주주의의 제도적 절차를 엄격히 준수할 것을 강조하며, 정당성을 상실한 권력에 대한 제도권 정치세력, 곧 야당을 통한 저항과 투쟁의 필요성을 역설하고 있다. 따라서 그는 현실정치의 장, 박정희의 권위주의 정권에 대한 저항 과정 속에서 재야세력으로 남기보다는 1967년 이래 야당인 신민당 의원으로서 제도권 내의 투쟁을 모색했던 것으로 판단된다.

제 4 장
『사상계』와 『씨올의 소리』를 통해 본 함석헌의 민주주의: 경험과학적 내용분석

1901년 평안북도 용천에서 출생한 함석헌은 평양고등보통학교 재학 시 일제의 식민지배에 맞서 3·1 독립운동에 참여한 이래, 민족자주와 반공을 기치로 삼아 1989년 타계할 때까지 일생에 걸쳐 억압적 지배권력에 대한 비폭력적 저항을 주장해 온 개혁적·급진적 정치지성이었다.[1] 그는 오산학교에서 얻은 민족의식과 기독교정신, 그리고 일본 동경고등사범학교에서 받은 신식교육을 통해 민족주의, 서양사상과 기독교 사상이 결합된 독창적 사유체계를 정립했다.

함석헌은 현대 한국사회의 지적 공간에 머물지 않고, 격동적 현실정치 속에서 자신의 정치적 신념에 따라 권위주의 정권에 대한 대중의 저항운동을 적극적으로 추동한 실천적 종교사상가, 사회운동가, 교육자, 언론인이

---

[1] 함석헌이 민주화 운동의 이념적 기반으로 제시한 '민족'과 '민중'의 개념은 그의 성장과정에서 형성되었다고 말할 수 있다. 즉, 그는 일제 강점기에 성장했으며, 오산학교 수학시 획득한 민족주의 지향과 평양고등보통학교 시절 3·1운동에 참여했던 경험은 그가 '민중'을 역사의 주체로 설정하는데 결정적 역할을 한 것으로 보인다. 문지영. 2013. "함석헌의 정치사상: 전통과 근대, 동양과 서양의 이분법적 대립을 넘어서." 『민주주의와 인권』 13:1, 58; 이상록(2010b), 149, 157.

자 재야 정치지도자였다. 즉, 그는 이승만의 권위주의 정권 하에서 장준하가 편집인으로 있던『사상계』의 주요 필진으로 활동하였으며,『사상계』가 폐간된 후에는 스스로 창간한『씨올의 소리』를 통해 자신의 입장과 의견을 피력하며 유신독재에 항거하는 민주화 투쟁에 앞장서 왔다.

현대 한국의 민주주의 담론을 추적함에 있어서 함석헌의 담론은 앞서 논의한 장준하의 담론과 더불어 절대적인 중요성을 갖는다.[2] 예로서 이동수는 그를 "민주화에 앞장서 반독재 투쟁을 한 '정치행동가'였을 뿐만 아니라 한국 민주주의의 이론적 토대를 형성한 '정치사상가'"로 규정하고 있으며, 더 나아가 한국정치사에서 보기 드물게 민주주의의 "이론과 실천의 통일"을 지향한 인물로 평가하고 있다.[3] 정지석 역시 그가 "20세기 한국의 대표적인 사상가이면서 동시에 실천적인 종교인이자 사회운동가로서 20세기 후반 한국 지성사에 깊은 영향을 미쳤다"고 평가하고 있다.[4]

1. 기존 연구의 시각과 맥락

1) 민중, 씨올, 그리고 민주주의

함석헌의 민주주의 인식에 있어서 가장 중요한 요소는 '민중'이다.[5] 즉, 그는『씨올의 소리』를 창간한 1970년부터 '민중' 대신 '씨올' 이라는 용어

---

2) 이상록(2010b); 문지영(2013); 이동수. 2002. "함석헌과 정치평론."『한국정치학회보』35:4, 87-105; 정지석. 2006. "함석헌의 민중사상과 민중신학."『신학사상』134, 101-133.

3) 이동수(2002), 87-89.

4) 정지석(2006), 102.

5) 이상록의 연구는 민중에 대한 함석헌의 인식은 해방을 전후하여 변화했다고. 즉, 그는 이미 일제 강점기에 민중을 역사의 주체로 간주하기 시작했지만, 당시에는 민중이 스스로를 정치의 주체로 인식하는 민주의식을 갖고 있지 못했다는 것이다. 이상록(2010b), 188.

를 사용하기 시작했으며, 그 이유를 아래와 같이 밝히고 있다.

"…씨ᄋᆞᆯ이란 말 들었습니까? 처음입니까? 민중이란 말입니다. 이북에선, 인민이라고 하지요. 인민이거나 민중이거나 마찬가지 민(民)인데, 민은 중국말이지 우리말이 아니어서 우리는 그렇게 부르기로 했습니다. 알아두십시오, 정치가들의 버릇이 그렇습니다. 옛날 중국 사람이 자기를 부를 때에 짐(朕)이라 했는데 진시황이란 것이 많은 사람을 죽이고 천하를 제 손아귀에 넣자 사람을 영원히 억누르고 해먹을 심정으로 짐(朕)을 자기만이 쓰고 일반 사람들이 못쓰도록 강제하여 자기는 백성과 다른 거룩하고 높은 존재인 것처럼 만들려 했습니다. 모두 그 식입니다. **민(民)이란** 그저 그런 사람인데 **봉건시대**에는 **신민**이라 하면서 속였고, **민족주의 시대**에는 **국민**이라 하면서 속였고, **공산주의**는 **인민**이라면서, **민주주의는 민중이라면서 속입니다.** 다 정치가와 거기 붙어먹는 학자들의 장난입니다. 나는 그것이 싫어서 아무것도 붙일 수 없는 씨ᄋᆞᆯ이라는 말을 씁니다…"6)

이처럼 그는 민주주의라는 미명 아래 민중을 기만하는 지배계급을 비판하면서 '민주주의'와 '민중'이라는 용어가 악용되는 것을 막기 위해 '씨ᄋᆞᆯ'이라는 용어를 새롭게 고안해 사용한다고 말하고 있다. 박재순은 함석헌이 민중 대신에 '씨ᄋᆞᆯ'이라는 용어를 사용한 이유를 '주체성'에서 찾는다. 즉, 함석헌은 근대화 과정에서 서구문물과 함께 유입된 용어의 무분별한 남용으로 인해 한국인들이 외래 문화권의 정신세계에 무의식적으로 흡수되거나 동화되는 것을 엄중히 경계했다는 것이다.

"…'씨ᄋᆞᆯ'이란 말은 '씨'라는 말과 'ᄋᆞᆯ'이라는 말을 한데 붙인 것입니

---

6) 함석헌. 1971. "동포에게 보내는 편지." 『씨ᄋᆞᆯ의 소리』 제5호.

다. 보통으로 하면 종자라는 뜻입니다…여기서는 빌려서 민(民)의 뜻으로 쓴 것입니다…지금은 민의 시대여서 우리는 늘 민이란 말을 쓰는 경우가 많습니다. 구민, 인민, 민족, 평민, 민권, 민생…입니다. 그런데 거기 맞는 우리말이 없습니다…인(人)은 아무 차별이 없는 사람이지만 민은 이른바 평민, 아무 지위 없는 사람들입니다…민이라는 글자에 벌써 역사·사회가 나타나 있습니다. 벌써 지배·피지배의 관계가 있습니다. 민은 단순한 사람 곧 인이 아닙니다. 정치인이요 사회인입니다. 서양말로 하면 'people'인데 'people'도 역시 'man' 만이 아닙니다…씨울이라 하자느냐? 쉽게 가장 중요한 점을 따져 말해서, **주체성** 때문입니다. 민족주의나 국수주의를 주장하는 것은 아닙니다…말이 말만이 아닙니다. 낱말 하나 밑에 문화의 전 체계가 달려 있습니다…하나하나의 낱말이 문제 아니라 우리말로 해보려는데 의미가 있습니다. 한국말이나 한글만이 살아나는 것 아니라 한국이 살아납니다…허공에 뜬 나무도 없고 허공에 뜬 문화도 없습니다…오늘 우리가 이 꼴인 것은 결코 지능, 소질이 부족해서 아닙니다…문제는 역사적 풍토요 그것을 어떻게 이해하나 하는데 있습니다…국민, 신민 하면서 몇천 년 남의 살림을 살았습니다. 그러는 동안 우리 조상의 피와 뼈가 쌓여서 된 이 땅이 온통 엉겅퀴 찔레 밭이 돼버렸습니다…나는 민족주의는 아닙니다. 세계주의입니다. 하지만 아무리 세계라도 인격없는 역사, 문화는 없을 것입니다…세계의 일원이 되기 위해 나는 나여야 할 것입니다…민은 봉건시대를 표시하지만 씨울은 민주주의 시대를 표시합니다. 아닙니다. 영원한 미래가 거기 압축되어 있습니다…"7)

이러한 주장은 함석헌의 민주주의 담론의 기저에 놓여있는 민중중심적 사고와 '주체성에 입각한 세계성'이라는 그 나름대로의 독특한 근대성의 인식을 보여준다. 즉, 그는 민주주의를 '씨올의 민주주의', 곧 민중중심적 민주주의로 규정했을 뿐만 아니라 "나는 나"로서의 씨올이 지닌 보편성,

---

7) 함석헌. 1970. "씨올." 『씨알의 소리』 창간호.

즉 민족적 주체성에 입각한 근대성과 '세계성'을 반영하는 정치질서로서 간주했던 것이다.

2) 정치적 주체로서의 민중, 전체로서의 민중과 민주주의

함석헌은 민중을 역사를 변혁하고 창조하는 주체로 보았다. 즉, 그는 '민심(民心)이 천심(天心)'이라는 맹자의 관념을 받아들여, 비록 "나라의 주체"는 하늘의 뜻에 따라 정해지지만 "역사의 주인"으로서의 민중의 위상은 "민중의 자각"에 따라 결정된다고 보았다. 즉, 전근대와 근대의 차이는 바로 민중의 자각 여부에 놓여있다는 것이다.[8]

> "…그래서 결국 하늘의 뜻은 **민중 전체**에 나타나는 것을 말해주었습니다. 즉 민중이 그 정치를 받아들이면 곧 하늘이 주시는 증거요, 민중이 받아들이지 않는다면 곧 하늘이 주시지 않은 증거라는 것입니다… 그때나 이제나 나라의 주체는 민중이오. 정치가 달라지는 원인은 민중의 생각이 달라지는 데 있습니다. 그때는 민중이 인간으로서 자각을 하지 못한 때입니다…동적인 근대는 **민중의 자각**으로부터 시작됩니다. 그들은 이제 의식적으로 역사의 주인 노릇을 하기 시작했습니다. 이것이 지금을 옛날과, 사람은 같은 사람이면서도 역사를 질적으로 다르게 하는 정말 혁명입니다…"[9]

박재순의 연구에 따르면, 이러한 함석헌의 민중의식과 사상은 이미 일제 강점기에 형성되었으나, 민주주의 이념과 민주정치의 본질에 대한 시각은 이승만의 권위주의 정권과 박정희의 군부권위주의 정권, 특히 5·16

---

[8] 박재순. 2003. "함석헌의 민주정신." 『씨알의 소리』 통권 제171호.
[9] 함석헌. 1968. "혁명의 철학." 『사상계』 제180호.

군사쿠데타에 맞서는 저항과정 속에서 구체화되었다고 주장한다. 그는 함석헌에게 있어서 민주정치란 정치의 주체이자 역사창조의 주체인 '전체로서의 민중'을 섬기는 것이었다고 본다. 즉, 함석헌은 민중을 역사와 사회의 주체로 인식했으며, 이때 민중은 개인이 아니라 '전체로서의 민중'이었다. 따라서 그는 소수의 지배계급이 대다수의 국민을 억압적으로 지배하는 정치는 '전체'의 탈을 쓴 패권적 집단주의의 정치로서, 민주주의 정치의 기본 원리인 국민주권의 원리를 부정하는 것이라고 비판했다.10)

또한 박재순은 함석헌의 민주정치는 통상적인 '정치'의 개념을 벗어나는 것이라고 본다. 즉, 함석헌은 민주정치를 "민중을 다스리는 것이 아니라, 민중이 정부를 다스리는 것"이라고 주장하며, 국민을 통치의 '대상'이 아니라 '주체'로 간주하고 있다는 것이다.11) 이러한 함석헌의 시각은 그가 쓴 두 편의 글 "인간혁명"과 "민중이 정부를 다스려야 한다" 속에 명백히 반영되어 있다.

> "…이제는 아무리 무식해도 옛날의 우민·우중은 아니다. 스스로 인격적인 자각을 시작한 민중이다…"우리도 사람이다" 하는 그 말 앞에 칼도 돈도 꾀도 소용없다. 이제는 다스리는 것이 정치 아니다…오늘은 스스로 하는 것이 민이요, 스스로 하는 민의 종합행동이 정치다. 꾸미는 것도, 행동하는 것도, 감독하는 것도, 비판하는 것도, 민중 곧 전체의 대중 그 자체다…"12)

> "…정치는 본래 싸움이다. 다스리고 다스림 받음의 관계다. 다스림이란 말부터 틀린 말이다. 정치라면 민중이 제 일이지 남의 다스림을

---

10) 박재순(2003).
11) 박재순. 2012.『함석헌의 철학과 사상』. 파주: 한울 아카데미, 115-116.
12) 함석헌. 2009.『함석헌 저작집 2』. 서울: 한길사, 41.

받을 리가 없다…정부 정치가가 민중을 다스리는 것이 아니라 민중이 정부를 다스려야 한다…"13)

이상록 역시 함석헌의 민주주의관이 나타내는 특징으로서 정치적 주체로서의 민중, 개체가 아닌 전체로서의 민중, 민중이 행하는 자치, 민중의 항거 등 네 가지를 들고 있다. 그에 따르면, 우선 정치적 주체로서의 민중관은 『사상계』 96호(1961년 7월)에 기고한 「5·16을 어떻게 볼까」에 잘 드러나 있다. 5·16 군사쿠데타에 대해 상당한 기대를 가지고 지지했던 『사상계』의 다른 필진들과는 달리, 함석헌은 "혁명은 민중의 것이다, 민중만이 혁명을 할 수 있다, 군인은 혁명 못한다"라고 주장하면서 민중이 중심이 되지 않은 혁명은 혁명이 아니라고 역설했다. 즉, 불의한 권력에 맞서는 정치적 주체로서의 민중을 설정한 함석헌은 민주주의 정치를 단지 민중을 위하는 정치가 아니라 민중이 직접 스스로 행하는 정치, 민중에 의한 정치로 규정했다. 민중을 위한 정치가 아니라 민중에 의한 정치가 바로 민주주의임을 천명한 것이다.

이상록은 또한 함석헌의 민주주의 정치가 단지 민중이 아닌 '전체로서의 민중'에 의한 정치였다고 본다. 즉, 함석헌이 주목하였던 민중은 개개의 인간으로서의 민중이 아니라, 전체로서의 민중이었다는 것이다. 그는 민중을 어떤 모진 고난과 역경 속에서도 끝까지 살아남는 강인한 생명력을 가진 "풀"로 비유하였으며, 개개의 풀보다는 '전체로서의 풀의 힘'을 강조함으로써 개체로서의 민중이 가진 정체성이나 자아는 고려하지 않고 '전체로서의 민중'의 자각을 강조했다고 보았다. 아래 글들은 함석헌이 『사상계』에 게재한 「할말이 있다」(제44호, 1957년 3월)와 「양한재조

---

13) 함석헌. 1963. "민중이 정부를 다스려야 한다." 『사상계』 제120호.

재비일념」(제131호, 1964년 3월), 그리고 『함석헌저작집』 제2권에 수록되어 있는 「지배자와 피지배자」의 일부이다.

"…그러니 나는 아무것도 못되는 사람이다. 그저 사람이다. 민중이다. 민은 민초라니 풀 같은 것이다. 나는 풀이다. 들에 가도 있는 풀, 산에 가도 있는 풀, 동양에도 있는 풀, 서양에도 있는 풀, 옛날에도 있는 풀, 지금도 그 풀, 이담에도 영원히 그 풀일 풀, 어디서나 언제나 다름없는 한 빛깔인 푸른 풀…나는 흙을 먹고 살아 남의 밥이 될지언정 누구를 내 밥으로 하지는 않는다. 모든 생명의 밑에 깔렸건만 또 아무리 잘나고 아름답고 날고 긴다 하던 놈도 내 거름으로 돌아오지 않는 놈도 없더라…밟아도 밟아도 사는 풀, 비어도비어도 또 돋아나는 풀, 너는 무한의 노래 아니냐? 다 죽었다가도 봄만 오면 또 나는 풀, 너는 조물주(造物主)의 명함 아니냐?…"14)

"…민중은 모르는 듯 하지만 압니다. 어집니다. 약한 듯 하지만 막아낼 수 없이 강합니다. 죽은 듯 하지만 산 것입니다. 불사신입니다. 하나님과 같이 하는 것이 민중입니다. 씨저는 죽었으되 로마는 남았고, 로마는 망했으되 그 민중은 살았습니다…"15)

"…오늘의 말로 하면 전체다. 할 수도 없고 아니 할 수도 없는, 해도 잘못이고 아니해도 잘못인 이 인간 스핑크스의 물음에 대답을 해 줄 수 있는 것은 오직 전체뿐이다…나라도 그 안에 있고 권세도 영광도 그 안에 있다. **정치는 전체의 자리에서 해야 한다.** 나와 너의 관계는 곧 전체와 개체의 관계다. 전체는 산 것이다. 유기체다. 그러므로 전체는 명령한다. **전체만이 명령할 수 있다.** 사랑과 힘이 하나가 되어 살아 있는 것은 전체다. 전체는 개체 안에 있고 개체는 전체 안에 있다…그렇

---

14) 함석헌. 1957. "할말이 있다." 『사상계』 제44호.
15) 함석헌. 1964. "양한재조재비일념." 『사상계』 제131호.

기 때문에 전체는 지배한다. 전체만이 지배할 수 있다. 전체에서는 지배가 곧 키움이요 가르침이요 데리고 높임이요 창조이다. 이 전체를 감히 지배해보겠다는 것이 지배주의다. 가장 교만한 것이요 가장 앙큼한 것이요 가장 더럽고 능글맞은 것이다. 지배자는 이 전체의 자리를 더럽히는 자요 피지배자는 그의 이름을 망령되이 일컫는 무리다…"16)

이상록은 함석헌의 민주주의는 『사상계』의 대다수 필진들이 인식하고 있던 민주주의, 곧 정치제도를 중시하는 절차적 민주주의와 명백히 구분된다고 주장한다. 즉, 함석헌은 대의민주주의 정치질서의 정상화를 민주주의의 회복으로 보지 않았다는 것이다.17) 대의민주주의 정치질서는 주권자인 국민으로부터 권리를 위임받은 대표의 선출이 다수결의 원리에 따라 이루어지는 정치질서를 의미한다. 함석헌은 이러한 다수결의 원리를 기반으로 하고 있는 대의민주주의, 즉 절차적 민주주의에 대해 강한 불만을 피력하고 있다. 그에게 있어서 다수결의 원리는 "다수의 힘으로 소수를 억누르는 힘의 철학이자 폭력"18)에 불과했기 때문이다.19) '전체로서의 민중이 다스리는 민주주의'와 다수결의 원리에 대한 함석헌의 시각은 아래 두 편의 글에 잘 드러나고 있다.

"…근대의 정치이념은 링컨의 '민중을 위한, 민중에 의한, 민중의'라

---

16) 『함석헌 저작집 2』, 106-107. 이 글은 1976년 둔도출판사의 청탁으로 쓰였으나 게재되지 않았고, 『살림』 제45호(1992년 8월)에 실린 것이 다시 이 저작집에 포함되었다.
17) 대의민주주의 정치질서의 회복 혹은 정상화를 민주주의의 궁극적 목표로 상정한 장준하와 달리, 함석헌은 대의민주주의를 현실적으로 수용하고 받아들였을 뿐 궁극적인 목표로 설정하지는 않았다. 그렇기 때문에 그는 기본적으로 다수결의 원리에 비판적일 수밖에 없었다.
18) 함석헌. 1965. "비폭력혁명." 『사상계』 제142호.
19) 이상록(2010a), 200.

는 세 마디에 다된다. 민중을 위할 뿐 아니라 **민중에 의한 민중 자신의 정치**여야 한다. 그러므로 그것은 **민중이 직접, 전체가 하는 운동**이어야 한다…이제는 다스린다는 것이 정치 아니다…오늘은 스스로 하는 것이 민이요, 스스로 하는 민의 종합행동이 정치다. 꾸미는 것도, 행동하는 것도, 감독하는 것도, 비판하는 것도, 민중 곧 전체의 대중 그 자체다…"[20]

"…민주주의는 다수가 소수를 제어해가는 거라 하지만 모른 말입니다. 민주주의의 표어는 전체입니다. 누구나 다 사람입니다. 하나도 빠져서는 아니 됩니다. 이 앞으론 점점 그럼 길로 나갈 거란 말입니다…"[21]

한규무 역시 이상록과 마찬가지로 함석헌이 대의민주주의 정치질서의 타당성을 인정하지 않았다고 보았으나, "민중이 정부를 다스려야 한다"는 함석헌의 주장은 실현가능성 없는 이상주의의 소산일 뿐이라고 일축한다. 즉, 그는 함석헌의 민중론은 실체가 분명하지 않을뿐더러, '전체 민중'이 주체가 되어 이끄는 혁명의 현실성도 극히 제한적이라 보았다. 따라서 함석헌이 현실정치 속에서 대의민주주의 정치질서를 인정할 수밖에 없었던 것은 그의 독특한 민주주의관을 박정희의 군부권위주의 정권에 대한 민주화 투쟁의 이념적 근거로 제시하기가 현실적으로 어려웠기 때문이었다고 말할 수 있다.[22]

---

[20] "인간혁명." 『함석헌 저작집 2』, 41.
[21] 함석헌. 1963. "우리민족의 이상-우리 겨레의 세워 놓은 뜻." 『사상계』 제118호.
[22] 한규무. 2014. "『뜻으로 본 한국역사』와 1960년대 함석헌의 민주화운동." 『한국사학사학보』 29, 267-268.

3) 민중의 계몽과 지식인의 역할

함석헌은 민중을 정치의 주체인 동시에 계몽의 대상으로 간주하면서, 민중의 정치적 자각을 유도해야 할 지식인의 역할을 강조했다. 이상록은 이에 대해 함석헌이 "지식인의 역할을 강조할 때…그는 민중을 그저 계몽의 대상으로 전락시키고 말았다"고 비판한다.[23] 지식인의 역할에 관한 함석헌의 견해는 『사상계』제124호(1963년 8월)에 게재한 글「꿈틀거리는 백성이어야 산다」를 통해 제시되고 있다. 그는 비록 개인으로서의 민중은 약하지만 전체로서의 민중은 "강인한 불멸의 존재"라고 보았기 때문에, 약한 개별적 존재로서의 민중의 정치적 역량을 결집하기 위한 지식인의 역할을 강조하고 있다.

> "…이렇게 볼 때 **지식인의 할 일**은 큰 것임을 알 수 있다. 민중의 여론이 필요하지만 이 민중은 스스로 말할 줄을 모른다. 혁명의 주체는 민중이지만 이 민중은 조직이 없다. 이론도 없다. 그 조직 없는 민중에 조직을 주어, 하나로 뭉치게 하고, 뜻이 있으면서도 생각을 못하고, 생각을 하면서도 말을 못하는 **민중에게 분명한 이론**을 주고 정정당당한 **말을 하게 하는 것**은 오직 **지식인**이 할 수 있다…"[24]

한규무 역시 함석헌의 민중관은 1950년대의 우민론으로 출발했으나 1970년대에 들어서면서 '전체로서의 민중'에 대한 인식과 민중의 정치적 역할에 대한 신념이 확고해졌다고 주장한다. 즉, 우매한 민중에 대한 계몽의 성격을 지녔던 1950년대의 담론이나 민중을 계도해야 할 지성인의 역

---

23) 이상록(2010a), 197.
24) 함석헌. 1963. "꿈틀거리는 백성이어야 산다." 『사상계』 제124호.

할을 강조하며 그들의 기회주의적 태도를 비판한 1960년대의 담론과 달리, 5·16 쿠데타 이후 이루어진 담론에 나타난 씨올은 역사의 주체로서의 자각을 지닌 민중으로 표현되고 있다는 것이다.25) 1957년 1월 『말씀』에 게재된 「민중의 교육과 종교」는 민중과 민중의 계몽을 담당할 지식인의 역할에 관한 함석헌의 인식을 명확히 보여주고 있다.

"…우리나라 일이 이렇게 어지러워 가는 근본 원인은 무엇일까? 나라 망하는 원인은 나라 자체에 있다. 민중에 있단 말이다. 민중이 썩었으면 파리 구더기가 천하에서 몰려올 것이요. 민중이 싱싱하게 살았으면 그런 것은 있으라 해도 있지 못하는 법이다…병인(病因)의 가장 위태한 것은 스스로 그 병을 모르는데 있고, 민중의 걱정도 그 스스로 어떻게 썩은 것을 모르는 데 있다. 사람을 살리기 위해 의사가 있지 않나? 민중을 위해서도 의사가 있다. 교육가 종교가가 그것이다. 민중 스스로가 제 병을 몰라도 그 의사되는 교육가 종교가는 그것을 가르쳐 줄 책임이 있다…"26)

함석헌은 또한 1963년 7월 19일자 『조선일보』에 게재한 글 「삼천만 앞에 울음으로 부르짖는다」를 통해 '종교가', '신문인', '예술인', '교육자' 등 '비겁한 지식인'의 자성을 촉구하고 있다.

"…모든 지식인들!…20세기 민주주의 시대에 이런 시대착오가 어디 있습니까? 이 지성인에 이런 부끄럼이 어디 있습니까? 이 민주주의 시대에 이런 모순이 어디 있습니까?…지식인들, 이제는 어쩌렵니까? 종교가들, 여러분은 마음은 갸륵한 줄 압니다마는 생각은 너무 좁습니

---

25) 한규무(2014), 263-267.
26) 함석헌. 1957. "민중의 교육과 종교." 『말씀』 제5호.

다…신문인들, 왜 그리 비겁합니까?…예술인들, 꾸며내서 하는 연극, 소설, 음악, 춤만 하지 말고 실 살림으로 하는 연극을 하십시오…교육자들, 「데모크라시」는 아니 가르치고 므엇을 가르치는 것입니까?…지성인은 늘 회색이라 기회주의자라는 비난을 듣는 것을 잘 알아야 할 것입니다. 여러분은 특권계급에 붙으렵니까? 민중에 붙으렵니까?…지식은 잘못을 합법화하고 죄악을 정당화하는데 쓰잔 것 아닙니다…27)

한편 이상록은 1970년대에 표명된 함석헌의 민중인식이 '민중의 위치에서 민중을 바라보려' 했다는 측면에서 1960년대의 인식보다는 진보했다고 할 수 있지만, 여전히 민중에 대한 계몽을 강조하고 있다고 주장한다.28) 이러한 이상록의 관점에서 본 1970년대 함석헌의 민중인식은 아래 글들에 잘 나타나고 있다.

"…씨올을 믿는다는 말은 그대로 내버려두라는 말 아닙니다. 믿기 때문에 가르쳐야 합니다. 없던 것을 새로 주는 것 아닙니다. 민중이 스스로 제 속에 가지고 있으면서도 자각 못한 것을 깨닫도록 하는 것입니다…"29)

"…위대한 사람이란 지배하는 사람이 아니라 민중으로 하여금 자기 속에 가지고 있으면서도 모르던 자기를 발견하게 하는 사람이다…"30)

그러나 이에 대해 박재순은 동의하지 않는다. 즉, 함석헌은 "역사의 씨올인 민중을 가르치거나 이끌려고 하지 말라고 지식인과 정치인에 대해

---

27) 함석헌. 1963. "삼천만 앞에 울음으로 부르짖는다."『조선일보』(7월 19일자).
28) 이상록(2010b), 186.
29) 함석헌. 1970. "나는 왜『씨올의 소리』를 내나."『씨올의 소리』창간호.
30) 함석헌. 1972. "민족노선의 반성과 새진로."『씨올의 소리』제13호.

경고했다"는 것이다.31) 따라서 그는 함석헌이 1970년 『씨올의 소리』를 창간하며 민중을 주체적 자아를 지닌 씨올로 칭하게 된 것은 1950년의 우민관을 완전히 버렸기 때문이 아니라, 정권을 유지하기 위한 정치적 수사(修辭)로서 민중을 거론하던 억압적 지배세력과 어용지식인을 비판하기 위해 새로운 개념적 도구가 필요했기 때문이었다고 주장한다.

4) 민중의 자주, 민중의 자치, 그리고 저항의 민주주의

이상록은 함석헌이 '민중이 행하는 자치'를 곧 민주주의로 규정했다고 보고 있다. 즉, 함석헌에게 있어서 민주주의는 단순히 민중을 위한 정치 또는 민중으로부터 권력을 위임 받은 개인이나 계급이 행하는 정치가 아니라, 오직 민중이 스스로 행하는 정치, "민중이 행하는 자치"였다는 것이다. 그러나 이상록은 함석헌의 독특한 민중인식이 그의 민주주의관에 모호성을 더했을 뿐이라 비판하고 있다. 즉, 함석헌이 거론한 민중은 현실정치 속에서 실제로 행동하는 민중이 아니라 "종교적으로 재현해 낸 개념"이며, 따라서 민중이 스스로 민주정치를 이끌어 나갈 수 있는 구체적 방안을 제시하지 못했다는 것이다. 이상록은 이러한 한계로 인해 함석헌의 민주주의가 "대의제의 현실적인 인정"과 "대의정치에 대한 민중의 감시와 부당한 지배에 대한 항거"로 귀결되었다고 주장한다. 요컨대 함석헌은 '민중이 스스로 행하는 정치'로서의 관념적 민주주의와 현실정치 속에서 실제로 작동하고 있는 대의제 민주주의를 "민중의 감시와 저항"을 통해 연결시키려 했다고 볼 수 있다.

---

31) 박재순(2012), 116.

"…현실의 정부는 언제나 정직한 대표자가 아니고 사사 야심을 가지는 자들이다. 그러므로 민중은 늘 제 권리를 빼앗기고 있다…나라에 대하여는 무조건 충성을 해야지만 **정부에 대하여는 민중은 늘 감시하고 싸워야** 한다. 오늘 제 손으로 뽑아 세운 정부라도 내일부터는 그것과 싸워야 한다…정부 정치가가 민중을 다스리는 것이 아니라 민중이 정부를 다스려야 한다…"32)

위 인용문의 내용처럼 함석헌의 민주주의는 부당한 정부나 정치인들에 대한 민중의 감시와 저항권을 강조하고 있다. 즉, 그는 『사상계』 제166호 (1967년 2월)에 게재한 「저항의 철학」에서 "인격을 가진 생명으로서의 인간은 자유를 추구하지 않을 수 없으며, 그 자유에는 한이 없기에 이를 막아서는 무언가가 존재한다면 인격을 가진 인간은 이에 맞서 싸우는 저항을 본성적으로 행하지 않을 수 없다"고 주장한다.33) 또한 그는 민중의 저항은 인간 본성의 자연적 발로이지만, 그 실현은 개개의 인간이 아닌 '전체로서의 민중'에 의해 달성되어야 한다고 믿었다. 즉, 그에게 있어서 의미 있는 민중은 '전체로서의 민중'이었고, 다양한 개성을 가진 개별적 민중이 바로 저항을 통해 '전체'로 통합될 수 있다고 보았던 것이다.34)

5) 민족주의, 반공주의와 근대화

문지영은 함석헌의 민주주의관이 통치권력은 주권자인 민중으로부터 나온다는 주권재민의 원리와 이에 따른 국민의 저항권, 개인의 양심 및 개인의 자유에 대한 옹호와 '스스로 함', 민족주의와 민주주의의 관계, 자본

---

32) 함석헌. 1963. "민중이 정부를 다스려야 한다." 『사상계』 제120호.
33) 함석헌. 1967. "저항의 철학." 『사상계』 제166호.
34) 이상록(2010a), 206.

주의 경제체제 및 경제정책으로 초래된 소외와 불평등, 마지막으로 공산당과 공산주의에 대한 적대감 등 여섯 가지 맥락으로 구성되어 있다고 주장한다.[35]

우선 주권재민의 원리에 관련된 함석헌의 민주주의관을 논의하며, 비록 그의 담론이 민주주의의 이념적 원리에 관한 인식이나 견해를 명확하게 드러내고 있지는 않지만 "민중이 나라의 주인"이며,[36] "20세기 이 근대사회는 민주주의 시대"이고, "민주주의의 완성이 (역사)의 대세"라 언급했다는 점에 비추어 볼 때 함석헌의 "가장 분명하고 일관되게 드러나는 민주주의적 신념"은 국가의사를 최종적으로 결정하는 권력은 민중에게 있다는 주권재민사상에 놓여 있었다고 단언한다. 또한 함석헌이 이러한 주권재민사상에 입각해 씨울 사상을 구축했으며, 이를 바탕으로 민중의 동기와 신임 여부를 중요시하는 자유민주주의적 대의정부관을 견지하게 되었다고 주장한다.[37] 이와 더불어 함석헌이 국민의 저항권 역시 인정하고 있었다고 본다. 즉, 그가 『씨울의 소리』 1980년 3월호에 게재된 「복권(復權)」을 통해 주권자인 국민으로부터 권력을 위임받은 대표자가 권력을 국민의 뜻에 반하여 행사할 경우 국민은 권력의 반환을 청구할 의무가 있음을 명시적으로 주장했다는 것이다.

---

35) 문지영(2006b, 2012).
36) "지극히 작은 씨울에도 제 자격을 주라. 제 자격이 무엇인가? 나라의 주인이요 민족의 후사다.", " 그러나 나라는 정치인의 것이 아니다. 머슴놈이 아무리 무책임해도 주인은 집을 지켜야 하지 않나? 주인이 누구냐? 씨울이다." 함석헌. 1972. "같이 살기운동을 일으키자."『씨울의 소리』 제10호.
37) "그 이유는 자기네게 민중의 동의와 신임으로부터 오는 아무런 힘도 없기 때문이다." 함석헌. 1971. "우리나라의 살길."『씨울의 소리』 제6호; 문지영(2006b), 6, 각주 7.

"…본래 사람이 있어서, 사람 노릇을 더욱 잘 하기 위해 나라를 세운 것이지, 나라가 먼저 있어서, 사람이 생긴 것은 아니다. 이렇게 대낮에 해같이 환한 진리를 모르는 것은 무슨 불행으로 눈이 멀었거나, 아니면 무슨 딴 목적 때문에 스스로 눈을 감은 사람일 것이다. 그런 사람은 지금 이 20세기의 인간의 성인 시대에 전체를 대표하는 주권의 상징이 될 자격은 없다. 그것을 알려주어도 아니 들으려 한다면 반국가적이다. 그럴 때는 국민의 이름으로 갈아치울 의무가 있다…"38)

이를 바탕으로 문지영은 함석헌이 자유민주주의를 신봉했으며, 그의 반정부 투쟁 역시 자유민주주의적 신념에 입각한 것이었음은 의심의 여지가 없다고 보고 있다. 즉, 그에게 있어서 민주주의는 현실 정치체제 속에서 작동하는 이데올로기가 아니라 하나의 '이념형'이었다는 것이다. 그러나 이상록은 이러한 문지영의 견해를 반박하며, "그가(함석헌이) 대의정부관을 현실적으로 인정한 것은 사실이나 그의 주권재민론과 대의정부관을 인과적으로 설명하는 해석은 그의 민주주의 인식을 왜곡시킬 소지가 있다"고 주장한다.39)

함석헌의 민주주의관에서 주목해야 할 두 번째 요소로서 문지영은 개인의 양심 및 개인의 자유에 대한 옹호와 '스스로 함'의 철학을 들고 있다. 함석헌은 개인의 양심을 사람들 사이에 신뢰를 부여하는 '공정'하고 '보편타당'한 것으로 간주했다는 것이다. 또한 함석헌은 개인의 양심이 아니라 전체의 양심을 강조하고 있는데, 이는 개체로서의 민중이 아니라 전체로

---

38) 함석헌. 1980. "복권(復權)." 『씨올의 소리』 제92호.
39) 이상록(2010a), 204, 각주 371. 이로부터 함석헌이 군사독재의 압제를 벗어나기 위한 방편으로서 현실적으로 자유민주주의적 대의정치를 인정했으나, 그의 기본적인 민주주의 인식은 민중중심의 민주주의를 달성하기 위한 민주주의 기본 원리(정치적 주체로서의 전체 민중, 자유, 평등, 자주, 자치)의 실현이었던 것으로 추론할 수 있다.

서의 민중이 정치적 주체가 되어야 한다는 인식과 일맥상통하는 것이라고 말할 수 있다.

> "…양심은 공정한 것입니다. 공정한 것이기 때문에 그 공정을 나타내기 위해 일체의 강제나 수단을 쓰지 않습니다. 그러기 때문에 양심은 지극히 연약합니다. 그 연약이 그 권위입니다. 그러므로 양심의 명령을 들으려면 모든 사사로운 감정과 힘을 버려야 합니다. 제도나 폭력의 위협이 있는 곳에 양심의 작용이 있을 수 없습니다…"[40]

> "…왜냐하면 양심은 개인 속에 있지만, 개인 아니고는 있을 수 없지만, 그것은 개인의 것이 아니고 전체의 것이기 때문이다. 전체가 현실의 어려운 생활을 통해 얻은 정신적 유산의 결정인 것이 곧 인생의 양심이다…"[41]

함석헌은 생명의 근본원리로서의 '스스로 함'의 관념을 한국사회 속에 구현하기 위한 수단으로서 『씨올의 소리』를 발간했으며, 무엇이든 '민중이 스스로 하는 것'이 바로 자주이며, 자율이자 자치라고 보았다. 문지영은 이와 같은 개인의 양심, 양심의 자유와 자율, 자치에 대한 신념이 바로 함석헌이 지향했던 민주주의라고 주장한다. 또한 그가 추구한 민주주의는 '개인' 보다는 '전체', '하나 됨'을 강조하고 있다는 것이다. 예로서 함석헌은 "사람은 개체 아니고 존재하지 못하지만 생리적으로도 심리적으로도 도덕적으로도 살리는 힘은 전체에 있다. 그러므로 자기 속에 전체를 체험

---

[40] 함석헌. 1975. "씨올의 심판." 『씨올의 소리』 제40호; 함석헌. 1984. 『함석헌전집 8』. 서울: 한길사, 195.
[41] 함석헌. 1971. "비상사태에 대하는 우리의 태도." 『씨올의 소리』 제7호; 『함석헌전집 14』, 80.

했을 때 개체는 참으로 삶을 얻고 힘을 얻고 지혜를 얻는다"라든가,42) "유기란 말은 하나의 산몸이란 말이다. 이제 사회는 많은 개인이 모인 곳이 아니라 사회전체가 하나의 산 생명체라는 말이다"라고 주장하면서 전체로서 사회적 유기체인 생활공동체를 주장하고 있다. 이에 대해 문지영은 함석헌이 일본의 침투와 독재정권에 맞서기 위해는 개인보다는 민족(전체), 혹은 민중(전체)을 권리와 자유의 주체로 내세울 수밖에 없었다고 보고 있다.

문지영은 함석헌 민주주의관이 지닌 세 번째 특성으로서 민주주의와 민족주의의 관계에 대한 시각을 꼽고 있다. 즉, 함석헌이 1970년대~1980년대의 민주화 운동을 이끌어나가면서 민족의 통일을 강조했기 때문에 민족주의자 혹은 통일주의자로 인식되고 있으나, 실제로는 세계주의 혹은 세계공동체를 추구했다고 주장한다. 즉, 함석헌이 민족주의 지향을 보였다면, 그러한 민족주의는 혈연에 기반을 둔 배타적 민족주의가 아니라 '열린 민족주의'43)였다는 것이다.

또한 함석헌은 『씨올의 소리』 1972년 3월호에 게재한 「3·1운동의 현재적 전개」에서 "민족 시대는 민족이 전체이기 때문에 민족이란 말이 감격적이었고, 민주주의 시대에는 민중이 전체이기 때문에 민중이라면 힘이 났다"고 말하며, 민족주의와 민주주의를 구별하고 민주주의를 민족주의에 뒤이어 도래하는 역사적 발전단계로 파악하고 있다.44)

---

42) 함석헌. 1972. "3·1운동의 현재적 전개." 『씨올의 소리』 제9호.
43) 문지영은 이러한 '열린 민족주의'에 대해 다음과 같이 서술하고 있다. "열린 민족주의란 혈통, 언어, 공통의 역사나 문화유산, 종교, 관습 등과 같은 객관적 기준을 민족의 기초로 강조하는 객관주의적 민족이론에 반해, '자유롭고 평등한 시민공동체'로서의 민족 개념에서 출발하여 민족공동체에 기꺼이 자신을 귀속시키고자 하는 민족성원의 주관적 의지가 민족을 만든다고 믿는 주관적 민족이론을 일컫는다." 문지영(2006b), 17, 각주 21.

"…이때까지 오도록 민족 노선에 있어서 분명치 못한 것이 있었다. 민족주의가 민주주의인가? 반드시 그 둘이 반대되는 것은 아니지만 역사에 있어서 단계적인 성장의 관계가 있다. 민족주의는 민족 감정이 자연적인 것이니 만큼 각별한 훈련을 하지 않고도 민족 운동을 일으킬 수 있다. 그러나 **민주주의**는 사회 과정을 통해 자란 것이니만큼 **민중이 깨지 않고는** 될 수 없다. 그런데 해방이 될 때까지 우리는 민족적인 분위기 속에는 살았지만 민주적인 체험을 할 기회는 적었다. 그 사회적 사실이 없지는 않았지만 그 관계의 대상이 일본사람들이었기 때문에 **민족적**으로 느꼈지 **민주주의적**으로 파악되지 못했다. 그래서 해방이 될 때도 단순하게 이제 일본이 갔으니 이제는 우리 손으로 하면 된다고 했는데, 그 우리란 조선사람 혹은 한국 사람이란 말이지, **자주하는 민중**이란 뜻은 아니었다. 사실로 당한 것은 민주적 단계인데 생각은 민족주의적으로 하고 있었다…그러기 때문에 해방 직후 정부수립에 있어서 싸울 때는 민족주의 대 공산주의였는데, 미국 응원 밑에 민주주의를 택하고 나니 언젠가 분명치 않게 민주주의가 되어 거기 사상의 혼선이 있었다. 그래서는 약해진다. 이것이 바로 6·25 후에 당면한 문제였다…"[45]

그는 전근대적 '백성'과 근대적인 '자주하는 민중'을 구별하고,[46] 민주주의의 주체로서의 주권자는 단순한 '한국사람'이나 '민족'이 아니라 '자주하는 민중'임을 명확하게 천명함으로써 민주주의를 민족주의와 구분했다. '민족'이 민주주의 시대에도 여전히 유효한 정치적 단위임에는 분명하지만, 민주주의 시기의 정치적 주체는 민족주의의 배타적인 '민족'이 아니라

---

44) 문지영(2006b), 18.
45) 함석헌. 1972. "민족노선의 반성과 새 진로." 『씨올의 소리』 제13호.
46) 이상록은 함석헌이 전근대 백성과 근대 민중의 차이를 개인 자각의 유무로 구분하였다고 보고 있다. 즉, 전근대의 백성은 지배자들이 그들을 속이고 압박하기 쉬운 존재였으나, 근대의 민중은 역사적 주체로서 자신의 사명을 각성한 존재라는 것이다.

'자주하는 민중'이어야만 한다는 것이다.[47] 즉, 일제 강점기에는 식민정부에 대한 정치적 저항의 주체가 '민족'이었다면, 민주주의의 시기에서는 '자주하는 민중'이 독재정부에 대한 정치적 저항의 주체가 된다.

문지영은 함석헌의 민주주의관이 노정하는 네 번째 특성으로서 "경제 및 경제정책에 대한 저항"을 들고 있다. 함석헌은 박정희 정권이 추진하던 '조국근대화'가 초래한 경제적 불평등을 맹렬히 비판했다. 즉, 그는 자본주의 시장원리로서의 경쟁이 소수의 특권층만을 위한 것으로 변질되어 부의 독점과 부정부패가 발생하게 된다고 주장하며, 개인의 자유와 평등이 근대화와 동시에 이루어져 '같이 살기'가 실현되기 위해서는 경쟁 보다는 협력과 균등을 중시해야 한다고 믿었던 것이다. 이에 대해 문지영은 함석헌이 서민이 골고루 잘 사는 사회를 지향하면서 반자본주의적 성향을 드러내고 있지만 사회주의자였던 것은 결코 아니었으며, 단지 부조리하고 불평등한 경제상황에 대한 저항을 촉구했던 것으로 보았다.[48] 예로서 『씨올의 소리』 제7호(1971년 12월)에 게재된 「비상사태에 대하는 우리의 각오」는 박정희 정권의 개발독재가 초래한 폐해를 신랄하게 비판하고 있다.

"…경제적 발전을 옳게 하지 못한 것이다…그런데 이것도 그 책임이 어디 있냐하면 정치에 있다. 한마디로 이 10년 동안의 정치는 서민을 외면한 정치였다. 지나치게 도시중심, 특권계급 중심, 선전효과를 노리는 겉치레의 경제지 알속 있게 나라의 주인인 민중을 길러내잔 경제가 아니었다…그 결과 계급의 대립이 심해졌다. 이른바 부익부 빈익빈이다. 고금을 막론하고 그렇게 계급대립이 심해지고 튼튼한 나라 없

---

47) 문지영(2006b), 18-19.
48) 문지영(2006b), 21.

다…오늘 우리 사회상을 말할 때 누구나 부정, 불안, 불신을 말하지만 이 3불의 원인은 주로 잘못된 경제정책에서 나왔다. 빚을 얻어다가 생산적인 산업에 쓰지 않고 정치선전과 부정 사업가들의 가로챔에 내맡겨두었기 때문에 외양으로는 건설이 된 듯하나 속으로는 비게 됐다. 이러한 허점이 있고 사회가 튼튼할 리가 없다…허기진 민중을 몰고 무슨 싸움을 싸우겠단 말인가? 이제라도 어리석은 특권계급의 곳간을 열어 가난한 사람에게 주고 평등경제를 세워라. 그 밖에는 살 길이 없을 것이다. 사자는 우리에 가둘 수 있어도 불평등에 노한 군중은 가둬둘 수가 없는 줄을 모르나?…"49)

문지영이 마지막으로 꼽은 함석헌 민주주의의 특성은 공산당과 공산주의에 대한 적대감이다. 함석헌은 역시 서북계 출신의 기독교인이었던 당대의 정치지성들과 마찬가지로 강한 반공성향을 갖고 있었으나, 정부가 국시로 내세운 반공주의를 정면으로 거부했다. 즉, 그는 반공이 민주주의를 달성하기 위한 수단에 불과한 것이기 때문에 반공이 국시가 되는 것은 어불성설이라고 주장했다.50) 그가 공산당과 공산주의를 반대한 이유는 공산주의가 개인의 자유를 억압하고 인간으로서의 권리를 침해한다고 보았기 때문이었다.51)

"…사실 반공이 국시란 것은 잘못입니다. 그것은 무식해서 한 소리입니다. 국시란 그런 것 아닙니다. 반공은 수단이지 목적이 될 수 없습니다. 반공을 국시로 한 나라는 공산주의가 없어지는 날 그것도 없어

---

49) 함석헌. 1971. "비상사태에 대하는 우리의 각오." 『씨올의 소리』 제7호.
50) 문지영은 이러한 함석헌의 주장이 혁명공약에 반공을 국시로 명시함으로써 취약한 정당성을 확보하려 했던 박정희 정권에게는 정권, 나아가 체제에 대한 도전으로 받아들여졌다고 보았다.
51) 문지영(2012), 268.

질 것입니다. 국시야 첨부터 환한 데모크라시가 국시지, 반공은 그 영원한 진리를 실행하기 위한 수단입니다. 오직 하나의 수단도 아닙니다…"52)

문지영은 이러한 함석헌의 반공의식이 체제비판적이라 할지라도 그의 '민족통일'에 대한 구상에는 전혀 장애가 되지 않았다고 보았다. 즉, 그는 통일을 "남북이 어느 한 정권 밑에 들어가는" 정치적 문제가 아니라 "민족의 살림과 문화의 모든 부문을 통해 하나 되는 일"로 규정하고, '김일성 정권'과 '북한 민중'을 구별함으로써 '남한의 민중과 북한의 민중'이 함께 이루는 민족통일이야말로 진정한 통일이라 주장했다.53) 따라서 그의 통일 방식은 남한의 민주주의와 북한의 공산주의 중 어느 하나에 의해 주도적으로 이루는 방식을 뛰어넘는 제3의 방식이었다.

"…통일이 중요하고 근본적이요, 시급한 문제인 줄은 알지만, 실지로 어떻게 그 통일을 이룰 것이냐 하는데 이르면 대답이 쉽지 않다… 다 처음부터 중립노선 이외에 살길이 없다는 것을 길이 인식하지 않고는 할 수 없을 것이다…내가 중립이라 하는 데는 두 가지 의미가 있다. 하나는 사상적으로 하는 것이요, 하나는 정책적으로 하는 말이다. 사상적으로는 민주·공산 두 주의 대결하는 태도를 버리고 그 둘의 대립을 지양한 보다 높은 자리를 찾자는 말이다. 이데올로기 싸움은 어느 한 편이 다른 한 편을 내몰아서 될 것이 아니다. 그렇게 해서는 사상의 진전이 오지 못한다. 그러므로 그 싸움의 의미는 보다 높은 사상을 찾아 둘의 대립이 자연 해소가 되는 자리에 가야만 된다. 나는 그것을 믿는다. 이론으로 반드시 설명 못하더라도 신조로 그것을 믿는다. 그밖

---

52) "3천만 앞에 울음으로 부르짖는다." 『함석헌전집 14』, 148.
53) 함석헌. 1972. "민족노선의 반성과 새 진로." 『씨올의 소리』 제13호.

에 길이 없다. 역사는 이미 그 방향으로 접어들고 있다…"54)

함석헌은 1970년대에 들어서면서 공산주의와 마찬가지로 민주주의도 국가주의 혹은 국가지상주의의 한 구체적 표출양식에 불과하기 때문에 거부한다는 뜻을 밝힌다. 즉, 그가 『씨올의 소리』를 통해 "민주주의니 공산주의니 하는 게 무엇인가? 한 끝에 불이 붙어오고 있는 두 개의 단청한 서까래가 아닌가?…그 멸망의 정치 화재에서 빠져 나와서 자유의 살 길로 가는 것이 이 같이 살기 운동이다"라고 말한 것이나,55) "지금 인류를 지배하고 있는 이런 식의 국가주의는 이미 그 막다른 골목에 들어섰다는 사실이다. 데모크라시니 공산주의니, 양극의 대립이니 다원적 공존이니 하지만 다 국가지상주의인 점에서 마찬가지다"라고 언급한 것에서 볼 수 있듯이,56) 그는 반민주적인 전근대적 국가를 부정했다. 문지영은 이러한 함석헌의 국가관은 이중성을 갖고 있으며, 전근대적·반민주적 국가와 근대적 민주국가를 구별하고 있다고 평가한다. 함석헌의 근대적 민주주의 국가관에 따르면 진정한 의미의 국가는 인권, 자유, 평등, 박애를 실현할 수 있는 민주주의 국가였던 것이다.

2. 경험과학적 내용분석

함석헌은 1956년 「한국의 기독교는 무엇을 하고 있는가」57)라는 글을

---

54) 함석헌. 1971. "우리나라의 살길." 『씨올의 소리』 제6호.
55) 함석헌. 1972. "같이 살기 운동을 일으키자." 『씨올의 소리』 제10호.
56) 함석헌. 1972. "민족 노선의 반성과 새 진로." 『씨올의 소리』 제13호.
57) 함석헌. 1956. "한국의 기독교는 무엇을 하고 있는가." 『사상계』 제30호.

『사상계』에 처음으로 게재하면서 알려지기 시작했지만, 1958년 8월호에 『사상계』 탄압의 단초가 된「생각하는 백성이라야 산다」를 발표하고 난 이후 반독재 민주화 투쟁의 상징이 되었다.[58] 또한 그는 앞서 살펴본 바와 같이 5·16 군사 쿠데타를 초기에 지지했던 다른 사상계 정치지성들과 달리 애초부터 쿠데타를 신랄하게 비판했고, 이후 지속적으로 민중중심적 민주주의에 근거해 반독재에 항거하는 글을 『사상계』와 『씨올의 소리』에 발표하며 민주화 투쟁을 이끌었다.[59] 이러한 함석헌의 민중중심적 저항 민주주의 담론을 구성하고 있는 구조적 맥락을 파악하기 위해 그가 1950년대와 1960년대에 걸쳐 『사상계』에 게재한 글들, 그리고 1970년대에 『씨올의 소리』에 기고한 글들을 대상으로 내용분석을 수행하였다. 분석대상으로 선정된 총 9편의 저술은 다음 〈표 7〉과 같다.

---

[58] 『사상계』 8월호가 발매된 지 열흘 후인 8월 8일에 함석헌은 국가보안법 위반혐의로 구속하고, 발행인인 장준하와 주간 안병욱도 조사를 받았다. 대한민국을 꼭두각시로 표현함으로써 대한민국의 국체를 부인했다는 이유였다. 이를 한국일보에서는 "보안법에 걸린 나라 없는 백성, 함석헌의 필화사건의 전모"라는 제목으로 보도했다. 김삼웅(2009), 374-375.

[59] 함석헌은 1950년대에 『새벽』, 『사상계』, 『세계』, 『사조』 등에 투고하였고, 1960년대는 주로 『사상계』에, 그 외 『기독교사상』, 『인물계』, 『신세계』, 『신동아』에 한두 차례, 1970년대에는 『씨올의 소리』 외에는 『기독교사상』에 3차례 『다리』, 『문학사랑』, 『나라사랑』 등에 한차례씩, 『월간중앙』, 『북한』, 『현존』 등의 좌담회기사 등이 있다. 전체 잡지 투고 횟수로는 1956년에 6차례, 1957·1958·1959년에 3차례 이상, 1961년 10차례, 1963·1964·1965년에 3차례 이상 집필하였다 윤상현. 2013a. "1950년대 후반~1960년대 초 함석헌의 주체 형성 담론의 변화 -민족·민중·국민 담론을 중심으로." 『사학연구』 112, 366, 각주 5에서 재인용. 한편 정진석에 의하면 함석헌은 다른 정치지성들의 일반적인 글쓰기와는 달리, 은유와 비유를 사용한 그만의 독특한 구어체로 글을 써 대중에게 친근하게 다가설 수 있었던 반면 그가 비판하는 지배자들에게는 비수처럼 꽂히는 독설투였다고 한다. 정진석. 2001. 『역사와 언론인』. 서울: 커뮤니케이션북스, 203. 김삼웅 (2009), 375에서 재인용.

〈표 7〉 분석대상 저술목록

이념적 원리로서의 민주주의	『사상계』 제1기 (1953~1958)	생각하는 백성이라야 산다 - 6·25 싸움이 주는 역사적 교훈	제61호 (1958. 8)
	『사상계』 제2기 (1959~1962)	5·16을 어떻게 볼까	제96호 (1961. 7)
	『사상계』 제3기 (1963~1965)	민중이 정부를 다스려야 한다	제120호 (1963. 4)
		꿈틀거리는 백성이라야 산다	제124호 (1963. 8)
저항/투쟁의 민주주의	『사상계』 제4기 (1966~1970)	저항의 철학	제166호 (1967. 2)
		혁명의 철학	제180호 (1968. 4)
자주적 민주주의	『씨올의 소리』 (1970~1972)	나는 왜 씨올의 소리를 내나	창간호 (1970. 4)
		비상사태에 대하는 우리의 각오	7호 (1971. 12)
		민족노선의 반성과 새 진로	13호 (1972. 8)

1) 범주정의[60]

범주정의는 장준하의 담론을 해체해 본 제3장에서 구축된 것과 동일한 일반사전을 따랐다. 즉, ≪체제의 정치적 정향≫, ≪이념적 기반≫, ≪정치제도와 절차≫, ≪정치체제의 자주성≫, 그리고 ≪정치권력의 정당성≫ 등 5개 범주를 설정하고, 이 가운데에서 ≪정치권력의 정당성≫은 다시 권력행사의 〈주체〉와 〈방식〉, 그리고 〈저항/투쟁〉의 3개 하위맥락으로 재분류 하였다. 이렇게 분류된 7개 맥락을 중심으로 함석헌의 민주주의관을

---

[60] 범주정의에 따른 용어의 선정 과정에서 의미가 분명치 않거나 다의적인 의미를 가진 용어들은 의미의 명확성을 확보하기 위하여 소거하였음을 밝혀둔다.

앞서 진행한 기존 연구의 검토를 통해 설정한 ①이념적 원리로서의 민주주의, ②저항/투쟁의 민주주의, ③자주적 민주주의 등 세 유형으로 구분하여 각 유형 속에서 나타나는 7개 맥락의 상대적 중요성 및 특성을 도출해 보기로 한다.

2) 민주주의 유형별 인식의 양상과 특성

(1) 이념적 원리로서의 민주주의:『사상계』제1, 2, 3기

함석헌이 잡지에 기고한 담론을 통해 현실정치에 영향력을 행사했던 시기는 1950년대 후반부터 1960년대 중반으로서,[61] 바로 『사상계』제1기, 제2기, 제3기에 해당된다. 함석헌은 이 시기를 일관하여 한국이 진정한 자주독립의 민주국가로 바로 서기 위해서는 이승만의 권위주의 정권과 박정희의 군부 권위주의 정권이 그들의 억압적 통치를 정당화하기 위해 악용한 절차적 민주주의의 정상화를 추구할 것이 아니라, 역사 창조의 주체인 씨올이 주인인 나라, 곧 전체 민중이 스스로 통치하는 민주주의 국가를 구현해야 한다고 역설했다. 따라서 이 시기의 함석헌의 담론에는 주로 이념적 원리로서의 민주주의에 대한 견해가 반영되었다.

①『사상계』제1기 (1953~1958)

『사상계』제1기를 대상으로 한 내용분석에 사용될 문헌은 『사상계』제61호(1958년 8월)에 게재된 「생각하는 백성이라야 산다 -6·25 싸움이 주는 역사적 교훈-」이다. 함석헌은 이 글로 인해 국가보안법 위반 혐의로 구

---

[61] 윤상현. 2013b. "1950년대 후반~1960년대 초 함석헌의 주체 형성 담론의 변화 -민족·민중·국민 담론을 중심으로-."『사학연구』제 112호., 366, 각주 5.

속되었으며, 이승만 정권에 의한 『사상계』 탄압의 빌미를 제공했다. 그가 구속된 이유는 남한을 미국의 '꼭두각시'로 표현한 것이 대한민국의 국체를 부인한 것일 뿐만 아니라, 남한과 북한을 동등하게 취급함으로써 '비상상황' 하에서 사상과 사회질서를 문란케 했다는 것이었다.[62]

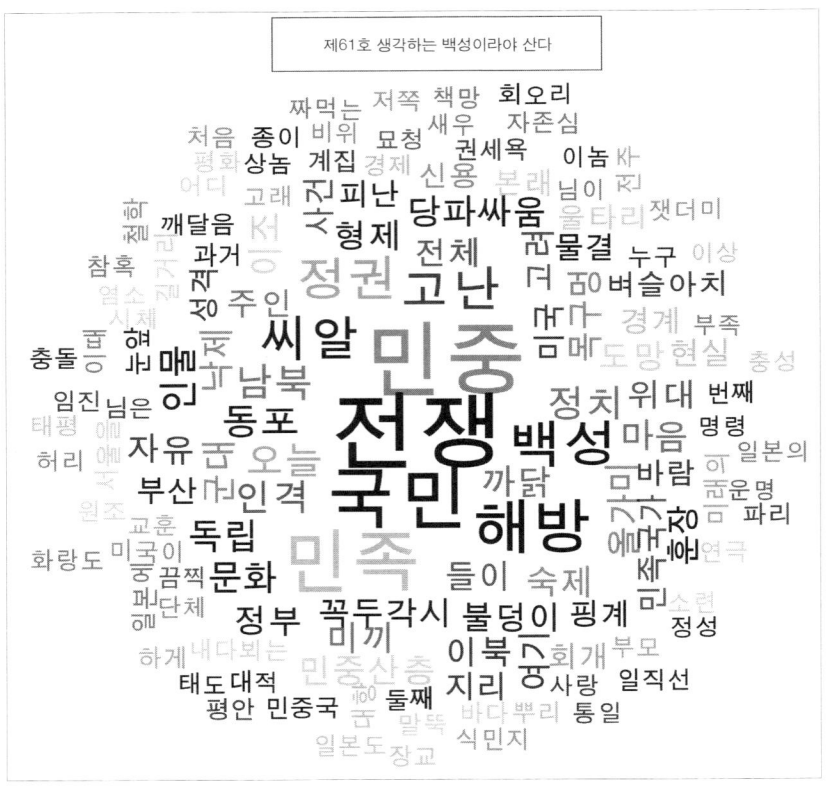

〈자료 51〉 워드 클라우드 3-4: 제61호 생각하는 백성이라야 산다.

그러나 이 글의 의도는 부제에서 알 수 있듯이 지배권력과 정치인들에게 한국전쟁의 경험으로부터 진정한 교훈을 얻기를 바라는 질책이었던 것

---

[62] 김삼웅(2009), 374.

이다.63) 이러한 그의 의도는 〈워드 클라우드 3-4〉에서 잘 나타나고 있는데, 6·25의 역사적 교훈을 피력한 것인 만큼 '전쟁'이라는 단어가 제일 돋보이고, 그 다음으로 '민중', '국민', '민족', '해방', '백성'이 두드러져 보이고, 그 뒤를 이어 '정권', '씨알(씨올)', '고난'의 순으로 눈에 들어온다.

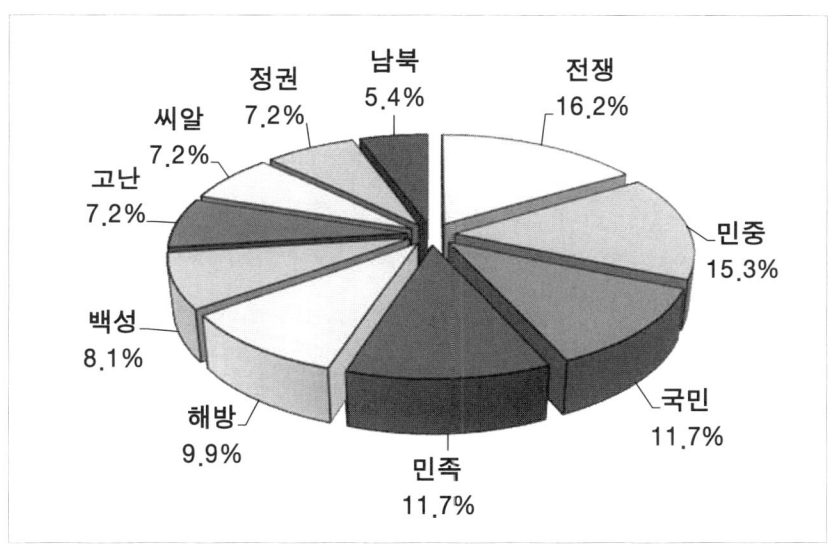

〈자료 52〉 입체원도표 3-4: 제61호 생각하는 백성이라야 산다

또한 상위 10위의 빈도를 나타내는 〈입체원도표 3-4〉에서도 역시 '전쟁'에 대한 언급이 16.2%로 가장 많고, 다음으로 민주주의의 ≪이념적 기반≫ 범주에 속한 용어인 '민중'이 15.3%, '국민'이 11.7%를 차지하고 있다. 이어 ≪정치체제의 자주성≫을 나타내는 민족(11.7%)과 해방(9.9%)이 자주 언급되었고, 이를 ≪이념적 기반≫에 해당되는 '백성'(8.1%)과 '씨알(씨올)'(7.2%)이 뒤따르고 있다. 마지막으로 ≪정치권력의 정당성≫ 범주의

---

63) 김삼웅(2009), 375.

하위맥락인 〈주체〉에 해당하는 용어인 '정권'(7.2%)과 '남북'(5.4%)의 순으로 언급되고 있음을 알 수 있다. 즉, 이 표본을 통해 본 담론의 핵심은 정치권력의 주체로서 '민중'과 '국민' 즉, '씨ᄋᆞᆯ'에 놓여있다. 또한 정치체제의 자주성은 어디까지나 민족의 자주성을 의미하며, '6·25 싸움'은 이러한 자주성의 상실에 따른 '씨ᄋᆞᆯ의 고난'을 표상한다는 것이다.

② 『사상계』 제2기 (1959~1962)

제2기의 내용분석에 사용될 문헌은 제96호(1961년 7월호)의 「5·16을 어떻게 볼까」이다. 이 시기는 1961년 4·19 학생혁명에 의해 이승만 독재정권이 붕괴되고 장면의 내각제 정부가 수립된 지 9개월 만에 박정희가 주도한 군사 쿠데타가 발생한 시기로서, 함석헌을 제외한 대부분의 『사상계』 정치지성들은 쿠데타가 4·19 학생혁명의 정신과 이념을 이어받은 것으로 간주하고 호의적인 태도를 보였다. 예로서 『사상계』 제95호(1961년 6월호)에 실린 무기명 권두언 「5·16 혁명과 민족의 진로」는 쿠데타를 다음과 같이 평가하고 있다.

> "…4·19 혁명이 입헌정치와 자유를 쟁취하기 위한 민주주의 혁명이었다면, 5·16 혁명은 부패와 무능과 무질서와 공산주의의 책동을 타파하고 국가의 진로를 바로잡으려는 군사혁명이다. 따라서 5·16 혁명은 우리들이 육성하고 개화시켜야 할 민주주의 이념에 비추어 볼 때 불행한 일이요, 안타까운 일이 아닐 수 없으나, 위급한 민족적 현실에서 볼 때 불가피한 일이다…이러한 의미에서 5·16 혁명은 4·19 혁명의 부정이 아니라 그의 계승, 연장이 되어야 한다는 것이다…"

그러나 앞서 논의한 바와 같이 함석헌은 거의 모든 정치인, 지식인, 언론인, 종교인들이 침묵하고 있을 때, 「5·16을 어떻게 볼까」라는 권두논설을 통해 "민중만이 혁명을 할 수 있다"고 주장하며 군사 쿠데타의 부당성을 역설했다. 쿠데타 세력은 이 글을 빌미로 함석헌과 장준하를 체포했고, 이는 함석헌이 「생각하는 백성이라야 산다 -6·25 싸움이 주는 역사적 교훈-」(『사상계』 제61호, 1958년 8월)을 빌미로 이승만 정권에 의해 구속된데 이어 발생한 두 번째 필화사건이었다.

〈자료 53〉 워드 클라우드 3-5: 제96호 5·16을 어떻게 볼까

이러한 함석헌의 5·16 군사 쿠데타와 민주주의에 대한 인식은 〈워드 클라우드 3-5〉에 명확히 나타나고 있다. 즉, 제일 크게 돋보이는 용어는 '민중'이고, '혁명'이 그 다음으로 크게 보이며, 이어 '군인', '국민', '민족' 순으로 두드러져 보이고, '학생', '강제', '제도', '독재', '공산당' 등의 용어 역시 발견된다.

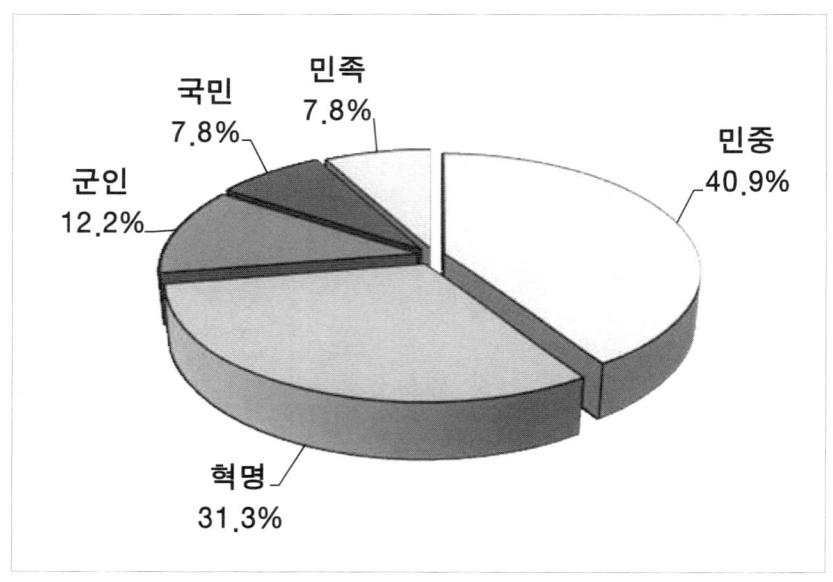

〈자료 54〉 입체원도표 3-5: 제96호 5·16을 어떻게 볼까

이러한 양상은 〈입체원도표 3-5〉에서도 재현되고 있다. 즉 민주주의의 ≪이념적 기반≫을 표상하는 '민중'에 대한 언급의 비율이 40.9%로 가장 높았고, 이 글의 목적이 5·16의 부당함을 비판하기 위한 것이었던 만큼 ≪정치권력의 정당성≫ 범주의 〈행사방식〉에 속한 '혁명'(31.3%), 〈행사주체〉에 속한 '군인'(12.2%)에 대한 언급이 그 뒤를 이었다. 다음으로 민주주의의 ≪이념적 기반≫ 범주에 속하는 '국민'(7.8%)과 ≪정치체제의

자주성≫을 나타내는 '민족'(7.8%)이 발견된다. 즉, 이 표본 속에서도 민주주의의 이념적 기반은 민중주의('민중', '국민')이며, 정치체제의 자주성은 곧 민족적 자주성을 통해 확보될 수 있다는 함석헌의 시각이 재확인되고 있다.

③ 『사상계』 제3기 (1963~1965)

이 시기의 내용분석에 사용될 문헌은 『사상계』 제120호(1963년 4월)에 게재된 「민중이 정부를 다스려야 한다」와 제124호(1963년 8월)에 실린 「꿈틀거리는 백성이라야 산다」 등 두 편이다. 민정이양을 공언했던 박정희 군사정권이 1963년 3월 16일 군정연장을 국민투표에 부의한다고 선언함에 따라 당시의 정치지성들은 군정연장에 분명한 반대를 표명하면서 군사정권에 대한 배신감과 분노를 표출했다. 군정세력에 대한 『사상계』 정치지성들의 요구는 분명했다. 즉, 〈혁명공약〉 제6항[64]과 2·27 선서[65]에서 밝힌 대로 민정이양의 약속을 실행하고 군인 본연의 임무로 돌아가라는 것이었다. 특히 함석헌은 "군인이 직접 정치에 손을 대서는 아니 된다"[66] 말하며 민정이양 약속을 지키라고 촉구하는 것에서 더 나아가 "현실의 정부는 언제나 정직한 대표자가 아니라 사사 야심을 가진 자"[67]이기 때문에 민중이 이에 맞서 싸우고 감시하야 한다는 급진적 주장까지 내세

---

[64] 5·16 쿠데타 직후 공포된 〈혁명공약〉 제6항은 "이와 같은 우리의 과업이 성취되면 참신하고도 양심적인 정치인들에게 언제든지 정권을 이양하고 우리들 본연의 임무에 복귀할 준비를 갖춘다"고 선언하고 있다. 이상록(2010a), 103.

[65] 1963년 2월 27일 재야 지도자들과 각 정당의 대표, 각 군의 참모총장 등을 모아놓고 박정희는 '2·18성명'의 뜻을 받들어 정국수습 9개방안을 수락, 준수할 것을 선서하는 선서식을 개최하면서, "민정에 참여 않겠다"는 의사를 분명하게 표명하였다. 이상록(2010a), 96.

[66] "꿈틀거리는 백성이라야 산다." 『함석헌전집 14』, 133.

[67] "민중이 정부를 다스려야 한다." 『함석헌전집 17』, 196.

우고 있다. 즉, 그는 저항과 감시를 민중의 의무로 규정했던 것이다. 결국 박정희 정권은 야당, 지식인, 학생들의 민정이양 요구와 미국의 압력에 굴복해 1963년 7월 27일 10월 대통령선거, 11월 국회의원 선거 등 민정이양의 세부일정을 발표했다. 그러나 민정이양 발표에도 불구하고 민정이양을 둘러싼 토론의 자유는 극히 제한되었다.[68] 문헌표본「민중이 정부를 다스려야 한다」에 관한 〈워드 클라우드 3-6〉은 이러한 함석헌의 주장을 잘 보여주고 있다.

〈자료 55〉 워드 클라우드 3-6: 제120호 민중이 정부를 다스려야 한다

---

[68] 이상록(2010a), 103.

즉, 그래픽 상에서 '민중'이 가장 크게 표현되어 있고, 그 다음으로 '자유'와 '정부'가 돋보이고, '감옥'과 '민정'이 뒤를 잇고 있다. '군인', '정권', '언론', '헌법개정', '군정' 역시 다른 크기로 표현된다. 이와 동일한 분포양상이 상위 5개 용어의 언급빈도를 표시하는 〈입체원도표 3-6〉에서도 나타나고 있다. 즉, 민주주의의 ≪이념적 기반≫에 속하는 '민중'이 38.2%로 제일 많이 언급되었고, 그 다음으로 역시 동일한 ≪이념적 기반≫인 자유가 16.4%로 나타났으며, 이어 ≪정치제도와 절차≫의 속성인 '정부'가 16.4%, ≪정치권력의 정당성≫의 하위범주 〈행사방식〉에 속한 용어로서 억압적 통치의 상징인 '감옥'과 ≪체제의 정치적 정향≫인 '민정'이 각각 14.5%로 언급되었음이 밝혀졌다. 즉, 함석헌은 '감옥'으로 표상되는 억압적 군사정권에 대한 민중저항의 근거를 '자유'라는 민주주의의 이념적 원리에서 찾았던 것이다.

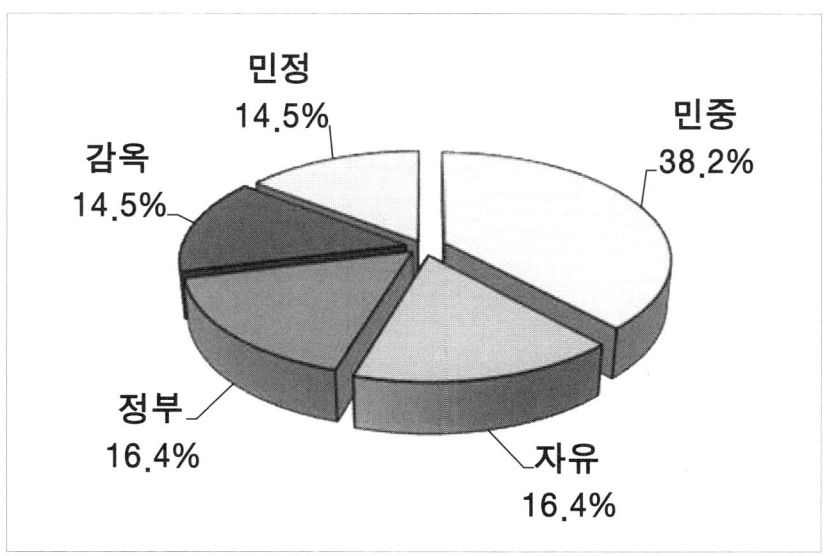

〈자료 56〉 입체원도표 3-6: 제120호 민중이 정부를 다스려야 한다

당시 상황 속에서 『사상계』 지성들은 군정을 종식시켜 하루 빨리 민주정치를 실현해야겠다는 열망으로 인해 대의민주주의 정치질서의 급속한 정상화를 민주주의의 회복으로 받아들였으며, 이로 인해 민주주의 개념을 제도적·절차적 민주주의에 한정시키고 말았다. 그러나 함석헌은 앞서 논의한 바와 같이 절차적 민주주의에 대해 비판적 시각을 가지고 있었다. 즉, 그는 민주주의란 본질적으로 전체 민중이 스스로 다스리는 것으로 인식했기 때문에 다수결이란 "다수의 힘으로 소수를 억누르는 폭력"에 불과하다고 보았다.

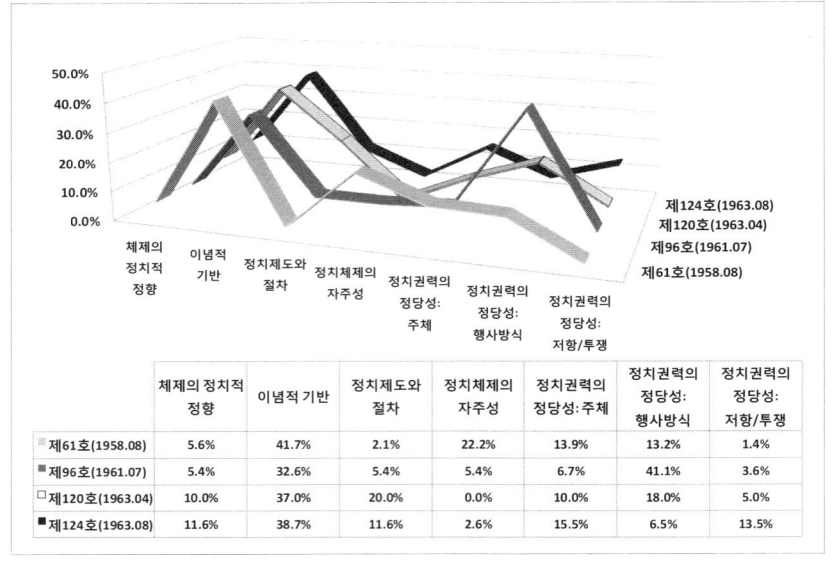

〈자료 57〉 이념적 원리로서의 민주주의

함석헌이 『사상계』 제1기, 제2기, 제3기에 걸쳐 『사상계』에 게재한 저술들을 전반적으로 살펴볼 때, 대부분의 표본(저술)에서 민중이 나라의 주인임을 강조하는 용어인 '민중', '백성', '씨올'을 포함하는 민주주의의 ≪이념적 기반≫에 대한 언급의 빈도가 가장 높음을 알 수 있다. 보다 구체적으로 살펴보면, 제61호(1958년 8월호)의 경우 ≪이념적 기반≫이 가장 빈번하게 언급되었고(41.7%), 다음으로 '근대 국가', '민족 국가', '독립'과 같은 ≪정치체제의 자주성≫(22.2%), 그리고 '이리떼', '정권', '남북 두 정부' 등을 포함하는 ≪정치권력의 정당성≫-〈주체〉(13.9%)와 '(민중을)짜먹으려', '꼭두각시', '권세욕' 등 ≪정치권력의 정당성≫-〈행사방식〉(13.2)에 관한 언급이 뒤따르고 있다. 반면 ≪정치제도와 절차≫(2.1%)나 ≪정치권력의 정당성≫-〈저항/투쟁〉(1.4%)에 관한 언급빈도는 상대적으로 낮게 나타나고 있다.

제96호의 경우는 ≪이념적 기반≫에 대한 언급이 32.6%로서 비교적 자주 사용된 편이지만, 61호와 달리 '혁명', '독재', '총', '칼', '강제' 등과 같은 ≪정치권력의 정당성≫-〈행사방식〉과 연관된 용어에 대한 언급이 가장 많이 나타나고 있다(41.1%). 또한 이 두 맥락을 제외한 여타 맥락에 관련된 언급빈도는 상대적으로 낮은 것으로 밝혀졌다(≪체제의 정치적 정향≫ 5.4%, ≪정치제도와 절차≫ 5.4%, ≪정치체제의 자주성≫ 5.4%, ≪정치권력의 정당성≫-〈주체〉6.7%, ≪정치권력의 정당성≫-〈저항/투쟁〉3.6%). 이러한 양상은 함석헌이 "혁명은 민중이 하는 것"이라고 주장하며 5·16 군사 쿠데타가 민주주의의 이념적 기반과 정치질서의 정당성을 훼손하고 있음을 역설하려 하였기 때문인 것으로 파악된다.

제120호의 경우에도 ≪이념적 기반≫에 대한 언급이 37.0%로써 가장 많았으나, 앞의 두 표본들과는 달리 민주주의 ≪정치제도와 절차≫(20%)와 ≪체제의 정치적 정향≫(10%)에 대한 언급빈도가 상대적으로 높았다. 그 다음으로는 ≪정치권력의 정당성≫ 범주의 〈행사방식〉(18.0%)에 대한 언급빈도가 〈행사주체〉'(10.0%) 에 비해 다소 높게 나타나고 있다. 제120호가 발간된 시기에 박정희 군부독재정권이 민정이양의 약속을 파기하고 군정연장을 시도했다는 점을 고려할 때, 이러한 양상이 나타난 것은 민중중심적 민주주의를 주장하며 대의민주주의를 비판했던 함석헌이 군부독재를 벗어나기 위해서는 일단 대의민주주의를 수용할 수밖에 없다는 현실적 한계를 인지했기 때문인 것으로 판단된다. 따라서 마지막 제124호의 경우에도 ≪이념적 기반≫(38.7%)에 대한 언급빈도가 가장 높게 나타나지만, ≪정치권력의 정당성≫-〈주체〉(15.5%), ≪정치권력의 정당성≫-〈저항/투쟁〉(13.5%)과 함께 ≪정치제도와 절차≫와 ≪체제의 정치적 정향≫에 대한 언급 역시 각각 11.6%로 나타나 다른 표본들에 비해 다양한 영역에 걸친 관심이 반영된 것으로 보인다. 분석대상이 된 네 편의 저술을 전반적으로 비교해 보면, 공통적으로 빈번히 언급되고 있는 영역은 민주주의의 ≪이념적 기반≫이며, 제61호에는 ≪정치체제의 자주성≫에 대한 언급이 다른 저술에 비해 많이 나타나고 있고, 제96호에는 ≪정치권력의 정당성≫의 하위범주인 권력의 〈행사방식〉, 제120호에는 ≪정치제도와 절차≫, 그리고 마지막 제124호의 경우는 ≪정치권력의 정당성≫에 대한 언급빈도가 상대적으로 높게 나타나고 있음을 알 수 있다. 따라서 이러한 표본들에 반영된 함석헌의 민주주의는 역시 이념으로서의 민주주의, 곧 민중 민주주의로서, 그가 억압적 지배권력에 대한 저항의 근거를 민중의 의사에 반해 민주주의의 제도적 절차를 왜곡했다는 사실에서 찾고 있다고 볼 수 있다. 즉, 함석헌에게 있어서 민주주의의 절차적 훼손은 단지 절차의 문제에 머무르는 것이 아니라 이념적 원리를 훼손한 것과 다름없다는 것이다.

(2) 저항/투쟁의 민주주의: 『사상계』 제4기(1966~1970)

〈자료 58〉 워드 클라우드 3-7: 제180호 혁명의 철학

이 시기의 함석헌은 저항이 인간 본연의 권리임을 천명하면서 박정희의 군부권위주의 정권에 대한 시민저항을 지속적으로 촉구했으며, 특히 1967년 6월 8일 총선에서 관권과 금권을 동원한 부정선거를 통해 절대다수 의석을 획득한 공화당에 대해 강한 비판의 목소리를 높였다. 그는 저항의식은 개인적 자아의 발현으로 형성되는 것이지만 저항의 실천은 '전체로서의 민중'을 통해 이루어질 수 있다고 보았다. 이러한 그의 민중중심적 저항 민주주의관에 대한 인식을 『사상계』 제166호(1967년 2월)에 게재된

「저항의 철학」과 제180호(1968년 4월)의 「혁명의 철학」 등 두 편의 저술에 대한 내용분석을 통해 추적해 보았다. 우선 아래 제시한 제180호 「혁명의 철학」의 〈워드 클라우드 3-7〉을 살펴보면, '혁명'이라는 용어가 가장 크게 부각되고 있으며, 다음으로는 '전체'와 '민중'이 돋보이고, 그 뒤를 이어 '정치', '폭력', '인간', '나라' 등의 용어가 발견된다.

이러한 양상은 언급빈도 상위 5개의 용어를 표시하는 〈입체원도표 3-7〉에서도 동일하게 나타나고 있다. 즉, 민주주의의 ≪정치권력의 정당성≫-〈행사방식〉 범주에 속한 용어인 '혁명'(43.9%)이 가장 많이 언급되었고, 그 뒤를 '전체'(19.5%)와 '민중'(17.1%)이 따르고 있으며, 다음으로는 '정치'와 '폭력'(각 9.8%)의 순이었다.

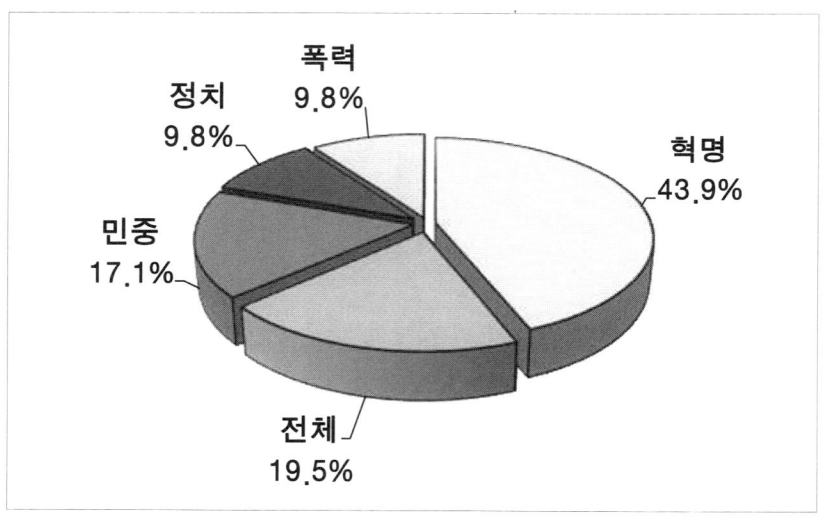

〈자료 59〉 입체원도표 3-7: 제180호 혁명의 철학

박정희 군부권위주의 정권에 대한 『사상계』의 저항은 이 시기를 통해 더욱 강화되었다. 즉, 한일회담 반대투쟁을 기점으로 『사상계』의 저항성

이 투쟁적 성격으로 발전하자, 권위주의 정권은 강력한 언론탄압으로 맞섰으며, 또한 편집인이자 발행인이었던 장준하의 현실정치 참여로 인하여 그의 정치적 위상이 언론인으로부터 제도권 정치인(야당소속 국회의원)으로 변화됨에 따라『사상계』가 그간 한국사회의 지적 영역에서 차지하고 있던 위상과 영향력이 점차 약화되기 시작했다. 따라서 이 시기는『사상계』의 "중심지도력이 해체되는 시기이자 공동화된 시기"였다.[69]

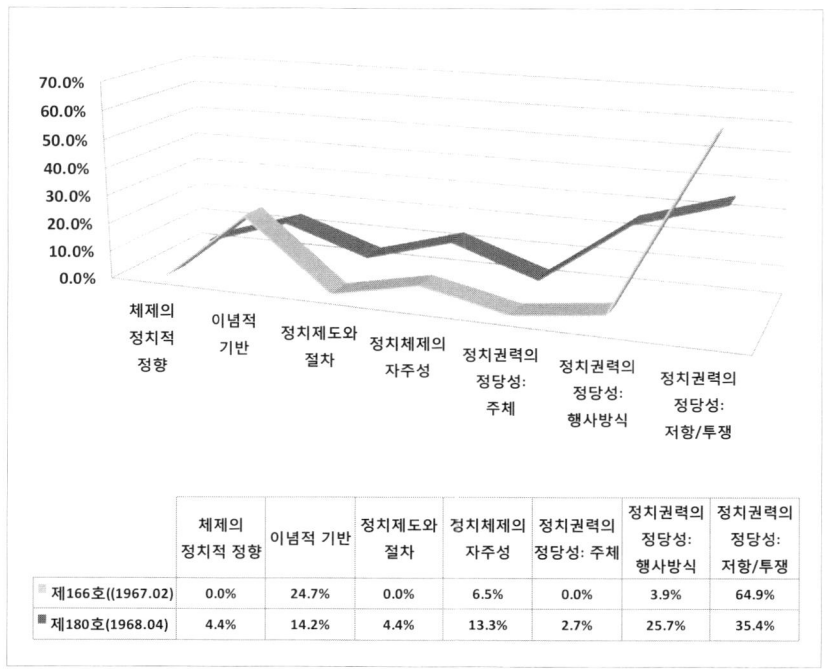

〈자료 60〉 저항/투쟁의 민주주의

이 시기에 함석헌이 표명한 저항 민주주의관을 살펴보면, 두 표본 모두에서 ≪정치권력의 정당성≫-〈저항/투쟁〉의 측면에 대한 언급이 가장 많

---

[69] 노종호(1995), 219-220. 김상웅(2009), 394에서 재인용.

이 이루어졌음을 알 수 있다. 이를 보다 구체적으로 살펴보면, 우선 제166호의 경우에는 ≪정치권력의 정당성≫-〈저항/투쟁〉에 대한 언급빈도가 64.9%로 독보적으로 높게 나타나고, ≪이념적 기반≫에 대한 언급빈도 역시 24.7%로 상당히 높은 반면, ≪체제의 정치적 정향≫이나 ≪정치제도와 절차≫, ≪정치권력의 정당성≫-〈주체〉에 관한 언급은 전혀 발견되지 않고 있다. 제180호의 경우에도 마찬가지로 ≪정치권력의 정당성≫-〈저항/투쟁〉에 관한 용어의 언급빈도가 35.4%로 가장 높고, 이와 더불어 ≪정치권력의 정당성≫-〈행사방식〉(25.7%), ≪이념적 기반≫, 그리고 ≪정치체제의 자주성≫에 대한 언급도 상당히 여러 번 이루어졌지만, ≪체제의 정치적 정향≫, ≪정치제도와 절차≫, ≪정치권력의 정당성≫-〈주체〉에 관한 언급빈도는 제160호와 같이 매우 저조한 양상을 띠고 있다. 이러한 빈도분포양상으로 미루어 볼 때, 함석헌이 국민의 기본권인 언론, 출판의 자유가 유린되는 현실을 목도하면서 종전에 견지하고 있던 민주주의관, 곧 이념적 기반으로서의 민주주의를 정당성을 상실한 억압적 지배권력에 맞서는 '저항과 투쟁의 민주주의'로 전환했음을 알 수 있다. 즉, 그는 정치제도와 절차의 민주적 운용이라기보다는 정치권력 자체의 이념적 정당성을 중심으로 저항의 논리를 전개해 나갔던 것이다.

(3) 자주적 민주주의: 『씨ᄋᆞᆯ의 소리』(1970~1972)

함석헌은 1970년 폐간된 『사상계』의 전통을 이어받아 『씨ᄋᆞᆯ의 소리』를 창간해 박정희 정권에 대한 저항운동을 지속적으로 이끌어 나갔다. 이 시기의 내용분석에 사용될 문헌표본은 『씨ᄋᆞᆯ의 소리』 창간호(1970. 4)에 게재된 「나는 왜 씨ᄋᆞᆯ의 소리를 내나」와 제7호(1971. 12)의 「비상사태에 대하는 우리의 각오」, 그리고 제13호(1972. 8)의「민족 노선의 반성과 새 진로」등 세 편의 글이다.

조국근대화를 앞세운 박정희의 개발독재는 비록 외형적 경제성장을 달성하는데 성공했으나, 불균형 성장에 따른 사회적 불만과 좌절감의 확산은 특히 노동자와 빈민의 급격한 정치화를 야기함으로써 전태일 분신사건(1970. 11)과 광주대단지 사건(1971. 8) 등 시민저항을 초래하게 된다. 이러한 1970년 초엽의 정치현실 속에서 함석헌은 박정희 정권이 조국근대화의 미명 아래 정권유지를 위해 민중을 착취하고 있다고 신랄히 비난했다. 즉, 1971년 12월 박정희 정권이 사회안정을 위한다는 명분을 내세워 비상사태를 선포하자, 함석헌은「비상사태에 대하는 우리의 각오」를 통해 비상사태의 책임은 지배계급에게 있는 것이지 민중에게 있는 것은 아니며, 민중에 대한 탄압은 특권층의 탐욕에서 기인하는 것이라 주장했다. 또한 그는 한국 민주주의의 고질적 문제인 이념으로서의 민주주의와 현실정치로서의 민주주의의 괴리가 "민중의 양심"을 통해 해결될 수 있다고 보았다. 그에게 있어서 양심이란 "인간 속에 있으면서 인간 이상의 것이 깃들이는 지성소"로서, 개인의 양심이 아니라 전체 민중의 양심("내 것이 아니라 전체의 것")이자 "하나님의 명령"이라는 종교적 의미를 지닌 것이었다.[70] 그는 이러한 양심이 있다면 어떤 독재와 압제에도 능히 맞서 대적할 수 있다고 주장했다.

함석헌은 또한 1972년 7·4 남북공동성명에 대해서도 정부가 주도하는 남북통일에 반대한다는 비판적 입장을 표명했다. 즉, 그는 제13호「민족 노선의 반성과 새 진로」(1972. 8)에서 통일에 대한 논의는 남한 민중과 북

---

[70] 이상록(2010a), 225.

한 민중이 중심이 되어 진행될 때 비로소 진정한 의미의 통일로 연결될 수 있으며, 따라서 정부 간의 통일논의는 민중을 위한 것이 아니기 때문에 반대한다는 입장을 분명히 밝혔다.

〈자료 61〉 워드 클라우드 3-8: 7호 비상사태에 대하는 우리의 각오

함석헌은 지배계급이 민중을 지속적으로 억압하는 상태를 독재로, 민중 즉 씨올이 스스로 다스리는 상태를 민주주의로 규정했다. 이러한 그의 인식은 아래 「비상사태에 대하는 우리의 각오」에 대한 〈워드 클라우드 3-8〉에서 잘 드러나고 있다. 제일 크게 돋보이는 단어는 '국민'이고, '정부'와 '비상'이 그 다음으로 크게 보이며, 그 뒤를 이어 '양심', '민중'의 순으로 두

드러져 보이고, '민족', '정치', '나라', '잘못' 등의 용어 역시 발견된다.

또한 상위 5위의 언급빈도에 해당되는 흥어를 표시하는 〈입체원도표 3-8〉 역시 동일한 양상을 나타내고 있다. 민주주의의 ≪이념적 기반≫을 표상하는 '국민'에 대한 언급의 비율이 26.7%로 가장 높았으며, 다음이 ≪정치권력의 정당성≫-〈행사주체〉인 '정부'(24.3%)에 대한 언급이 두 번째로 빈번히 언급되었다. 그리고 이 저술이 박정희 정권이 선포한 비상사태의 부당함을 비판하기 위한 목적이었기 때문에 비상사태와 비상시국을 의미하는 '비상'에 대한 언급의 비율이 21%를 차지했다. 다음으로는 그가 한국사회의 고질적 병폐를 해소할 수 있는 핵심적 요건으로 강조한 '전체민중의 양심'에 해당되는 두 개의 단어 '양심'(14.3%)과 '민중(13.8%)'에 대한 언급이 뒤따르고 있다.

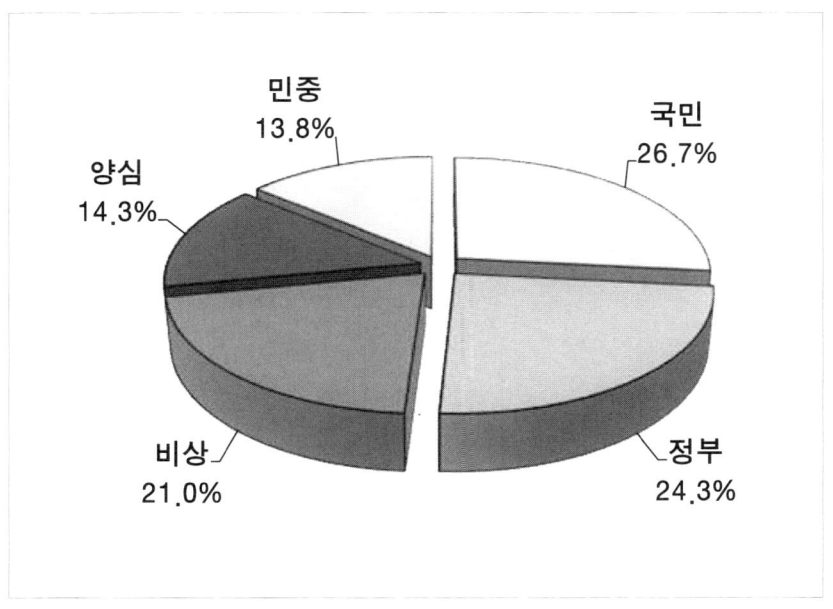

〈자료 62〉 입체원도표 3-8: 7호 비상사태에 대하는 우리의 각오

'자주적 민주주의'의 측면에서 『씨올의 소리』에 게재된 저술들이 나타내는 전반적 양상을 살펴보면, 앞서 논의한 두 유형('이념적 기반으로서의 민주주의'와 '저항/투쟁의 민주주의')의 분석결과와 유사하게 세 표본 모두에서 ≪이념적 기반≫에 대한 언급빈도가 여타 범주에 대한 언급빈도보다 상대적으로 많음을 알 수 있다. 다만 제13호의 경우는 7·4 남북공동성명 발표로 인해 민족통일에 대한 논의가 활발하게 이루어진 시기였기 때문에, 남북한 민중이 주체가 되어 자주적 통일을 달성해야 한다고 주장했던 함석헌의 글 속에 ≪정치체제의 자주성≫에 대한 언급이 ≪이념적 기반≫에 대한 언급보다 상대적으로 많이 나타난 것으로 보인다.

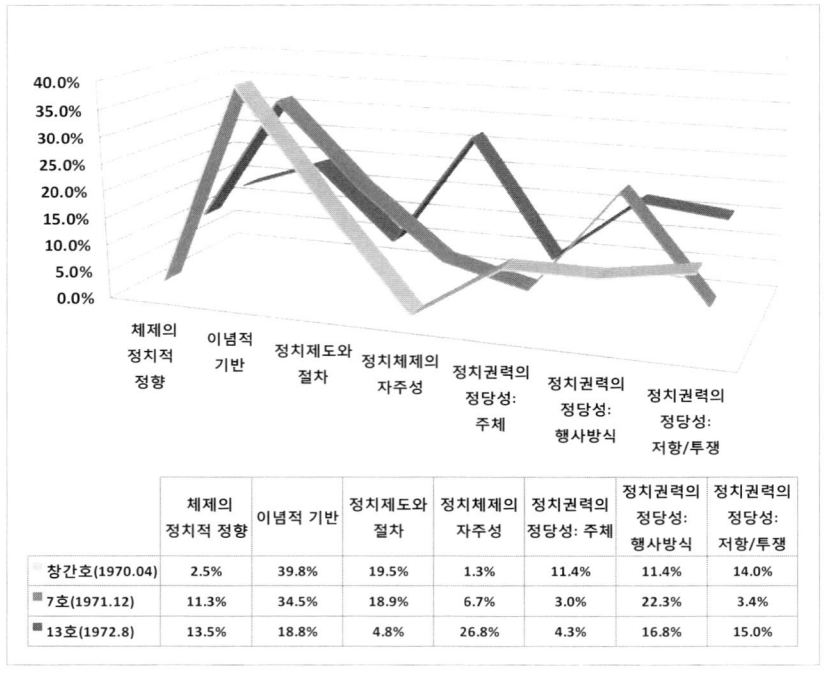

	체제의 정치적 정향	이념적 기반	정치제도와 절차	정치체제의 자주성	정치권력의 정당성: 주체	정치권력의 정당성: 행사방식	정치권력의 정당성: 저항/투쟁
창간호(1970.04)	2.5%	39.8%	19.5%	1.3%	11.4%	11.4%	14.0%
7호(1971.12)	11.3%	34.5%	18.9%	6.7%	3.0%	22.3%	3.4%
13호(1972.8)	13.5%	18.8%	4.8%	26.8%	4.3%	16.8%	15.0%

〈자료 63〉 자주적 민주주의

용어의 빈도분포 양상을 전반적으로 살펴보면 창간호에는 ≪이념적 기반≫에 대한 언급이 39.8%로 가장 많았으며, 그 다음으로 ≪정치제도와 절차≫(19.5%), ≪정치권력의 정당성≫ 범주의 〈저항/투쟁〉(14%), 〈주체〉(11.4%), 〈행사방식〉(11.4%)이 뒤를 잇고 있다. 제7호의 경우도 역시 ≪이념적 기반≫(34.5%)에 대한 언급빈도가 가장 높게 나타났고, ≪정치권력의 정당성≫-〈행사방식〉에 대한 언급이 22.3%로 두 번째로 빈번히 이루어졌으며, 이어 ≪정치제도와 절차≫(18.9%)와 ≪체제의 정치적 정향≫(11.3%), 그리고 ≪정치체제의 자주성≫(6.7%)의 순으로 언급되었다. 제13호의 경우는 앞서 살펴 본 것처럼 ≪정치체제의 자주성≫(26.8%)에 대한 언급이 가장 많았고, 그 다음으로 ≪이념적 기반≫(18.8%)이었으며, ≪정치권력의 정당성≫-〈행사방식〉(16.8%), ≪정치권력의 정당성≫-〈저항/투쟁〉(15%)과 ≪체제의 정치적 정향≫(13.5%)이 비슷한 수준으로 언급되고 있음을 알 수 있다. 이처럼 함석헌이 민주주의의 이념적, 절차적 측면에 걸쳐 모두 관심을 나타냈던 것은 그가 역설한 민족통일의 방식과 연관된 것으로 보인다. 즉, 그는 장준하가 말했듯이 민주주의의 가치는 "민족적 자유인 통일"에 의해서만이 완전해 질 수 있다고 보았으며, 이러한 맥락에서 남북 민중이 주도하는 통일만이 평화통일을 이루는 길이라고 보았다. 민중을 기반으로 한 '자주'야말로 그의 민주주의 담론과 통일담론을 일관하는 핵심적 축이었던 것이다.

3. 함석헌의 민주주의 인식구도: 구조적 특성과 맥락의 시기별 중요성

본 절에서는 함석헌이 인식한 민주주의를 '이념적 원리로서의 민주주의'와 '저항과 투쟁의 민주주의', 그리고 '자주적 민주주의' 등 세 가지 유형으로 분류하여 1950년대와 1960년대『사상계』에 게재한 글 6편과 1970년대『씨올의 소리』에 게재한 글 3편, 총 9편을 대상으로 내용분석을 수행하였다. 분석결과를 바탕으로 각 민주주의 유형의 특성과 구성맥락의 상대적 중요성을 비교한 결과는 아래와 같다.

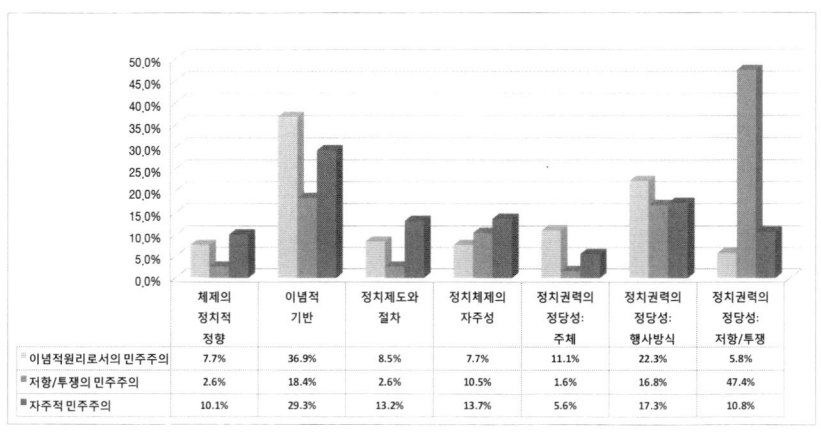

	체제의 정치적 정향	이념적 기반	정치제도와 절차	정치체제의 자주성	정치권력의 정당성: 주체	정치권력의 정당성: 행사방식	정치권력의 정당성: 저항/투쟁
이념적원리로서의 민주주의	7.7%	36.9%	8.5%	7.7%	11.1%	22.3%	5.8%
저항/투쟁의 민주주의	2.6%	18.4%	2.6%	10.5%	1.6%	16.8%	47.4%
자주적 민주주의	10.1%	29.3%	13.2%	13.7%	5.6%	17.3%	10.8%

〈자료 64〉 유형별 민주주의 맥락의 양상

우선 '이념적 원리로서의 민주주의'의 경우는 당연히 ≪이념적 기반≫에 대한 언급이 가장 많이 나타났고, '저항/투쟁의 민주주의'의 경우에는 ≪정치권력의 정당성≫-〈저항/투쟁〉에 대한 언급빈도가 여타 유형에 비해 월등히 높았다. 다만 '자주적 민주주의'의 경우는 함석헌이 특정한 맥락에 집중해서 언급했다기보다는 다양한 맥락에 걸쳐 고루 관심을 표명했음을 알 수 있다. 이를 구체적으로 살펴보면, '자주적 민주주의'에 있어서 여타 두 유형에 비해 상대적으로 더 빈번히 언급된 맥락은 ≪정치체제의 자주성≫, ≪정치제도와 절차≫와 ≪체제의 정치적 정향≫ 등 세 가지였다. 또한 비록 '이념적 원리로서의 민주주의' 보다는 상대적으로 비중이 낮지만, 가장 빈번히 언급된 맥락은 ≪이념적 기반≫이었으며, ≪정치권력의 정당성≫-〈행사방식〉에 대한 언급 역시 ≪이념적 기반≫에 대한 언급에 이어 큰 비중을 차지하고 있음을 알 수 있다.

한편 다양한 맥락에 걸쳐 관심을 표명한 '자주적 민주주의' 유형과 비교할 때, '저항/투쟁의 민주주의'의 경우에는 앞서 언급한 바와 같이 ≪정치권력의 정당성≫-〈저항/투쟁〉에 대한 언급이 월등히 많고, 여타 맥락에 있어서도 다른 두 유형에 비해 언급빈도가 높은 맥락은 존재하지 않는다. 즉, 비록 눈에 두드러지지 않지만 ≪이념적 기반≫에 대한 언급이 ≪정치권력의 정당성≫-〈저항/투쟁〉 다음으로 높은 빈도를 보이고 있고, 이어 ≪정치권력의 정당성≫-〈행사방식〉과 ≪정치체제의 자주성≫에 대한 언급이 뒤따르고 있다.

또한 '이념적 원리로서의 민주주의'는 앞서 지적한 것처럼 ≪이념적 기반≫에 대한 언급이 제일 많이 나타났지만, ≪정치권력의 정당성≫ 맥락에서의 〈행사방식〉과 〈주체〉에 대한 언급빈도가 다른 두 유형에 비해 상대적으로 높음을 알 수 있었다. 즉, 민주주의의 ≪이념적 기반≫에 대한 언급은 세 가지 민주주의 유형뿐만 아니라 분석대상 저술 9편 모두에서도 다른 어떤 맥락에서의 언급보다도 높은 비율을 차지하고 있음을 알 수 있었다.

이러한 분석결과는 함석헌이 담론 전체를 일관해 민중중심 민주주의의 확립을 지속적으로 주장했으며, 저항과 투쟁 역시 '전체 민중의 힘'만으로 가능하다고 역설했다는 기존 연구의 주장을 뒷받침해 준다. 따라서 씨 ㅇㄹ, 즉 민중을 정치권력의 주체로 상정한 그의 민주주의관은 '전체로서의 민중'이 주도하는 민주주의, 민중이 스스로 하는 민주주의, 그리고 억압적 지배권력에 대한 민중저항과 투쟁의 민주주의였다고 말할 수 있다. 바꾸어 말해서, 그의 민주주의는 어디까지나 이념적 원리로서의 민주주의였던 것이다. 즉, 앞의 제3장에서 논의한 바와 같이 장준하는 대의민주주의 정치질서의 회복 혹은 대의민주주의 정치기제의 정상적 운용을 궁극적 목표로 상정했으나, 함석헌은 대의민주주의 정치기제의 필요성을 단지 현실적으로 인정했을 뿐 결코 궁극적 목표로 받아들이지는 않았다. 왜냐하면 정치기제의 민주화, 곧 절차적 민주주의의 확립은 씨올이 이끌어나가는 민중중심 민주주의의 이념적 원리를 구현함에 있어서 요구되는 잠정적 수단에 불과했기 때문이다.

결론

한국적 민주주의관의
편향성:
절차적 민주주의로의 경도

⋮

　서론에서 밝힌 바와 같이, ≪근현대 한국지성사대계 총서≫의 제2권인 이 책은 개화기, 일제 강점기와 현대 한국에 걸쳐 전개된 민주주의 담론의 구조적 맥락과 그 속에 반영된 민주주의관을 경험과학적 내용분석을 통해 규명하는데 목적을 두었다. 즉, 개화기 유길준의『서유견문』과 일제 강점기 안확의『조선문명사』일부, 그리고 현대 한국의 장준하와 함석헌이『사상계』와『씨올의 소리』에 게재한 총 18개의 문헌표본을 대상으로 삼아 제1권『민주주의와 민주화Ⅰ』이 한국 민주주의 담론의 핵심적 맥락으로서 '자주적 근대화'와 '저항'을 제시한 것이 과연 타당한가를 실증적·계량통계적 자료를 통해 확인하려 시도하였다.

　우선 제1부에서는『서유견문』에 대한 내용분석을 통해 서구의 근대민주주의 정치기제를 선택적으로 도입해 군주제를 개혁함으로써 부국강병과 자주적 독립국가의 건설을 도모했던 유길준의 '문명개화' 민주주의관, 곧 자주적 근대화를 위한 개화기의 민주주의관을 재확인할 수 있었다. 즉, 제5편-1「정부의 시초」에 대한 〈워드 클라우드〉 분석에서는 '사람', '정부', '법률', '제도', '개화' 등의 용어가 뚜렷이 부각되고 있으며, 범주(맥락)별 분석단위(용어와 구)의 빈도분석 역시 민주주의의 정치제도와 절차, 그리고 이념적 기반에 대한 용어가 빈번히 언급되었음을 보여주고 있다. 따라서 제5편-1은 정치체제의 개혁이 바로 '사람', 곧 인민을 위한 것이라는 유길준의 인식을 명확히 반영하고 있다. 제5편-2 「정부의 종류와 제도」의 경우에는 '국민', '정치체제', '나라', '임금', '법률', '정부' 등의 용어가 돋보이고, 전반적으로 근대화를 위한 정치체제의 개혁과 민주주의 정치제도와 절차라는 두 가지 범주(맥락)에 포함되는 용어가 다른 범주에 속한 용어들에 비해 상대적으로 많이 언급되고 있다. 따라서 제5편-2는 민주주의의 기제적·절차적 원리를 일부 도입함으로써 조선의 군주제를 개혁할 수 있는 방안에 대한 유길준의 시각을 잘 보여주고 있다. 한편 제4편 「국민의 권리」에서는 〈워드 클라우드〉 뿐만 아니라 범주별 분석단위에 대한 빈도분석에 있어서도 민주주의의 이념적 기반에 대한 언급이 여타 영역에 비해 월등히 많이 나타났다. 그런데 이러한 이념적 기반에 관한 언급에 있어서는 '권리', '자유', '평등'과 같은 근대적 속성의 용어뿐만 아니라, '통의', '정리', '이치', '직분' 등 전통적 속성을 지닌 용어들이 고루 사용되고 있음이 밝혀졌다. 이는 유길준이 민주주의의 이념적·절차적 원리를 유가의 정치적 규범을 통해 재해석하여 군주제 정치질서에 반영함으로써 조선의 정치적 개화를 시도했다는 제1권의 주장을 뒷받침해주는 계량통계적 근거가 된다. 마지막으로 제3편 「나라의 권리」에서는 근대화의 맥락에서 국가 자주성에 대한 언급이 많이 나타나는데, '권리', '주권', '동등', '자주'와 같은 근대적 속성을 지닌 용어들이 '공물', '증공국', '수공국'과 같은 전통적 속성을 표상하는 용어들보다 더 빈번히 언급되었다. 요컨대 『서유견문』에 대한 경험과학적 내용분석은 유길준이 자주적 근대화의 개화기적 방책으로서 군주제 정치질서에 근대성을 부여하기 위해 민주주의의 이념적·기제적 원리를 적용하려 시도했다는 제1권과 여타 기존 연구의 공통된 주장을 재확인해 주고 있다. 즉, 그는 근대국민국가로의 체제개혁과 위계적 전통사회질서의 유지라는 상반된 두 가지 목표를 동시에 달성하기 위해 근대성과 전통성을 융합하는 전략으로서 민주주의 원리를 유가적 입장에서 수용하려 했던 것이다.

다음으로 제2부에서는 일제 강점기의 정치지성 안확의 '진화' 담론의 전개맥락을 『조선문명사』에 대한 내용분석을 통하여 추적하였다. 앞서 논의한 바와 같이, 안확은 조선문명에 애당초 내재되어 있던 진보의 가능성을 드러냄으로써 민족의식을 고양하고 식민통치에 대한 저항의식을 추동하려 시도했다. 표본문헌을 대상으로 한 내용분석 결과를 구체적으로 살펴보면, 제1장 서언의 〈워드 클라우드〉 분석에서 '정치사', '조선', '문명', '역사', '조선민족', '문화' 등의 용어가 크게 두드러져 보이는 것과 범주별 용어의 빈도분석에서도 역시 체제의 정치적 정향, 특히 보편성과 자주성에 대한 언급의 비율이 상당히 높게 나타난 것을 볼 때, 조선정치사의 재조명을 통해 조선문명의 자주성과 근대성, 즉 서구 각국의 근대성과 충분히 견줄 수 있는 '보편적 근대성'을 강조하려 했던 안확의 저술의도를 분명히 확인할 수 있었다. 다음으로 제6장-1「민권의 발달과 군권의 제한」은 조선정치사에 내재된 근대성과 민주성을 상세하게 논의하고 있다. 즉, 〈워드 클라우드〉 상에서는 군주권의 제한요소로 기능하는 '회의'를 필두로 '정치', '군주', '반포', '입법', '행정' 등의 용어가 돋보이고 있으며, 전반적으로 민주주의 정치제도와 질서에 관한 언급이 가장 빈번히 이루어졌다. 이러한 분석결과는 안확이 조선의 정치제도와 질서가 지닌 본연적 근대성으로부터 정치적 진보의 가능성, 즉 입헌공화제로의 전환가능성을 역설했다는 기존 연구의 시각을 뒷받침해 준다. 다음으로 당파와 당쟁의 민주적 성격을 강조한 제6장-2 「정당, 당파, 그리고 정치적 진화」의 경우에는 '당파', '정치', '정당', '발달' 등의 용어가 〈워드 클라우드〉를 통해 부각되고 있고, 분석단위의 범주별 빈도에 있어서도 정치제도와 질서에 관한 언급의 비율이 높은 편이다. 따라서 안확이 "서구의 근대정당과 비교해도 결코 뒤떨어지지 않는" 조선의 당파를 재조명함으로써 조선정치의 자주성과 근대성을 역설했다는 기존 연구의 주장은 타당하다고 말할 수 있다. 제6장-3 「자치제」는 그가 조선역사에서 가장 우수한 정치제도로 꼽은 전통적 자치제의 근대성을 논의하고 있다. 즉, 〈워드 클라우드〉 상에서 '향회', '유향소' 등의 자치기제에 대한 언급이 돋보이고 있으며, '발달', '자치', '자치기관' 등이 뒤따르고 있다. 또한 범주별 용어의 사용빈도에 있어서는 근대화의 맥락에서 정치체제의 자주성에 대한 언급이 제일 많고, 다음으로 민주주의 정치제도와 질서에 대한 언급이 뒤따르고 있다. 마지막으로 제6장-4 「국제관계와 외교」는 조선의 외교가 호혜주의에 기반을 둔 주권국으로서의 행위였음을 역설하고 있다. 즉, '외교', '국제', '사절', '호혜주의' 등의 용어가 〈워드 클라우드〉 상에서 크게 표현되며, 범주별 용어의 빈도분석 역시 근대화의 맥락에서 정치체제의 자주성에 대한 언급이 집중적으로 이루어졌음을 보여준다. 이러한 분석결과는 안확이 조선의 자주독립에 요구되는 민족의식을 고양하기 위한 방편으로 조선외교의 자주성을 강조했다는 기존 연구의 주장을 실증적으로 보완해 준다.

제3부에서는 현대 한국의 정치지형 속에서 형성된 억압적 지배권력에 대한 저항 민주주의관, 특히 절차적 민주주의의 공고화 과정에서 표출된 장준하와 함석헌의 저항 민주주의관을 『사상계』와 『씨올의 소리』에 게

재된 표본문헌을 중심으로 살펴보았다. 우선 장준하가 1956년부터 1967년까지 『사상계』에 게재한 민주주의 담론 9편을 대상으로 경험과학적 내용분석을 수행한 결과, 그의 민주주의관은 계몽적 민주주의 시기(제1기, 1953~1958), 저항적 민주주의시기(제2기, 1959~1962)와 투쟁적 민주주의 시기(제3기, 1963~1965)를 거치며 상당한 변화를 나타냈음이 밝혀졌다. 범주별 분석단위의 출현빈도와 분포양상을 고려할 때, 장준하의 민주주의 담론은 정치체제의 이념적 정향으로서의 민주주의(제1기)로부터 출발해 권위주의체제에 대한 저항의 이념적 근거로서의 민주주의(제2기)를 거쳐, 제도화된 정치질서로서의 민주주의(제3기)로 변화했다고 말할 수 있다. 즉, 이러한 분석결과는 장준하의 민주주의관이 현실정치 속에서 부각된 쟁점에 따라 이념으로서의 민주주의와 정치질서로서의 민주주의를 오가는 가변성과 유연성을 노정한 민주주의였다는 제1권의 주장을 뒷받침한다. 또한 내용분석 결과를 전반적으로 살펴볼 때, 장준하가 이승만과 박정희의 권위주의 정권 하에서 절차적 민주주의의 확립을 강조하며 제도권 정치참여를 통한 저항과 투쟁의 필요성을 역설했다는 기존 연구의 주장, 곧 그의 민주주의 담론이 단순한 교도적(敎導的), 계몽적 성격을 넘어서서 대중의 저항을 유도하는 '실천성'을 강하게 노정하고 있다는 견해가 타당성을 지녔다고 볼 수 있다.

다음으로 함석헌의 경우에는 1950년대와 1960년대에는 『사상계』에, 그리고 1970년대에는 『씨올의 소리』에 게재한 저술 9편을 대상으로 내용분석을 수행하였다. 분석 결과, 그의 민주주의관은 이념적 원리로서의 민주주의(『사상계』의 제1, 2, 3기에 해당, 1958년~1965년), 저항과 투쟁의 민주주의(『사상계』의 제4기에 해당, 1966년~1970년), 그리고 자주적 민주주의(『씨울의 소리』, 1970년~1972년)를 거쳐나가며 점진적으로 변화했음을 확인할 수 있었다. 즉, 범주별 분석단위의 출현빈도와 분포양상을 고려할 때, 함석헌이 잡지에 기고한 글을 통해 현실정치에 영향력을 행사했던 1950년대 후반~1960년대 중반까지는 민주주의의 이념적 기반에 대한 언급이 주로 이루어졌으며, 군부독재의 강력한 탄압과 장준하의 변신, 즉 비제도권 저항 엘리트로부터 제도권 정치인으로의 변신으로 인해『사상계』의 영향력이 급격히 쇠퇴한 제4기(1966~1970)에는 정치권력의 정당성이라는 맥락에서 저항과 투쟁에 관한 언급빈도의 비율이 특히 높게 나타났다. 또한『씨울의 소리』를 통해 박정희의 개발독재에 대한 저항을 이어가던 1970년~1972년에는 민족통일에 대한 논의가 활발히 이루어지던 시기의 특성 상 정치체제의 자주성에 대한 언급이 앞의 두 시기에 비해 상대적으로 많이 탐지되었다. 그러나 함석헌의 민주주의관이 노정한 가장 큰 특징은 문헌표본을 일관하여 민주주의의 이념적 기반에 대한 언급빈도가 어떤 다른 맥락에 대한 언급보다 높은 비율을 차지하고 있다는 점이다. 이로부터 함석헌의 민주주의 담론이 지닌 핵심주제가 민중중심 민주주의라는 이념적 좌표의 설정이었다는 기존 연구의 타당성을 확인할 수 있다. 즉, 절차적 민주주의의 확립을 목표로 삼았던 장준하와 달리, 함석헌은 대의민주주의 정치기제를 한국사회가 지향해야 할 궁극적인 정치적 목표가 아니라 단지 저항과 투쟁을 위한 잠정적 정치기제로 인정했을 뿐이었다는 점을 재확인 할 수 있었다.

이처럼 제1부로부터 제3부에 걸친 경험과학적 내용분석을 통해 개화기, 일제 강점기와 현대 한국에 이르기까지 역사적 조건과 정치지형의 변화과정 속에서 전개된 민주주의의 담론의 구조적 맥락과 민주주의관의 변화양상을 추적하였다. 전반적 분석결과는 유길준·안확·장준하·함석헌의 민주주의 담론을 구성하고 있는 맥락에 대한 기존 연구와 본 ≪근현대한국지성사대계 총서≫ 제1권의 견해가 타당하다는 것을 보여주고 있다. 물론 이러한 분석결과는 기존 연구를 뒷받침하는 것에 불과할 수도 있으나, 서론에서 제시한 지성사 연구에 있어서 경험과학적 내용분석의 방법론적 효용성을 확인했다는 의미를 갖는다. 즉, 경험과학적 내용분석이 원전에 대한 심층적 독해를 통해 밝혀진 담론의 맥락과 구조를 재확인하는 데 필요한 실증적이자 객관적 근거를 제공한다는 측면에서, 이 책은 지금까지 우리 지성사 연구에 적용되지 않았던 새로운 접근방법으로서의 경험과학적 내용분석이 실제로 수행되는 과정을 예시한 방법론적 길잡이가 될 수 있다.

1948년 대한민국 정부의 수립과 함께 자유민주주의 헌정질서가 채택된 이래 오늘날에 이르기까지 펼쳐진 현대 한국의 정치지형을 살펴볼 때, 외형적으로는 절차적 민주주의가 정착되었으나 그러한 정치적 절차의 실질적 운영이라는 측면에서는 민주주의라는 용어가 단지 집권세력의 권위와 정당성을 뒷받침하기 위한 제도적 장치로서 남용된 경우가 적지 않았다. 이처럼 한국정치가 실질적 민주주의(substantive democracy), 즉 사회의 모든 영역에 걸친 민주적 역동의 심화를 달성하지 못한 가장 큰 이유는 해방 후 70여 년이 흘렀음에도 불구하고 민주주의의 이념적·실천적 기본 원리가 비단 시민들뿐만 아니라 현실정치를 이끌어 온 정치 엘리트들의 인식 속에 안정적으로 자리 잡지 못했기 때문이다.[1] 다시 말해서 정치

---

1) 안외순. 2001a. "19세기말 조선에 있어서 민주주의 수용론의 재검토 -동서사상 융합의 관점에서-."『정치사상연구』4집, 28; 강정인. 2000. "민주주의의 한국적 수용."『한국정치학회보』34집 2호, 73-74.

제도와 시민문화(civic culture)[2]의 상보적 융합을 통한 민주주의적 정치제도화(political institutionalization)가 아직 달성되지 않았다고 볼 수 있다.[3]

앞서 논의한 바와 같이 한국의 정치지성들은 개화기의 유길준으로부터 현대 한국의 장준하와 함석헌에 이르기까지 민주정치의 주체인 '민중'에 대한 인식에 있어서 이중성을 보여 왔다. 개혁의 주도세력으로 자처한 지식인들이 한편으로는 민중을 정치의 주체로 상정해 민중의 정치적 역량과 민의(民意)를 강조하면서도 또 한편으로는 민중을 단지 계몽의 대상으로 간주했던 것이다. 즉, 이들은 '깨어 있는 지식인'의 입장에서 민중의 우매함을 전제로 삼아 계몽적 담론, 불의한 권력에 대한 저항을 촉구하는 담론을 끊임없이 전개해 왔다. 그런데 이들이 역설한 민주주의, 곧 서구 민주주의의 기본 원리는 개인의 자유와 권리를 중시하는 자유주의의 입장에서 사회구성원들 간의 수평적이자 대등한 관계를 전제로 하고 있다. 그러나 한국의 정치지성들은 바로 자신들과 민중과의 관계를 수직적 관계, 곧 계도-추종의 관계로 설정하는 모순에 빠져 있었던 것이다. 이러한 지성인, 지식인들의 시각은 시민사회 속에 민주주의의 본질에 대한 편향적 인식을 고착시킬 위험성을 갖고 있으며, 실제로 오늘날의 민주주의는 그것이 '광장 민주주의'이든 '촛불 민주주의'이든 저항 민주주의의 성격을 벗어나지

---

[2] 높은 수준의 정치적 효능감(political efficacy)와 정치적 신뢰도(political trust)에 따라 강한 정치참여 의지를 표출하는 시민의식이 널리 확산되어 있는 정치문화, 곧 '민주주의적 정치문화'를 지칭. Almond, G. A and Verba, S. 1963. *The Civic Culture: Political Attitudes and Democracy in Five Nations*. Princeton: Princeton University Press 참조.

[3] 헌팅턴(Samuel P. Huntington)의 정의에 따르면, 정치제도화는 '정치조직과 절차가 가치와 안정성을 획득하는 과정'을 지칭한다. Huntington, S. 1968. *Political Order in Changing Societies*. New Haven and London: Yale University Press, 12.

못하고 있다.[4]

다음으로 민주주의를 수용한 동기와 경로를 살펴보면, 우선 개화기의 정치지성들은 조선의 자주적 근대화를 지향해 서구 민주주의 원리의 선별적 수용을 통한 정치질서의 개혁을 추진했지만, 그러한 개혁은 어디까지나 전통적 패권구도의 유지를 전제로 한 것이었다. 『조선문명사』를 통해 조선역사의 자주성과 근대성을 강조함으로써 민중을 계몽하고 식민통치에 대한 저항을 추동하려 했던 일제강점기의 안확 역시 자주적 근대화를 정치제도와 질서의 측면에 한정시킨 편향적 민주주의관을 갖고 있었다. 또한 현대 한국의 해방공간 속에서는 어떤 형태의 정치체제를 수립할 것인가를 두고 다양한 정치사회적 분파세력들 간의 극심한 대립이 노정되었으나, 이러한 대립은 결국 대통령제 '정치질서'를 채택하는 것으로 마무리되었다. 특정한 정치질서를 수용하는 방식으로 이념적 균절이 일단 봉합된 것이다. 이처럼 민주주의의 이념적 원리보다는 제도적 성격을 강조하는 절차적 민주주의관은 한국전쟁 이후 전개된 정치적 역동 속에서 억압적 지배권력을 정당화하는 길, 예컨대 선거를 통해 권위주의 정권이 들어서는 길을 열어주었다. 따라서 한국의 정치지형에 수용된 민주주의는 이념적 원리와 절차적 원리가 균형을 이루지 못한 까닭에 권력구도의 정당성을 뒷받침하기 위한 제도적 근거로 받아들여지거나, 바람직한 사회적

---

[4] 함석헌의 경우는 1970년대 이후 "민중의 위치에서 민중을 바라보려 했다." 이에 대해 이상록은 70년대의 함석헌의 민중인식이 60년대보다는 진보했지만, 그래도 여전히 계몽적 시각을 나타내고 있었다고 주장한다. 이상록. 2010b. "함석헌의 민중 인식과 민주주의론."『사학연구』97, 186. 문지영은 한국의 자유주의가 서양의 자유주의와 차이를 보이는 이유는 '개인'의 권리와 자유보다는 '민족'과 '민중', 그리고 '국가'를 중시하고 안보에 민감한 전통 때문이라 주장한다. 문지영. 2012. 『지배와 저항, 한국 자유주의의 두 얼굴』. 서울: 후마니타스, 322-323.

삶의 방식이라기보다는 억압적 지배권력에 대한 저항의 근거로 변용되어 왔다. 요컨대 개화기 이후 오늘날에 이르기까지 근현대 한국의 정치지형 속에서 형성된 민주주의관은 절차적 민주주의에 경도된 민주주의관, 불완전한 민주주의관이자 편향된 민주주의관이었던 것이다.

부록

제1부 범주별 용어의 빈도분포

개념	맥락	『서유견문』 제5편-1:「정부의 시초」				
		범주정의-단위(단어, 구)				총 빈도
		전통적 속성	빈도	근대적 속성	빈도	
근대화	국가의 자주성	스스로(1), 보전(8)	9			9
	체제의 개혁	나라(공통속성)(10)	10	나라(공통속성)(10)	10	10
		미개(1), 미개인(1), 미개한(3), 야만족(2), 야만인(7), 야만스럽게(1)	15	국가(1), 문명(1), 개화(1), 개화된(3), 개화된(1), 개화인(2)	9	24
민주주의	이념적 기반	사람(공통속성)(32) 인간(공통속성)(3)	35	사람(공통속성)(32) 인간(공통속성)(3)	35	35
		백성(3), 이치((5), 도리(8), 의리(1), 혈통(1)	24	권리(3), 국민(18), 공평(2), 공평한(2), 균등(1), 동등(1)	27	51
		명령(공통속성)(3)	3	명령(공통속성)(3)	3	3
	정치 제도와 절차	국법(2), 세습(2), 세습제(2), 세습적인(2), 임금(18), 우두머리(3), 왕(1), 귀족(1), 신하(3)	28	제도(10), 정부(39), 대통령(2), 법률(25): 법, 법규, (국민의)추천(1)	78	106
계			124		162	238

『서유견문』 제5편-2: 「정부의 종류와 제도」					
개념	맥락	범주정의-단위(단어, 구)			
		전통적 속성	빈도	근대적 속성	빈도	총빈도
근대화	국가의 자주성	보전(2)	2	(나라가) 부강해질 기회(2), 부강하다(2), 자주적(1), 독립(3), 독립적인(4)	12	14
		정치(공통속성)(12), 나라(공통속성)(40), 정치체제(공통속성)(49)	101	정치(공통속성)(12), 나라(공통속성)(40), 정치체제(공통속성)(49)	101	101
	체제의 개혁	임금이 마음대로 하는(2), 임금이 명령하는(6), 귀족이 주장하는(2), 한 사람의 손 안에 있는(1), 한계가 없다(1), 독단에 따라 행하는(1), 귀족들이 합의하는(1), 노예화(1)	15	개혁(1), 개화(2), 문명(3), 문물(1), 문물이 깨치기 시작한(1), 개정(1), 임금과 국민이 함께 다스리는(7), 국민들이 함께 다스리는(4), 진취적인 기상(1)	21	36
민주주의	이념적 기반	사람(공통속성)(18) 인간(공통속성)(1)	19	사람(공통속성)(18) 인간(공통속성)(1)	19	19
		인덕(1), 백성을 위하는(1), (군주의) 대권(1), 도리(4), 법도(2)	9	국민(58), 권리(6), 공평(4), 자유(1), 참여(6), 국정 참여권(참정권)(1)	76	85
		명령(공통속성)(11)	11	명령(공통속성)(11)	11	11
	정치 제도와 절차	임금(40), 정령(8), 국법(1), 대신들(7), 간신(2), 세습(2), 다스리다(14), 마음대로 부려서(1)	75	제도(9), 당국자(1), 정부(19), 대통령(2), 의정(5), 행정(4), 사법(4), 법, 법률(20), 삼권(1), 삼권으로 나누어져 있다(1), (국민의) 천거(4), 함께 지켜(1), 맡아 다스린다(1)	72	147
계			232		312	413

| 개념 | 맥락 | 『서유견문』 제4편: 「국민의 권리」 |||||
| | | 범주정의-단위(단어, 구) |||||
		전통적 속성	빈도	근대적 속성	빈도	총빈도
근대화	국가의 자주성	보전(5)	5	독립(2), 보편적(2), 보편화(1)	5	10
	체제의 개혁	정치(공통속성)(10), 나라(공통속성)(28)	38	정치(공통속성)(10), 나라(공통속성)(28)	38	38
				개화(4), 개정(2), 문명의 궤도가 넓혀짐(1)	7	7
민주주의	이념적 기반	사람(공통속성)(176), 인간(공통속성)(24)	176	사람(공통속성)(176), 인간(공통속성)(24)	176	176
		통의(49): 신명의 통의, 재산의 통의, 영업의 통의, 집회의 통의, 종교의 통의, 언론의 통의, 명예의 통의, 공도(6), 도의(2), 도리(6), 명예(11), 명분(2) 이치(16): 하늘의 이치, 정리(正理)(4), 신분(3), 계급(1), 인륜(1), 오륜(1), 지위(11), 직분(7), 직책(1), 신분(3), 권세(1)	125	국민(25) 자유(59): 신명의 자유, 재산의 자유, 영업의 자유, 집회의 자유, 종교의 자유, 언론의 자유, 평등(2), 공평: 공평한(3), 공평된(1), 불공평한(2), 국민의 의사(1) 권리(100): 전매권(1), 저작권(1), 특허권(1), 대중(8), 자주적(3)	177	302
	정치제도와 절차	명령(공통속성)(2)	2	명령(공통속성)(2)	2	2
		국법(17)	17	법(13), 법률(58)	71	88
계			363		476	623

개념	맥락	『서유견문』 제3편: 「나라의 권리」				
		범주정의-단위(단어, 구)				총 빈도
		전통적 속성	빈도	근대적 속성	빈도	
근대화	국가의 자주성	보전(10), 존중(3), 스스로 존귀해지다(1), 견제(2), 간섭(3), 침략(4), 침범(8), 개입(4), 복종(9), 공물(18), 부속(3), 제재(1), 강요(1), 위협(5), 핍박(3), 섬겨야하는(1), 섬기는(5), 대적하기 어려운(1), 대적할 수 없는(1), 조공(1) 증공국(40), 수공국(27), 속국(15), 수호국(1), 보호국(1)	168	자주(7): 자주적, 스스로 지키다(1), 권리(91) 독립(21): 독립국, 반독립국, 평등: 균등(4), 공평(3), 동등(30), 차이 없다(1), 구별하지 않고(2), 주권(18), 주권국(7), 중립(3), 교섭(8), 국교(1), 강화(5), 조약(34): 수호조약, 통상조약, 항해조약, 평화조약, 총영사(1), 영사(2), 무역사무관(1), 강대국(28), 약소국(24)	292	460
	체제의 개혁	나라(공통속성)(145), 정치(공통속성)(7)	152	나라(공통속성)(145), 정치(공통속성)(7)	152	152
				개혁(1)	1	1
민주주의	이념적 기반	사람(공통속성)(32), 인간(공통속성)(1)	33	사람(공통속성)(32), 인간(공통속성)(1)	33	33
		백성(1), 예, 예우(16), 충성(1), 도리(2), 명분(2), 이치(4), 신의(3), 법도(2), 공도(4), 지위(8), 직분(1), 직책(1)	45	자유(2) 국민(2), 인민(14), 입헌(1)	19	64
	정치 제도와 절차	명령(공통속성)(8) 법령(공통속성)(6)	14	명령(공통속성)(8) 법령(공통속성)(6)	14	14
		군주(29), 국법(2), 정령(2), 관례(1), 예법(2), 예규(2), 악습(1), 사신(5), 신하(5), 사절단(3), (정부)관리(2)	54	제도(3), 정부(7), 국회(1) 법: 법률(3), 법규(1), 공법(18), 입법(2) 여론(1)	36	90
계			466		547	814

제2부 범주별 용어의 빈도분포

개념	맥락		범주정의-단위(단어, 구)	빈도
	『조선문명사』 제1장: 「서언(緒言)」			
근대화	체제의 정치적 정향	보편성	개선(1), 진화(1), 문화(4), 문명(6), 발달(1), 문화주의(1), 진보(1), 선진적(1), 혼합하여 조화(1), 발전(1), 로마의 정치와 같이(1), 그리스의 정치와 같은 것(1), 스파르타처럼(1), 근세 과학적인 입장에서(1), 서양의 정치사와 비교(1), 그리스와 같이(1)	24
		자주성	조선민족(5)(이 지금에 이르기까지 5,000년을), 자기민족(2), 자발적인(:), 독립(1), 제2의 중국 민족으로 간주하여 왜곡되고 그릇된(1), 귀족적인 역사가들에 의해…이면에 숨겨져 있는 역사적 사실…정치적 사실을 들추어내지 못한(1), 정치가 외교적 수단…가면이 …뒤엎어 가린(1), 퇴보한 것으로 잘 못 인식한(1), 잘못 관찰한(1), 이민족으로서…잠깐도 없었고,…참고하고 이용한 것을 드러난 것에 지나지 않는다(1), 조선의 자치제(1), 고정성이…쇠퇴하고 뒤떨어졌다고 볼 수 없으며(1), 변화가 더디었다고…퇴보라고 할 수는 없는(1), 부족자치(1)	19
민주주의	이념적 기반			
	정치제도와 질서		법제(3), 제도(2), 헌법(1)	6
	정치권력의 정당성	주체		
		행사 방식	군국주의(1), 왕들이 각기 분립하는 정치(1)	2
		제한/항거		
계				51

부록 281

개념	맥락		범주정의-단위(단어, 구)	빈도
			『조선문명사』 제6장 근세군주독재정치시대(조선): 「제75절 입법」-「제82절 국민대표의 발안」	
근대화	체제의 정치적 정향	보편성	서양각국의 전제정치 시대(1), 오늘날 각국에서 운영하고 있는(1), 문명정치(1), 근대정치(2), 근대(1), 입헌국가(2), 입헌적(2)	10
		자주성	(전제정치 시대의)위정의 성격과 다른 점(1), 조선정치가 발달한 점(1), 더 정연하고 체계가 갖추어진(1), 가부결정이 간단하고 상당히 원만하여 결점이 없는(1), (오늘날의 분립제도)보다 상당히 우수한 점이 있었다(1), 전대의 귀족정치를 탈피(1), 정사를 공개적으로 반포, 정치가 발달했다는 것을 시사(1), 찰스10세…우리 조선의 정치가 얼마나 발달해 있는지 알 수가 있다(1), 오히려 공의를…고수한 우리 사론이 훨씬 공정한(1), 독립(2)	12
민주주의	이념적 기반		관례(1), 국민(3), 국민대표(2), 대표자(6), 유생(8), 민권(1), 민론(1), 정치적 책임(1), 책임(3), 민의(1), 자유(2), 민중의 권력(1), 참정(1), 권리(5), 발안권(1), 발안(3), 참여(3)	43
	정치제도와 질서		회의(35): 궁정회의, 정치회의, 정기회의, 비정기회의, 임시회의, 빈청회의, 입법회의, 대신회의, 신료(3), 대신(6), 관등상하(1), 관리(7), 백관(1), 행정장관(1), 장관(1), 최고위관리(1), 향회(1), 의원(2), 조지(朝紙)(3), 정사신문지(1) 제도(7), 정치기관의 조직(1), 정치조직(1), 조직(5), 분립(1), 분리(3), 분립제도(1), 행정(9), 행정부(6), 행정관리(2), 입법(10), 입법권(1), 입법부(6), 국회(2), 상하원제도(1), 법전(1), 법률(3), 여론(4), 의견(10)-각자 의견, 사회대중 각자의 의견, 사회전체의 의견, 모든 사람들로부터 나오는 의견-, 공론(3), 사론(士論)(5), 공의(公議)(2), 참석(4), 선출(1), (공론)이…입법과 행정에 대한 교섭을 일으키게(1), 반벌과 유생에 세습적인 제한이 존재하지 않았다(1), 비록 하급백성이라 하더라도…사론에 (참여)…반열을 얻기도 수월(1), 아무리 벌족…일반 상민의 반열로 몰락(1)	156
	정치권력의 정당성	주체	군주(8), 왕(2) 위정의 대권은 군주(1)	11
		행사방식	정사를 결정하는 과정에서 (회의)를 거친다(1), (의견)의 수렴(2), 의논(1), 토론(1), 토의(2), 관원과 함께 의결에 참여(1), (유소의 시비가부 변론에) 왕과 정부가 굴복(1), (조지를) 반포(10)	19
		제한/항거	왕의 말에 항거함으로써 자신의 의견을 개진(1), 부결(1), 반포하지 않고(1), 이의를 제기(1), 항거(3), 왕을 폐위(1), 행정관리의 권리가 우월(1), 정권이 관료에게 있다(1) (유생)은 정치에 간섭할 권리가 있다(1), 신료의 권리(1), (대표자들이 공의를) 건의(1), 유소(儒疏)(2), 복합(伏閤)(1), 사안의 시비가부를 변론(1)	17
계				268

『조선문명사』 제6장 근세군주독재정치시대(조선): 「제83절 정당의 발생」 - 「제85절 당파와 정치발달」					
개념	맥락		범주정의-단위(단어, 구)	빈도
근대화	체제의 정치적 정향	보편성	영국 노동자라도…나는 어느 당이다…다를 것이 없는 꼴이다(1), 어느 때는 미국정부의 1당이…독차지하는가하면(1), 프랑스 7월혁명…연립했던 것처럼…연립한 일도 있다(1), (정당)으로 인하여 정치가 발달(1), (정당)으로 인하여 정치가 진보한(1), 개선과 발전을 모색(1), 정치가 발달해야 (당파)가 생기는(1), 진보(3), 근대정치(1), 개량(2), 개선(1)	14
		자주성	위험을 만들어 내던 그리스와 프랑스 혁명 당시의 구락부와는 다르다(1), (당파의 발생은) 적극적인 정치의 발달(1), 새로운 국면의 정치체제를 만들게(1), 정치 발달(1) 정치는 (당파)로 인하여 발달(2), (인재의 등용이) 과거보다 크게 발전(1), 정치는 4파가 대립하면서 투쟁하는 흐름 속에서 발전을 이룬 것(1), 이 (4색 당파)는 영국의…정권장악에만…아테네 솔론의…각 지방의 이익…달리 정당한 심지와 이념을 가지고 있었던(1), 동양의 여러국가들 중에서 조선의 정치가 발달…이 (당파)들이 존재했던 것이 한 가지 요인(1)	10
민주주의	이념적 기반		국민의 대표(1), 유생(2), 정치적 자유(1), 정치상의 자유(1), 자유(4), 주의(3), 주장(3), 이념이 있는(당파)(7), 양대 이념(1), 정도(1), (당파적) 윤리(1)	25
	정치제도와 질서		입법(1), 의회(1), 전랑(5), 의정부(1), 행정장관(1), 관료(1), 정부의 교체(1), 제도(7), 정당(11), 당파(35), 당파적(2), 당(13), 양당(3), 두 파(1), 당파의 분립(1), 당파분할(1), 당파 간 싸움(1), 정파(1), 동서 두 파(1), 남북노소의 사색(1), 분당(1), 당쟁(5), 당의(6), 공론(1), 무당주의(1), 자유당(1), 보수당(2), 노론(6), 북인(4), 소론(4), 남인(4), 의견개진(1), 논의(1), 토의(2), (당파적)논쟁(2), 사론(1), (당파의)분열(1), 임듯 동의(1), 발탁 등용(1), 선발(2), 선출(1), (인재의) 등용(4)	138
	정치권력의 정당성	주체	군주(5)	5
		행사 방식	타협(1), 당쟁을 조정(1), 보합과 조정(1), (토론하는 과정에서) 중정의 도를 모색(1), (왕이 모두) 당의(黨議)때마다 중정의 길을 모색(1), 조화를 추구하는데 노력(1), 대립하면서 투쟁하는(1)	7
		제한/ 항거	왕과 정부의 위정을 개론(1), 수정(1), 정치안건을 제출하여 왕과 정부에 항의할 수 있었던(1), 왕권 역시 절대적으로 여기지 않음(1), 정사(政事)가 모두 당의(黨議)에서 나왔다고 할 정도(1), 군권의 축소(2), 정객의 권리 신장(1)	8
계				207

			『조선문명사』 제6장 근세군주독재정치시대(조선): 「제105절 유향소」-「제108절 촌회」	
개념	맥락		범주정의-단위(단어, 구)	빈도
근대화	체제의 정치적 정향	보편성	근세에서 (자치)라는 것은…프로이센 스타인이 시작(1), 프로이센의 지방제도들 중…어떤 (자치기관)도 두지 않았던 경우와 유사하다(1), 문명국(1), 입헌군주제(1), 공화제(1)	5
		자주성	자치제는 상고시대부터 발달되어 온 것(1), 우리조선에서는 예로부터(1), 자치제도(1), 자치(4), 자치제(2), 자치기관(5), 유향소(7), 자치단체(1), 사심관제도를 개편(1), 향정(2), 향청(3), 향소(1), 그 직원이… 관선을 따르지는 않았다(1), 향회(9), 향교(1), 유회(4), 향청회(1), 민회(1), (그리스정회보다는)대단히 발달한(1), (향회는) 동양 여러 나라에는 보이지 않는 것으로(1), 오직 우리조선에만 정치의 발달이 구현된(1), (촌제는) 자치의 기초(1), (계)(契)는 어떤 지방, 어떤 직업을 …모두가…만들고 서로 돕는…훨씬 훌륭한 조직(1), 국가생활을…기초를 두었던 조선정치사에…중요한 정신이었다(1), 명나라의 향약보다 우수(1), 촌회(4), 촌제(1), 촌 자치(1), 계(契)(3), 태고시대 역사정신의 결정체(1), 오늘날의 회의단체들보다도 더 크게 발달(1), 스파르타의 민회… 보다 상당히 원만하여(1), 논지를 피력하는 과정…확실한 양해(1), 근래 회의법과 같이 무정신한…것이 아니었다(1)	67
민주주의	이념적 기반		백성(3), 대표(1), 고을주민(2), 유림(2), 평등(2), 민중의 소리(1)	11
	정치제도와 질서		민선(4), 천거(1), 향원(1), 좌수(5), 헌장(1), 향헌(1), 향헌 41개조(1), 유향소 절목 12조(1), 향약에 관한 윤음*(1), 사법(1), (촌회)에서 공선(公選)(1), 전체 동민의 의결(1), 토의한 후 결정(1), 의결(1), 사무와 생활에 대해 의논(1), 충분한 상의를 통한 변론(1), 상세하게 의논하여(1), 개인의 응낙에 따라 결정(1), 제도(5), 회의하여(1), 회의(4), 의사당(1), 상원(1), 하원(1), 조직체(1) * 윤음: 임금의 말씀. 오늘날의 법령과 같은 권위가 있다.	39
	정치권력의 정당성	주체		
		행사방식		
		제한/항거	수령의 행적도 규찰(1), 행정상의 부정을 탄핵(1), 지방행정의 감독(1)	3
계				125

개념	맥락		범주정의-단위(단어, 구)	빈도
	『조선문명사』 제6장 근세군주독재정치시대(조선) 제123절 외무행정			
근대화	체제의 정치적 정향	보편성	국제사회(1), 국제문제(2), 국제법(2), 외교에 대한 역사적 고찰(1), 국제적 사교(1), 국제생활을 …보편적인…떠날 수 없는 것으로 생각(1), 16세기 유럽…각국의 경계를 조약으로 획정(1)	9
		자주성	외교(11), 사절(9), (특사) 파견(2), 호혜주의(6), 자국의 권리(1), 자타의 이하(1), 조약(3), 신숙주가…상선의 수를 조약 내용으로 명시한 것(1), 안용복이 …일본 백주의 태수와 담판하여 울릉도를 안전하게 지킨 일(1), 북간도 경계비…결과적으로…의분을 일으킨 일(1), 국가주의(1), 자국을 특별한 선민(1), 국민적 요소를 정치적으로 융화(1), 자국의 이익추구(1), 합리적 타산(1), 숙종 때 울릉도, 간도의 국경 문제는 외교사의 신기원을 이루었다(1), 조선 근세의 외교(1), 주권(1), 평화(1)	45
민주주의	이념적 기반		정의(2), 인도(人道)(1), 권력(2), 도리(2)	7
	정치제도와 질서		제도(2), 행정(6), 법(2), 법규(1), 법률적(1), 법률적 개념(1)	13
	정치권력의 정당성	주체		
		행사 방식		
		제한/항거		
	계			74

부록 285

제3부 범주별 용어의 빈도분포

1. 장준하의 민주주의

1) 1기(1953-1958): 계몽적 민주주의

『사상계』 제34호 권두언: 「민주주의의 재확인」 (1956년 5월)			
개념	맥락	범주정의-단위(단어, 구)	빈도
민주주의	체제의 정치적 정향	민주주의(11), 민주주의국가, 민주주의 사회	13
	이념적 기반	국민: 국민(2), 주권자(2), 신분, 만민, 민, 백성 자유: 자유(8) 평등: 평등(3) 의사: 의사 기타: 국기, 권리, 공명정대(2)	24
	정치제도와 절차	선거: 다수인, 선거 법: 법(3) 절차: 원칙, 협동, 민주적	8
	정치체제의 자주성	민족	1
	정치권력의 정당성 / 주체	권병, 법병, 국병, 관	4
	정치권력의 정당성 / 행사 방식	군림, 특권, 방해, 훼손, 부정한 영달, 그늘, 사리도모, 부정의의 술수, 침범(2), 반민주주의적, 야욕, 위협, 박탈, 유린, 간섭	16
	정치권력의 정당성 / 저항/ 타도	타도, 투쟁, 배격	3
계			69

개념	맥락		범주정의-단위(단어, 구)	빈도
	『사상계』 제63호 권두언: 「나라의 주인은 백성이다」 (1958년 10월)			
민주주의	체제의 정치적 정향		민주사회, 민주정치(2), 민주국가, 반공	5
	이념적 기반		국민: 개개인. 국민(3), 백성(8), 주권자, 주권, 민주주권, 주인(4), 인민 기타: 국민생활의 안정(3), 애국	24
	정치제도와 절차		법: 법률, 민주질서(2), 절차: 다수, 소수, 다수의사	6
	정치체제의 자주성			0
	정치권력의 정당성	주체	지배질서, 지배층, 국가(4), 정부(4), 권력(2), 특권계급(2), 독재자(3), 나라를 다스리는, 입신출세하는 자, 관권, 독재, 관원	22
		행사 방식	복종케, 안락과 영화를 보장, 결한, 등한한, 타락(2), 속박(2), 전단정치, 찬탈한, 자기의 멋대로, 농단, 강요, 타락된, 군림, 몰아세운다	16
		저항/ 타도	투쟁	1
	계			74

『사상계』 제64호 권두언: 「민주 정치의 확립을 위하여」 (1958년 11월)			
개념	맥락	범주정의-단위(단어, 구)	빈도
민주주의	체제의 정치적 정향	민주국가(4), 민주정치(2), 민주	7
	이념적 기반	국민(4), 백성(7)	11
	정치제도와 절차	정당: 정당(10), 붕당(4), 정치집단, 공당, 정책(6), 반대당, 야당, 대공당 행정부: 공무원(3) 절차: 참가, 공리 기타: 여론(2)	32
	정치체제의 자주성	민족(2)	2
	정치권력의 정당성 — 주체	국병, 지배자, 관, 정권, 여당(3), 정권, 관료(2), 기관장, 봉분왕, 관원(2), 폭정자	15
	정치권력의 정당성 — 행사 방식	영웅주의적, 사리수호, 자기의 이익, 협잡, 폭력, 위세, 사리(3), 봉사, 분을 지키는(2)	12
	정치권력의 정당성 — 저항/타도	투쟁(2), 행패, 압제	4
계			153

2) 2기(1959-1962): 저항적 민주주의

『사상계』 제70호 권두언: 「행정수뇌들과 입법자들을 향하여」 (1959년 5월)

개념	맥락		범주정의-단위(단어, 구)	빈도
민주주의	체제의 정치적 정향			-
	이념적 기반		국민: 국민(1C), 주권, 전 국민, 모든 국민, 백성(4) 의사: 의사(3), 의지, 일반의사, 기타: 권력	23
	정치제도와 절차		선거: 선출 정당: 반대당 행정부: 행정(2) 법: 법(25), 입법(2), 법제정, 신국가보안법, 언론조항 절차: 수정, 합일, 준법, 준수, 제정(2)	40
	정치체제의 자주성		민족의 번영	1
	정치권력의 정당성	주체	행정수뇌(2), 입법자, 집권층(2), 권병, 집권자체, 특권층, 집행하는 이, 집권당, 민의원	11
		행사 방식	특권의 행사(2), 특권, 이익을 위하여, 위태롭게, 반대를 무릅쓰고, 연금한 채, 행패, 공포 속에 몰아넣는, 어긋나는	10
		저항/ 타도	항거	1
	계			86

『사상계』 제82호 권두언:「민권전선의 용사들이여 편히 쉬시라」(1960년 5월)			
개념	맥락	범주정의-단위(단어, 구)	빈도
민주주의	체제의 정치적 정향	민주주의, 민주사회	2
	이념적 기반	국민: 민권(10), 시민, 백성, 민(2) 자유: 자유(8), 자유민 기타: 정의, 정, 의	26
	정치제도와 절차	총선거	1
	정치체제의 자주성	민족(4)	4
	정치권력의 정당성 — 주체	관, 흉도	2
	정치권력의 정당성 — 행사 방식	야만적, 횡포, 폭력, 지배, 관권(2)	6
	정치권력의 정당성 — 저항/타도	피(5), 순사, 투쟁, 항쟁	8
계			49

『사상계』 제83호 권두언: 「또 다시 우리의 향방을 천명하면서」 (1960년 6월)			
개념	맥락	범주정의-단위(단어, 구)	빈도
민주주의	체제의 정치적 정향	민주주의: 민주생활, 민주국가(2) 복지: 복지건설, 복지국가, 복지 기타: 통일, 생활향상, 민생	9
	이념적 기반	국민: 국민(4), 백성(2), 민권(4), 인민, 민중(2) 자유: 자유(8) 평등: 만민균활 기타: 민도(3), 정의, 권리	27
	정치제도와 절차	정당(3), 정책(7), 제도	11
	정치체제의 자주성	민족, 우리민족, 문화민족	3
	정치권력의 정당성 — 주체	마전, 마궁, 군마, 정치인, 독재자(2), 집권자, 정권	8
	정치권력의 정당성 — 행사 방식	부패(3), 독재(3), 탈을 쓰고, 무기를 들고, 독선, 야욕(2), 흉탄, 폭력(2), 지배, 부정, 납득될 수 있는, 투명한	18
	정치권력의 정당성 — 저항/타도	무너진 듯하다, 혁명(10), 혁명군중, 항거, 대결, 싸우겠노라, 제거, 피	17
계			94

3) 3기(1963-1967): 투쟁적 민주주의

개념	맥락		범주정의-단위(단어, 구)	빈도
	『사상계』 제127호 권두언:「누가 국민을 기만하고 있는가? -국민앞에 석연히 흑백을 가리라-」 (1963년 11월)			
민주주의	체제의 정치적 정향		민주주의(6), 민주정치, 민국, 공화국(2), 대의민주정치, 대의정, 반공	13
	이념적 기반		자유: 자유 국민: 국민(5), 국민적, 민중 의사: 국민의사 기타: 국민자치, 인간의 존엄성, 관용	12
	정치제도와 절차		선거: 선거(4), 투표(3), 공약(3) 정당: 정당 기타: 여론	12
	정치체제의 자주성		자주(2), 주체성, 민족주의(2)	5
	정치권력의 정당성	주체	대통령, 군정종식, 집권자, 폭정, 군정(2), 소수엘리트, 군인	8
		행사 방식	폭력, 강권적, 정보정치, 강권지배, 소영웅주의, 마키아벨리즘적 습성, 파시즘(5), 국가지상주의, 민족지상주의, 지배, 애국주의, 은폐, 가면(2), 선전, 슬로건, 나치스, 광신, 불신, 반민주, 가식적, 이질적	26
		저항/ 타도	물리칠 수, 감시(2), 혁명	4
계				80

『사상계』 제153호: 「법의 정신과 질서」 (1965년 11월)			
개념	맥락	범주정의-단위(단어, 구)	빈도
민주주의	체제의 정치적 정향	민주주의(3), 민주주의 국가, 민주국가(3), 민주사회(5), 민주(2)	14
	이념적 기반	국민: 국민(31), 주권, 만민(2), 민주시민 자유: 언론의 자유(5), 자유 평등: 평등(2) 의사: 일반의사, 의사(4) 정의: 정의(19) 민주적 정의(4) 기타: 계급적 이데올로기, 민주적 가치	73
	정치제도와 절차	선거: 다수의석(4), 선거법, 선거구(2), 선거지반, 지지표, 투표수 정당: 정당, 양당정치, 야당(4), 다수당 의회: 국회(4) 행정부: 공무원(2), 행정부, 정부기관 법: 법(51), 법질서(15), 질서(19), 헌법(5), 입법(2), 사법(2), 법률, 악법, 국법, 정치정화법, 법제, 실정법, 실체법, 절차법, 법의수권, 법치주의, 법체제, 개정(2), 제정, 공공질서(2) 절차: 입법절차, 입법과정, 합동조사, 합치, 합헌적, 합헌성(2), 동의(2), 임명절차, 자격, 임명, 신임, 권한(2), 민주적(3), 정당성, 준수, 참가, 참여(2), 다수(2), 다수결(4), 대대수, 최대다수, 소수(3), 소수의견, 토론, 토의, 성문화, 여론, 언론, 삼권분립(2)	177
	정치체제의 자주성		-
	정치권력의 정당성	주체: 군(3), 검찰, 경찰, 군심사기관, 권력기관, 정보기관, 법관(7), 대법관(2), 사법관, 여당(2), 공화당, 집권당, 군정(5), 군정세력, 정권(4), 고위당국자, 장관(2), 법조인	32
		행사방식: 내휘둘러, 자의, 난포한, 반민주적, 인위적인 조작, 공작, 부정부패, 타협체휴, 억제, 무리한, 강요(2), 막후교섭, 위법, 정치협상, 집권(2), 수단(2), 노골적인 폭력, 권력을 거침없이 행사, 폭력, 강제력, 파괴, 위혁적, 집권체제 유지를 위한, 권리의 남용, 월권행위, 사리를 망각한, 엄벌(2), 엄중처벌, 자유방종, 탄압, 계엄령, 위수령, 군법령, 집권수단, 편의	39
		저항/타도: 허용될 수 없다, 요구, 힘, 혁명가(2), 혁명(2), 극렬한 행위, 무장폭동, 폭동, 정권교체	11
계			346

『사상계』 제174호: 「권두언 - 머리를 숙이라 민권 앞에」(1967년 10월)			
개념	맥락	범주정의-단위(단어, 구)	빈도
민주주의	체제의 정치적 정향	민주주의(19), 자유민주주의(2), 의회민주주의(3) 민주주의 사회, 민주사회발전	26
	이념적 기반	국민: 민권(16), 국민(11), 민중(2), 주권자(3), 주권, 민주시민 자유: 자유권, 자유 의사: 주권자의 의사, 민심 권리: 권력, 수익권, 기본권리	41
	정치제도와 절차	선거: 선거(21), 5·3선거(6), 6·8선거(2), 대통령후보, 야당후보, 선거유세, 선거 전략, 선거구역, 유권자(2), 예비유권자, 지지(2) --- 43 정당: 정당(3), 야당(17), 단일야당, 일점반 정당, 통합야당, 신민당(7), 민중당, 신한당, 공산당, 시민당, 정당정치(2), 일당정치, 상대당(2), 양당정치, 복수정당, 당조직, 당지도체계, 소수당(2), 다수당 --- 46 입법부: 입법부(4), 국회(4), 의회정치, 의회(4) --- 13 행정부: 행정부(2) 공무원, 중앙선거관리위(2), 정책(2) --- 7 법: 유권해석(2), 질서--- 3 절차: 절대다수, 다수, 협상(2), 토론(2) --- 6 기타: 사자회담, 매스미디아, 사회단체, 제도 --- 4	122
	정치체제의 자주성	민족, 민족적	2
	정치권력의 정당성 / 주체	집권당(9), 집권자(2), 공화당(6), 박정권(6), 행정수반, 국무위원, 박정희수반, 정권, 최고 권력자, 독재자(3), 최고 책임자	32
	정치권력의 정당성 / 행사 방식	무자비한, 독선적, 공격(2), 행정적 영향력, 침투동원, 정략(2), 폭언, 부정(5), 수법, 위장(2), 행정력, 강압(2), 타락(2), 은밀한, 독주, 짓밟아 놓아, 부정(2), 관권(3), 변칙, 유린(2), 자금, 위장된, 가장된, 독재(3), 강압, 비민주적, 횡포	42
	정치권력의 정당성 / 저항/ 타도	투쟁(8), 요구(9), 정권교체(4), 혈로(2), 기폭(3), 쟁취(2), 방패, 뒤집어엎고, 싸움, 전투원, 갈아엎어졌다, 견제, 규탄, 맨주먹, 수호, 최후의 보루, 청원, 대응, 사과, 공격, 비판, 배격, 초토화, 섬멸	46
계			311

2. 함석헌의 민주주의

1) 이념적 기반으로서의 민주주의

(1) 『사상계』 제1기(1953-1958)

『사상계』 제61호: 「생각하는 백성이라야 산다」 (1958년 8월)			
개념	맥락	범주정의-단위(단어, 구)	빈도
민주주의	체제의 정치적 정향	자본주의(1), 민족주의(1), 평화(1), 북진통일(1), 통일(4)	8
	이념적 기반	민중(17), 백성(9), 씨알(8), 시민계급(1), (나라의) 주인(5), 국민(전체)(13), 자존(1), 스스로 높임(1), 스스로 있음(1), 자유(4)	60
	정치제도와 절차	사회제도(1), 선거(1), 관료(1)	3
	정치체제의 자주성	독립정신(1), 해방(11), 민족(11), 근대식의 민족국가(1), 민족국가(2), 민족 전체(1), 민족 해방(1), 민족의 역사(1), 생각하는 민족(1), 하나일 수밖에 없는(1), 우리대로 섰을 것(1)	32
	정치권력의 정당성 / 주체	양반(1), 이리떼(1), 벼슬아치(3), 정권(7), 정권 쥔 자(1), 남북(6), 남북 두 정부(1)	20
	정치권력의 정당성 / 행사 방식	짜먹으려(1), 꼭두각시(5), 긁어막는(1), 당파싸움(4), 혁명운동을 꺾어버린(1), 죽이고(1), 권세욕(2), (정권이) 쥐고 싶어(1), 속아서 앞잡이 된(1), 서로 살겠다고 도망한 것(1), 핍박(1)	19
	정치권력의 정당성 / 저항/타도	대항(2)	2
계			144

(2) 『사상계』 제2기(1959-1962)

개념	맥락		범주정의-단위(단어, 구)	빈도
민주주의	『사상계』 제96호: 「5·16을 어떻게 볼 것인가」 (1961년 7월)			
	체제의 정치적 정향		민주정치(1), 민주주의(5), 반공(2), 반공을 국시로(1),평화주의(1), 평화정신(1), 비폭력주의(1)	12
	이념적 기반		민중(45): 민중을 주인으로 모시는, 민중이 주인, 민중이 스스로 하는 거다,국민(9), 백성(1), 민중의 의사(2), 자유(5), 언론자유(1), 정신의 맘대로 자람(1, 자유를 의미) 기타: 스스로(7, 자주를 의미), 정의의 법칙(1), 공명정대(1)	73
	정치제도와 절차		제도(5) 정당: 민주당(1), 혁신당(1) 절차: 협상(1), 남북협상(2) 기타: 언론(1), 언론인(1)	12
	정치체제의 자주성		민족(9), 민족주의(2), 민족사상해방(1)	12
	정치권력의 정당성	주체	군인(14), 지배자(1)	15
		행사 방식	혁명(36), 독재(6), 독재정치(1), 군사혁명(2), 총(2), 칼(8), 입에 굴레를 씌운(1), 억지로 집어 씌우기(1), 입을 막고(1), 사상이 문제되는(1), 모순된(1), 거짓말(2), 말 못하게(2), 무기(2), 주먹(1), 사람 못살게 굴기(1), 누르는(1), 화약(1), 강제(7), 피스톨(1), 마지막으로 하는(10), 무단(武斷)정신(1), 꾸미는(2), 국시(1)	92
		저항/ 타도	비판(1), 비평(2), 뒤집어엎는(1), 학생 혁명(2), 데모(1), 잘못을 회복하여(1), 사람을 차별하는 제도를 부수려 할(1)	8
계				224

(3) 『사상계』 제3기(1963-1965)

개념	맥락		범주정의-단위(단어, 구)	빈도
민주주의	체제의 정치적 정향		민정(8), 군정(2)	10
	이념적 기반		민중(21), 민중이 다스려야 한다(주권자로서의 민중)(1), 민의(1), 민권(2), 민중의 권리(1) 자유(11): 언론의 자유	37
	정치제도와 절차		헌법개정(1), 정부(9), 정책(1), 계엄령(1), 이양(2), 대정반환(1), (정권을) 넘겨준다(1), 대표자(1), 메스콤(1), 신문(1), 잡지(1)	20
	정치체제의 자주성			
	정치권력의 정당성	주체	군인(5), 정권(5)	10
		행사 방식	감옥(8, 억압, 압제의 상징), 독재(2), (정권을) 쥐었으니(1), 둘러설 마음이 없기에(1), 권력을 쥐고 해먹고 싶은(1), 권력욕이 연연해(1), 마비시켜(1), 구속하는(1), 빼앗으려고(1), 압박하는(1)	18
		저항/타도	(민권) 투쟁(1), 감시(1), 싸워야(2), 싸우는(1)	5
	계			100

개념	맥락		범주정의-단위(단어, 구)	빈도
	『사상계』 제124호: 「꿈틀거리는 백성이어야 산다」(1963년 8월)			
민주주의	체제의 정치적 정향		민정(6), 민정복귀(1), 군정(8), (정치의)안정(2), 경제의 부흥(1)	18
	이념적 기반		국민: 민중(29), 국민(3), 인민(1), 피플(1), 민(民)(4), 백성(6), 민중이 주인(1), 주권(2) 의사: 국민전체의 의사(1), 민중 전체(1), 민심(2), 민중의 의견(1), 민중의 속(1,-민의를 의미), 생각하는 백성(1), 자유(2), 정의(3), 정치참여(1)	60
	정치제도와 절차		행정부: 정부(4), 정책(1) 정당: 정당(1), 자유당(1), 야당(3) 법: 합법화(1), 헌법(1), 선거법(1), 계엄령(1) 절차: (민중)의 신임을 받을만한(1) 기타: 한일회담(1), 여론(2)	18
	정치체제의 자주성		자각하는 근대 인간(1), 민중 스스로(1), 근대 경제(1), 근대 정치(1)	4
	정치권력의 정당성	주체	군인(12), 정권(6), 군사정부(1), 군사혁명 주체세력(1), 박정희님(1), (전고미문의 순회대사) 김종필(2), 군사정권의 사람(1)	24
		행사 방식	(민중의 맘을) 딴 데로 끌어서 문제를 피해보려(1), (민중)의 입을 틀어막고(1), 군사독재(1), 군사혁명(2), 군복을 벗는 형식을 취하고라도 정권을 계속 가지려고(1), 칼 들고(1), (선거법)을 제 맘에 좋도록 만드는(1), (헌법)을 고치는(1), 강제(1)	10
		저항/ 타도	다른 군사혁명(1), 군인 쿠데타를 계속해서 일어나라고(1), 제자리로 도로 물러가(1), (민중은) 하나로 단결해야(1), (민중은) 깨어나야(1), (민중 전체)가 일어서는 것 뿐(1), (민중) 조직을 가져야한다(1). 국민운동(1), 행동해라(1), 눌리운 (민중이) 격분하여 터지는(1), 꿈틀거려라(1), 꿈틀거리는 (백성)(1), 뭉쳐야 한다(1), 결속해야 한다(1), 하나가 돼야 한다(1), 하나로 일어서야 한다(1), 조직을 가져라(2), (민중 속)에 들어가자(1), (민중과) 하나가 되자(1), (민중)을 움직이자(1)	21
	계			155

2) 저항/투쟁의 민주주의: 『사상계』 제4기(1966-1970)

개념	맥락		범주정의-단위(단어, 구)	빈도
『사상계』 제166호: 「저항의 철학」 (1967년 2월)				
민주주의	체제의 정치적 정향			
	이념적 기반		국민(1), 자존(2), 자아의식(1), 자주하는 의지(1), 의지(1), 자유(13)	19
	정치제도와 절차			
	정치체제의 자주성		진화(3), 역사는 혁명적(1), 역사가 혁명의 과정(1)	5
	정치권력의 정당성	주체		
		행사 방식	(자유)를 방해하는(3),	3
		저항/ 타도	저항(33), 걸러내다(7)*, 맞서고(1), 뻗내고(1), 밀고나가(1), 반발(1), 싸움(3), 반항(1), 무저항주의(1), 비폭력주의(1)	50
	계			77

* 걸러내다: 결내다(못 마땅한 것을 참지 못하여 성내다.)

개념	맥락		범주정의-단위(단어, 구)	빈도
\[5열: 『사상계』 제180호: 「혁명의 철학」 (1968년 4월)\]					
민주주의	체제의 정치적 정향		근대 민주주의(1), 민주주의(3), 복지(1)	5
	이념적 기반		국민: 민중(9), 민중전체(1) 전체 민중(1), 나라의 주체는 민중(1), 민중의 생각(1), 민중의 자각(1), 자각(1), 정의(1)	16
	정치제도와 절차		합의제(1), 임기제(1), 헌법(2), 법전(1)	5
	정치체제의 자주성		전근대적(1), 동적인 근대(1), 역사의 주인(1), 역사는 자기 손으로 새로워지는 것(1), 영원히 새로워지는 역사(1), 역사는 끊임없는 혁명(1), 현대문명(2), 문명의 진보(1), 진보(4), 진화(2)	15
	정치권력의 정당성	주체	지배자(3)	3
		행사 방식	속이고(1), 압박하고(1), 조직적으로 방해(1), 방해(1), 절대로 놓지 못하는 권력(1), 파괴하는(1), 무자비한(1), (모든 지배자는 다)보수주의(1), 반동주의(1), 반동(3), 국가주의(4), 폭력주의(1) 폭력혁명(1), 폭력(5), 평화를 위한 전쟁(1), 개인주의(1), 집단주의(1), 공(公)을 살리기 위해 사(私)를 죽이는(1), 우상숭배주의(1), 전체를 가장하고 속이는(1)	29
		저항/ 타도	혁명(35), 전체를 왼통 뜯어 고치는(1), (민중)이 받아드리지 않는(1), 대항하여 싸우는(1), 투쟁(1), 투사(1)	40
	계			113

3) 자주적 민주주의: 『씨올의 소리』 (1970-1972)

개념	맥락		범주정의-단위(단어, 구)	빈도
	『씨올의 소리』 창간호: 「나는 왜 씨올의 소리를 내나」(1970년 4월)			
	체제의 정치적 정향		권위주의(1), 반민주주의적(1), 민주주의(3), 자유주의(1)	6
	이념적 기반		주체: (나라의) 주인(6), 민중(24), 씨알(27), 국민(9) 주체의 성격: 전체(로서의 민중, 의사, 씨알)(6) 자주: 깨친(민중-자각한 민중)(3), 스스로 하려(5) 자유(12): 언론자유, 언론집회의 자유, 민권(1), 정의(1)	94
	정치제도와 절차		정부(7), 정책(2) 법, 법령(1), 입법(법 만든 것)(1) 정당: 공화당(1), 개헌(1), 국민투표(3), 한일회담(1) 언론(6), 매스컴(1), 신문(16), 잡지(4), 주간지(1), 월간지(1)	46
	정치체제의 자주성		한국 민족(1), 민족(2)	3
민주주의	정치권력의 정당성	주체	군사정권(1) 집권자(5), 독재자(1), 도둑(9), 강도(6), 정치강도(1), 무기 쥔 정치무리(1), 공화당 정권(1), 야심가(2)	27
		행사 방식	(민중의) 입을 틀어막기(1), 월남파병(들어온 강도)(1), 관총(1), 최루탄(1), 마취약을 먹이고 강도짓을 하듯(1), 내 말 듣는 놈은 살아라, 듣지 않으려거든 죽어라(1), 칼(1), 압박(2), 착취(1), 통제(1), 말을 못하게 해 놓고, 감옥(2), 누구는 말은 하고 누구는 할 수 없는(1), 속이고(1), 폭력(2), 억누르자는(1), 강력하고(1), 치밀하고(1), 교묘한(1), 정부의 앞잡이들이 분열시키려(1), 잔인한 핍박(1), 제1차 집권(1), 제2차 집권(1), 3선(개헌)(1)	27
		저항/ 타도	(민권)투쟁(1), 뒤집어엎어(1), 데모(2), 싸움터(1), 싸움(4), 도둑놈이야 하고 내쫓을(1), 봉기, 전체가 동원(1), 벌떼처럼 일어나는(1), 일어만 나면(2) 사상의 게릴라 전(2), 사상의 유격전(1), 계몽(1), 교육(1), 깨우고 일으키다(1), 드러내놓고 하는 싸움(1), 그의 속에 있는 양심을 불러일으키는(1), 유기적 공동체(1), 공동체를 조직해서 유기적인 활동(1), 개인의 일로 알지 않고 전체가 책임을 지고(1), 서로 통해서 하나라는 느낌에 이르도록 하는 운동을 시작(1), 자발적인 양심의 명령에 의해 설립되는 공동체(1), 동원시켜 봉기하게(1), 국민적 양심의 자리를 세워야(1), 정신적 등뼈를 세워야(1), 공공연히 반대(1)	33
	계			236

『씨울의 소리』 7호:「비상사태에 대하는 우리의 각오」(1971년 12월)			
개념	맥락	범주정의-단위(단어, 구)	빈도
민주주의	체제의 정치적 정향	민주주의(11): 민주주의 체제, 민주정신, 민주(4), 국민총화(4), 국민총력(1), 정부와 국민이 하나로 단결하여 총화를 이루자(1), 통일(6), 중립평화론(1), 국가지상주의(6), 국가주의(2), 나라밖에 없다는 사상(1)	37
	이념적 기반	국민(56), 민중(29): 민중들, 민심(1), (국민의) 신임(1), (개인이 아니고) 전체(9), 자유(1), 자아의식(1), 자주(1), 권리(2), 평등(1), 정부를 감시하고 지도(1), (국민)의 의무(1), 책임(9)	113
	정치제도와 절차	정부(51), 정책(5), 국책(1), 법령(1), 신문(1), 잡지(2)	62
	정치체제의 자주성	민족(20): 우리 민족, 한국 민족, 민족 전체, 민족의 양심(1), 자주하지 않으면 안 된다(1)	22
	정치권력의 정당성 — 주체	강도(1), 지배자(2), 특권계급(1), 위정자(1), 정권(4), 청와대(1)	10
	정치권력의 정당성 — 행사 방식	독재(1), 비상사태(14), 비상시(16), 비상(13), 비상명령(1), 무조건 복종을 명령(1), 반대는커녕 비평조차 못하게(1), 쫓겨남(2), 방해(2), 매 맞고(1), 감옥(1), 칼을 들고 위협(1), 비인도적(1), 압박(3), (자유의) 제한을 당함(1), (자유)보도를 제한(1), (자유를) 구속하려 드는(1), (자유를) 뺏고(1), 벽을 쌓고(1), 압박자의 쾌락을 누리는(1), 폭력(4), 막다른 골목에 몰아넣고 강제로 다스리려(1), 불평등(1), 발로 차다(1), 도리를 무시하고(1), 장기집권의 수단(1)	73
	정치권력의 정당성 — 저항/타도	반대(7), 싸우자(4)	11
계			328

『씨올의 소리』 13호:「민족노선의 반성과 새 진로」(1972년 8월)				
개념	맥락		범주정의-단위(단어, 구)	빈도
민주주의	체제의 정치적 정향		민주주의(18), 데모크라시(1), 민주적(2), 새 체제(1), 탈이데올로기(1) 민주, 공산의 대립(1), 공산주의와 공존(1), 반공을 국시로(1), 국가주의(2), 국가지상주의(1), 대국주의(2), 대국가주의(1), 통일(10), 통일국가(1), 통일된 나라(1), 통일정부(1), 민족통일(3), 통일의 넋(1), 경제부흥(1), 자본주의(1), 평화(3)	54
	이념적 기반		민중(34), 백성(4), 전체 민중(1), 국민(13), 씨알(9), 주권(1), 주인(3), 전국민(1), 자유(2), 자주(1), 자주하는 (민중)(1), 권리(1), 공정(2), 정치를 감시하고 바로잡을 것(1), 공화정치(1)	75
	정치제도와 절차		정부(4), 자유당(2), 제도(1), 투표(2), 선거(1), 대표(3), 대통령(2), 대통령출마(1), 국회의원 출마(1), 임시정부(2)	19
	정치체제의 자주성		자주독립(4), 민족(47), 한 민족(1), 우리 민족(1), 민족의 대동단결(1), 민족노선(2), 민족운동(1), 민족정신(1), 민족주의(12), 해방(25), 근대화(2), 고유한 문화(1), 독립(4), 스스로 할 것(1), 우리 힘으로 쟁취한 해방(1), 우리 손(1), 조선사람·한국사람이 하는(1), 진보(1)	107
	정치권력의 정당성	주체	지배계급(1), 두 정권(2), 두 개의 도둑(1), 정권(1), 남북(4), (일본의)앞잡이(1), 야북정권(1), 이남정권(1), 독재정권(1), 악독한 지배자(1), 이승만(1), 이승만정권(1), 괴뢰정권(1)	17
		행사방식	군인숭배, 군인정치(2), 파쟁(1), 지방색(1), 매국망족(1), 부정부패(4), 호전적(1), 권력주의적(1), 깨트려버리자는(1), 특권(2), 자기중심적인 야심(1), 자기 본위의 사심(1), 자기의견의 성화·절대화(1), 독재(2), 감옥(2), 옛날 일제강점기 그대로(1), 민족이란 명분 밑에 숨어서(1), 옛날 봉건시대의 죄악을 그대로 행하는(1), 5·16(6), 악이 전보다 더 심한(1), 더 흉한 귀신 일곱을 데리고 돌아온(1), 지독(3), 영구지배(1), (혁명이 아닌) 반동(3), 무기를 든 것을 믿고 일어선(1), 낡은 악에 완전히 포로 동화된(1), 정정법(淨政法)(1), 영구집권(1), 반혁명(2), 비상사태(1), 지배(5), 사상의 절대화(1), 집단주의(1), 압박(4), 구속(3), 폭력(4), 폭른주의(1), (폭력으로) 강제(1)	67
		저항/타도	반항(1), 벌떼 같이 일어나던(1), 동맹휴교(1), 투쟁(5), 조직적 반항운동(1), 조직적인 투쟁(1), 항의(1), 4·19(혁명)(8), 혁명은 전체가 하는(1), 혁명(26), 혁명운동(1), 3.1운동(3), 비폭력적(2), 횃불(1), 혁명·반혁명의 대립이 되풀이되면서(1), 대립(3), 영원한 대결(1), 영구항쟁(1), 쟁취(1)	60
계				399

참고문헌

1. 1차 자료

(1) 문헌 자료

리영희. 1974.『轉換時代의 論理』. 서울: 창작과 비평사.
安自山 著・李太鎭 校. 1983.『朝鮮文明史』. 서울: 중앙일보사.
安廓・權五聖 외 편. 1994.『自山安廓國學論著集 1~6』. 서울: 여강출판사.
유길준 지음・허경진 옮김. 1995.『서유견문』. 서울: 한양출판.
이승만 저・김충남, 김효선 풀어씀. 2010.『독립정신』. 서울: 동서문화사.
兪吉濬全書編纂委員會 編. 1996.『兪吉濬全書 Ⅰ~Ⅴ』. 서울: 일조각.
자산 안확 지음・송강호 역주. 2015.『국학자 안자산의 한국통사 朝鮮文明史』. 서울: 우리역사연구재단.
장준하 선생 10주기 추모문집 간행위원회 편. 1985.『張俊河文集 1~3』. 서울: 사상.
함석헌. 1983.『咸錫憲全集 1~20』. 서울: 한길사.

(2) 인터넷 자료

『사상계』동방미디어 전자 자료(http://www.koreaa2z.co.kr/ssg/ssg/img/bmp).
장준하. 1956. 5. "권두언: 민주주의의 재확인."『사상계』제34호.
_____. 1958. 10. "권두언: 나라의 주인은 백성이다."『사상계』제63호.
_____. 1958. 11. "권두언: 민주정치의 확립을 위하여."『사상계』제64호.
_____. 1959. 5. "권두언: 행정수뇌들과 입법자들을 향하여."『사상계』제70호.
_____. 1960. 5. "권두언: 민권전선의 용사들이여 편히 쉬시라."『사상계』제82호.
_____. 1960. 6. "권두언: 또 다시 우리의 향방을 천명하면서."『사상계』제83호.
_____. 1963. 11. "권두언: 누가 우리를 기만하고 있는가?"『사상계』제127호.
_____. 1965. 11 "법의 정신과 질서."『사상계』제153호.
_____. 1967. 10. "머리를 숙이라 민권 앞에."『사상계』제174호.

바보새 함석헌 전자 자료(http://ssialsori.net/bbs/board.php?bo_table=0204).

함석헌. 1957. 1. "민중의 교육과 종교."『말씀』5호.
_____. "삼천만 앞에 울음으로 부르짖는다."『조선일보』(1963. 7. 19).

『사상계』바보새 함석헌 전자 자료(http://ssialsori.net/bbs/board.php?bo_table=0204).
함석헌. 1957. 3. "할말이 있다."『사상계』제44호.
_____. 1963. 3. "우리민족의 이상-우리 겨레의 세워 놓은 뜻."『사상계』제118호.
_____. 1963. 4. "민중이 정부를 다스려야 한다."『사상계』제120호.
_____. 1963. 8. "꿈틀거리는 백성이어야 산다."『사상계』제124호.
_____. 1964. 3. "양한재조재비일념."『사상계』제131호.
_____. 1965. 1. "비폭력혁명."『사상계』제142호.
_____. 1967. 2. "저항의 철학."『사상계』제166호, 10.
_____. 1968. 4. "혁명의 철학."『사상계』제180호.

『씨올의 소리』바보새 함석헌 전자 자료(http://ssialsori.net/bbs/board.php?bo_table=0205).
함석헌. 1970. 4. "나는 왜『씨올의 소리』를 내나."『씨올의 소리』창간호.
_____. 1970. 4. "씨올."『씨알의 소리』창간호.
_____. 1971. 10. "북한동포에게 보내는 편지."『씨올의 소리』5호.
_____. 1971. 11. "우리나라의 살길."『씨올의 소리』6호.
_____. 1971. 12. "비상사태에 대하는 우리의 각오."『씨올의 소리』7호.
_____. 1972. 3. "3.1운동의 현재적 전개."『씨올의 소리』9호.

2. 저 서

강재언. 1986.『근대한국사상사연구』. 서울: 미래사.
강정인 외. 2009.『한국정치의 이념과 사상 – 보수주의·자유주의·민족주의·급진주의』. 서울: 후마니타스.
그레고리 헨더슨 저·박행웅·이종삼 역. 2003.『소용돌이의 한국정치』. 서울: 한울아카데미.
김삼웅. 2009.『장준하 평전』. 서울: 시대의 창.
김영명. 2006.『한국의 정치변동』. 서울: 을유문화사.
김웅진 외. 1996.『정치학 조사방법』. 서울: 명지사.

_____. 2005. 『비교민주주의 - 분석모형과 측정지표』. 서울: 한국외국어대학교출판부.

김웅진·김지희. 2012. 『정치학 연구방법론: 경험과학연구의 규준과 설계』. 서울: 명지사.

김학준. 2012. 『구한말의 서양정치학 수용 연구, 유길준·안국선·이승만을 중심으로』. 서울: 서울대학교출판문화원.

대니얼 라이프, 스티븐 레이시, 프레드릭 피코 지음·배현석 옮김. 2007. 『미디어 내용분석 방법론 - 양적 분석을 중심으로』. 서울: 커뮤니케이션 북스.

문지영. 2012. 『지배와 저항, 한국 자유주의의 두 얼굴』. 서울: 후마니타스.

박경수. 2003. 『장준하: 민족주의자의 길』. 서울: 돌베게.

박재순. 2012. 『함석헌의 철학과 사상』. 파주: 한울.

박찬승. 1992. 『한국 근대 정치사상사 연구: 민족주의 우파의 실력양성 운동론』. 서울: 역사비평사.

박찬표. 2007. 『한국의 국가형성과 민주주의- 미군정기 자유민주주의의 초기제도화』. 서울: 고려대학교출판부.

A. 토크빌 지음·임효선 옮김. 2002. 『미국의 민주주의 1』. 서울: 한길사.

_____·임효선 옮김. 2009. 『미국의 민주주의 2』. 서울: 한길사.

유르겐 트라반트 저·안정오 역. 2001. 『기호학의 전통과 경향』. 고양: 인간사랑.

임혁백. 2001. 『민주주의와 한국정치』. 서울: 법문사.

_____. 2014. 『비동시성의 동시성, 한국근대정치의 다중적 시간』. 서울: 고려대학교출판부.

진덕규. 2006. 『한국 정치와 환상의 늪』. 서울: 학문과 사상사.

채구묵. 2005. 『사회복지조사방법론』. 파주: 양서원.

한영우. 1994. 『한국민족주의역사학』. 서울: 일조각.

Almond, Gabriel A. and Powell, G. Bingham, Jr. 1996. *Comparative Politics, A Theoretical Framework*. New York: HarperCollins College Publishers.

Almond, G. A and Verba, S. 1963. *The Civic Culture: Political Attitudes and Democracy in Five Nations*. Princeton: Princeton University Press.

Budge, I., et al. 1998. *The New British Politics*. Harlow: Addison Wesley Longman.

Dahl, Robert. 1989. *Democracy and Its Critics*. New Haven: Yale University Press.

_____. 1998. *On Democracy*. New Haven: Yale University Press.

Diamond, Larry. 1999. *Developing Democracy. Toward Consolidation*. Baltimore: Johns Hopkins University Press.

Easton, David. 1960. *The Political System*. New York: Alfred A. Knopf.

Franzosi, R. 2003. *From Words to Numbers*. Cambridge, UK: Cambridge University Press.

Foucault, Michel. Trans. A. M. Sheridan Smith. 2002. *The Archaeology of Knowledge (L'archéologie du savoir)*. London and New York: Routledge.

Henderson, Gregory. 1968. *Korea, the Politics of the Vortex*, Cambridge and London: Harvard University Press.

Holsti, Ole. 1969. *Content Analysis for the Social Sciences and Humanities*. Reading: Addison-Wesley.

Huntington, S. 1968. *Political Order in Changing Societies*. New Haven and London: Yale University Press.

Kaplan, Abraham. 1998. *The Conduct of Inquiry, Methodology for Behavioral Science*. New Brunswick and London: Transaction Publishers.

Krippendorf, K. 1980. *Content Analysis: An Introduction to Its Methodology*. Beverly Hills: Sage.

Lakatos, Imre. 1978. *The Methodology of Scientific Research Programmes*. Cambridge, UK: Cambridge University Press.

Lewis-Beck, Bryman, A. and Liao, T. F., eds 2004. *The Sage Encyclopedia of Social Science Research Methods*, Vol. 3. Thousand Oaks · London · New Delhi: Sage Publications.

Lijphart, Arend. 1999. *Patterns of Democracy, Government Forms and Performance in Thirty-Six Countries*. New Haven: Yale University Press.

Liszka, James J. 1996. *A General Introduction to the Semiotic of Charles Sanders Peirce*. Bloomington and Indianapolis: Indiana University Press.

Lovejoy, Arthur. 1936(1960). *The Great Chain of Being: A Study of the History of an Idea*, New York: Harper Torchbooks.

Merritt, Richard 1966. *Symbols of American Community, 1735~1995*. New Haven: Yale University Press.

McGaw, D. and Watson, G. 1976. *Political and Social Inquiry*. New York: John Wiley & Sons.

Rueschemeyer, D., Stephens, E., and Stephens, J. 1992. *Capitalist Development and Democracy*. Chicago: University Of Chicago Press.

Schumpeter, J. 1950. *Capitalism, Socialism, and Democracy*. London: Allen and Unwin.

3. 논문

고 원. 2012. "역동적 저항-역동적 순응, 이중성의 정치: 48년 체제의 역사적 기원과 전개."『한국정치연구』 20:3, 29-53.

김건우. 2012. "토착지성의 해방 전후, 김범부와 함석헌을 중심으로."『상허학보』 36, 55-85.

김대영. 2003. "장준하의 정치평론 연구(2): 장준하의 정치평론에 나타난 민주주의."『한국정치연구』 12:2, 151-173.

김웅진. 2006. "모자이크 헌법과 '의회 속의 왕.'" 김웅진 외.『라운더바우트를 도는 산적과 말도둑, 무엇이 영국 민주주의를 만드는가?』. 서울: 르네상스, 30-47.

_____. 2015. "사회과학적 개념의 방법론적 경직성: 국소성과 맥락성의 의도적 훼손."『국제지역연구』 19:4, 3-22.

김정인. 2013. "근대 한국 민주주의 문화의 전통수립과 특질."『역사와 현실』 87, 201-234.

노종호. 1995. "사상계가 나에게 의미하는 것."『광복 50주년과 장준하』. 장준하 선생 20주기 추모문집.

문지영. 2005. "한국의 근대국가형성과 자유주의: 민주화의기원과 전망에 대한 재고찰."『한국정치학회보』 39:1, 185-211.

_____. 2006a. "한국의 민주화와 자유주의 : 자유주의적 민주화 전망의 의미와 한계."『사회연구』 7:1, 75-111.

_____. 2006b. "1970년대 민주화운동 이념 연구 : 함석헌의 저항담론을 중심으로."『사회과학논집』 37: 1, 1-27

_____. 2013. "함석헌의 정치사상 : 전통과 근대, 동양과 서양의 이분법적 대립을 넘어서."『민주주의와 인권』 13:1, 49-79.

박재순. 2003. "함석헌의 민주정신."『씨알의 소리』 171.

박지영. 2015. "냉전(冷戰) 지(知)의 균열과 저항 담론의 재구축: 1950년대 후반~1960년대 전반『사상계』번역 담론을 통해 본 지식 장(場)의 변동."『반교어문연구』 41,

511-551.

박충석. 2014. "한국정치사상사에 있어서 보편성과 개별성."『대한민국학술원 논문집(인문사회과학 편)』53:2, 67-116.

박태순. 1997. "『역사비평』창간 10주년: 격동의 한국현대사 증언 민주·민족이념을 추구하다 쓰러진『사상계』."『역사비평』39, 300-314.

안외순. 2001a. "19세기말 조선에 있어서 민주주의 수용론의 재검토: 동서사상 융합의 관점에서."『정치사상연구』4, 27-53.

_____. 2001b. "유가적 군주정과 서구 민주정에 대한 조선 실학자의 인식: 惠岡 崔漢綺를 중심으로."『한국정치학회보』35:4, 67-85.

_____. 2008. "안확(安廓)의 조선 정치사 독법:『朝鮮文明史』를 중심으로."『溫知論叢』20, 235-256.

양승태. 2008. "Ⅴ. 한국 정치학의 사양 정치사상 연구사 서설 – 구한말의 정치학 소개에서 1970년대 연구의 정초까지." 대한민국학술원.『한국의 학술연구: 정치학·사회학』. 서울: 대한민국학술원, 345-375.

양승태·안외순. 2007. "安國善과 安廓의 근대 정치학 수용 비교분석."『溫知論叢』17, 119-150.

여현덕. 1987. "8·15 직후 민주주의 논쟁." 진덕규 외.『해방전후사의 인식 3』. 서울: 한길사, 23-75.

윤상현. 2013a. "『사상계』의 근대 국민 주체 형성 기획: 자유주의적 민족담론을 중심으로."『개념과 소통』11, 47-83.

_____. 2013b. "1950년대 후반~1960년대 초 함석헌의 주체 형성 담론의 변화."『사학연구』112, 363-404.

이동수. 2002. "함석헌과 정치평론."『한국정치학회보』35:4, 87-105.

이상록. 2007. "1960년대~70년대 비판적 지식인들의 근대화 인식."『역사문제연구』18, 215-251.

_____. 2010a. "「사상계」에 나타난 자유민주주의론 연구." 한양대학교 사학과 박사학위논문.

_____. 2010b. "함석헌의 민중 인식과 민주주의론."『사학연구』97, 147-190.

이종두. 2008. "안확의 '문명적' 민주주의." 고려대학교 대학원 박사학위논문.

_____. 2011. "안확의『조선문학사』와『조선문명사』비교연구."『대동문화연구』73, 283-313.

이철호. 2013. "『사상계』 초기 서북계 기독교 엘리트의 자유민주주의 구상." 『한국문학연구』 45, 53-80.
이태진. 1985. "安廓(1881~1946?)의 生涯와 國學世界." 『역사와 인간의 대응』. 서울: 한울.
_____. 1989. "安廓." 『한국사시민강좌』 5, 135-162.
_____. 2002. "민본(民本)에서 민주(民主)까지 – 한국인 정치의식의 과거와 미래." 『한국사시민강좌』 26, 19-46.
이태훈. 2003. "1920년대 전반기 일제의 '문화정치(文化政治)'와 부르조아 정치세력의 대응." 『역사와 현실』 47, 3-35.
_____. 2008. "1920년대 초 신지식인층의 민주주의론과 그 성격." 『역사와 현실』 67, 19-46.
장규식. 2014. "1950~1970년대 '사상계' 지식인의 분단인식과 민족주의론의 궤적." 『한국사연구』 167, 289-339.
정긍식. 1997. "자산 안확의 한국법사 이해 - ≪조선문명사≫를 중심으로." 『법학』 38:3/4, 228-247.
정상우. 2010. "개화기 입헌주의 수용에 관한 연구 동향과 과제." 『한국학연구』 23, 117-142.
정용화. 2000. "한국 근대의 정치적 형성: 서유견문을 통해본 유길준의 정치사상." 『진단학보』 89, 289-308.
정윤재. 1992. "해방직후 한국정치사상의 분석적 이해: 안재홍・백남운 정치사상의 비교분석." 『한국정치학회보』 26:1, 7-55.
정지석. 2006. "함석헌의 민중사상과 민중신학." 『신학사상』 134, 101-133.
진덕규. 1983. "4월혁명의 政治的 葛藤構造." 강만길 외. 『4월혁명론』, 63-84. 서울: 한길사.
_____. 2008. "Ⅱ. 한국정치사 및 정치사상사." 대한민국학술원. 『한국의 학술연구: 정치학・사회학』. 서울: 대한민국학술원, 26-109.
차기벽. 1992. "민족주의와 민주주의: 한국의 경우를 중심으로." 『대한민국 학술원 논문집(인문사회과학 편)』 31, 227-267.
최형익. 2004. "한국에서 근대 민주주의의 기원: - 구한말 독립신문, 독립협회, 만민공동회 활동." 『정신문화연구』 27:3, 183-209.
한규무. 2014. "『뜻으로 본 한국역사』와 1960년대 함석헌의 민주화운동." 『한국사학사학보』 29, 259-284.

Huber, E., Rueschemeyer, D. and Stephens, J. 1997. "The Paradoxes of Contemporary Democracy: Formal, Participatory, and Social Dimensions." *Comparative Politics* 29:3, 323-343.

Lipset, S. M. 1959. "Some Social Requisites of Democracy: Economic Development and Political Legitimacy." *The American Political Science Review* 53:1, 69-105.

Sartori, G. 1970. "Concept Misformation in Comparative Politics." *The American Political Science Review* 64:4, 1033-1053.

색인

■ 주제색인 ■

㉠

가부장적 권위주의체제　169, 174

강화도 조약　57, 140

개념의 변용　10, 33, 47, 59, 68, 188

개념적 지칭성　25, 29, 33, 35, 41, 44

개념확장(conceptual stretching)의 오류　41

개발독재　177, 233, 255, 270

개항기　116, 122

개화기　5, 9~10, 23, 27, 41~42, 45, 47, 57~59, 61~69, 74~75, 78, 99, 107~108, 116~117, 122~124, 126~127, 138, 189, 265~266, 270, 272~274

개화담론　59

개화사상　57~58, 67

개화엘리트　43, 67~68, 70, 74~75, 116, 123

경험과학적 내용분석 (empirical content analysis)　6, 10, 21, 23~24, 27~28, 31, 46~47, 59, 92, 141, 190, 194, 213, 236,
265~266, 269~271

계몽운동　58, 123~124

계몽적 민주주의 시기　196~197, 200, 211, 269

계몽적 정치지성　125

고유성　130~131, 136, 146, 154

공동체 중심주의　65

공천하(公天下)　62, 91

공화주의　131

관료　133, 176

국가권력　36, 64, 88

국가의 자주성　25, 59, 93, 98, 102, 111~113, 115

국가주도 근대화　169, 176, 188

국가중심주의　65

국권회복　125, 138

국민주권론　180

국제공법　89

군민공치(君民共治)　28, 42, 70, 72~75, 101, 103~104, 116

군민일체론(君民一體論)　68

군부권위주의체제 43, 169, 177

군사정권 176~177, 195, 245, 247

군주권 74, 86~87, 109~110, 133~134, 148, 151~152, 165~166, 267

권리론 77, 79

균분주의(均分主義) 83

근대국민국가 62, 68, 87, 92, 104, 123, 267

근대성 35, 61, 68~69, 88, 98, 104, 106, 113, 122, 125, 129~130, 132, 135, 137, 143, 146~148, 151, 155, 158, 162~166, 216~217, 266~268, 273

근대화 5, 21, 23, 25, 28, 53, 57~59, 61, 69~70, 88, 92~93, 96, 99~103, 105~107, 111~112, 115~116, 122, 124, 141, 144~146, 150, 153~154, 157~158, 162, 164~165, 169, 174, 176~177, 183~184, 188, 215, 227, 233, 265~266, 268, 273

근세 군주독재시대(近世 君主獨裁時代) 132

ⓝ

남인 135

노론 135, 153

ⓒ

단순출현빈도 측정법 (word frequency list) 48

담론분석 6, 10, 26~28, 31

당의(黨議) 136

당파 30, 133, 135~136, 151~154, 165, 268

대의민주주의 181~182, 192, 221~222, 248, 250, 262, 270

대한민국 국체 124

〈대한민국임시정부헌법〉 124

덕치(德治) 64~65

델파이 기법(Delphi method) 31

도당(徒黨) 135

도덕정치 65

독립운동 123, 138

『독립정신(獨立精神)』 42~43

ⓜ

만국공법(萬國公法) 91, 140

맥락정의(contextual definition) 33, 41

문명개화(文明開化) 21, 25, 34, 42, 58~59, 70, 92, 94, 100, 110, 115~

색인 313

116, 265

문명진보론　137

문헌표본　47~48, 50, 141, 195, 197, 202, 210, 246, 254, 265, 270

문화적 고유성　130

민국(民國) 이념　68

민권론　75, 88

민본(民本)　62, 64, 72

민선(民選)　30, 62, 137, 155~158

민의　62, 155, 182, 191~192, 272

민정이양　176~177, 208, 245~246, 250

민족　26, 144~145, 184, 186, 190, 194, 212~213, 231~233, 241, 244~245, 257, 267, 273

민족적 자주성　26, 122, 129, 136, 165, 245

민족정신　26

민족주의　5, 26, 121, 123, 125, 128, 131, 139, 178~179, 213, 215~216, 227, 231~232

민족주의적 민주주의　129, 187

민주공화제　124, 126

민주주의　5, 9, 22, 26~28, 30~31, 33~38, 43, 53, 59, 68, 93, 95~97, 100~102, 105, 107, 111~112, 115, 141, 145~146, 150, 153~154, 156~158, 162, 164~165, 173, 176, 180, 183, 193, 198~199, 207~209, 215, 222, 228, 236

민주주의 개념　23, 29, 33~35, 37, 40~43, 47, 49, 69, 108, 170, 188, 248

민주주의 담론　10, 21~23, 25~29, 33, 41~50, 67~68, 93, 102, 122, 126~127, 129~130, 171, 182, 187~190, 192, 195, 214, 216, 237, 259, 265, 269~271

민주화 과정　187

민중민주주의관　187

민중의 자주　226

민중의 자치　226

민중착취　184

민치(民治)　62~64, 72

ⓗ

반공 이데올로기　188

반제국주의　125

방벌론(放伐論)　64

범주별 측정법(category counts)　48

범주정의　93, 141, 153, 196, 238

법부권(法賦權) 77

법치(法治) 62, 64~65, 86~87, 101, 104, 109~110, 180, 191~192, 202, 204, 206

보민호국(保民護國) 64

보편성 130, 141, 144~146, 150, 154~155, 157, 162, 164~165, 216, 267

부국강병(富國强兵) 57, 61, 92, 99, 265

북인 135, 153

분석기제 26~27

분석단위 24, 29~31, 48~49, 52, 93, 100, 111, 141, 196, 265~266, 268~270

붕당(朋黨) 128, 132~133, 135~136, 152, 155, 166

비동시성의 동시성 69, 107

비자극적 관측기법 (unobtrusive measures) 24

ⓢ

사대자소(事大字小) 90

사사오입 개헌 200

『사상계(思想界)』 22, 45, 49, 51, 170~171, 174, 176~178, 180~184, 190~191, 193~197, 202, 207, 210~214, 219, 221, 223, 227, 237, 239~240, 242~245, 248, 251~254, 260, 265, 268~270

사상적 대항기제 122, 129, 138

4·19 학생혁명 175~176, 193~194, 202, 205, 242

사천하(私天下) 62

사회계약 63

사회민주주의(social democracy) 38

사회적 불평등 169

사회주의 5, 121

사회진화론 137

삼권분립 62

3선 개헌 반대투쟁 179

3·1 독립운동 123~124, 137~139, 213

상보성 10, 27~28

상응성 122, 129, 132, 146, 166

서민중심 민주주의관 187

『서양사정(西洋事情)』 58, 67, 77~78, 80

선거민주주의(electoral democracy) 39

성취계급 133

세계사적 보편성　130

세속계급　133

소론　135

수공국　110, 112, 266

수직적 책임성
　(vertical accountability)　37

수평적 책임성
　(horizontal accountability)　37, 39

시민문화(civic culture)　272

시민불복종　180

시민사회　169, 175, 272

시민적 자유　39~40, 79, 82

시민정치참여　187

식민통치　121~122, 124~126, 129, 138~140, 159, 164, 166, 179, 267, 273

〈신국가보안법〉　202

신권(臣權)　133

신민(臣民)　132~133, 148, 215~216

신분제　132

실력양성론　124

실질적 민주주의
　(substantive democracy)　38, 40, 44, 271

실천적 원리　35~36, 62~63, 65, 121

『씨올의 소리』　26, 51, 170~171, 213~214, 226, 228, 230~231, 233, 236~237, 254, 258, 260, 265, 268~270

ⓞ

억압적 권위주의　21, 34, 187~188

여론　134, 136, 138, 155, 223

여민동락(與民同樂)　64

역사적재성(history-ladenness)　35, 37, 166

5·16 군사 쿠데타　176~177, 179, 194, 217, 219, 224, 237, 242~245, 249

우민관(愚民觀)　74~75, 182, 226

워드 클라우드　49, 52~53, 94~95, 99, 104, 110, 144, 148, 152, 155, 159, 198, 202~203, 207, 241, 244, 246, 252, 256, 265~268

원전검색법
　(retrievals from coded text)　48

위계적 전통사회질서　267

위계적 패권구조　116

위계질서의 비위계화　86

위민(爲民)　62, 64, 72

유가 사상　61~62, 78~79, 85~86, 97,

106, 109, 122, 126, 134

유가적 시민 66

『유럽문명사』 130

유림(儒林) 133, 158

유소(儒疏) 135

유신독재 185, 214

유향소(留鄕所) 137, 155~157, 268

유회(儒會) 137, 138, 155, 157

〈6·23 선언〉 185

『음빙실문집(飮氷室文集)』 137

의회에 갇힌 왕(King-in-Parliament) 74, 87

이념적 기반 30, 31, 35~36, 59, 82, 93, 95, 97, 100~102, 104~105, 107, 111, 113, 115, 138, 141, 149~151, 153~154, 158, 162, 165, 169~170, 180, 196, 198~200, 203~205, 208~211, 213, 238, 241, 244~245, 247~250, 254, 257~261, 266, 270

〈2·4 보안법 파동〉 204

인민주권 72, 123

일반사전(general dictionary) 29~30, 48~49, 93, 141, 196, 238

일제 강점기 5, 10, 23, 45, 47, 116, 121~126, 130, 136, 138, 169, 174, 187, 213~214, 217, 233, 265, 267, 270, 273

임금과 국민이 함께 다스리는 정치체제 70, 76

임금이 명령하는 체제 72

임시정부 124

입체원도표(3D Pie Chart) 49, 52~53, 95, 100, 105, 111, 144, 148, 152, 156, 159, 198, 241, 244, 247, 252, 257

입헌군주제 35, 67, 70, 73~74, 76, 87, 99, 103~104, 109, 116, 137, 151, 157

자강운동(自强運動) 57

ㅈ

자본주의적 근대화 124

자연권 77, 81~82, 89, 91

자연법적 국가평등론 89

자유 9, 29, 35~36, 38~39, 62, 64, 77~84, 88, 104~107, 124, 130, 136, 153~154, 175, 180, 184, 186, 188, 193~194, 198~199, 202, 205, 209, 227, 229~230, 233~234, 242, 246~247, 254, 266, 272~273

자유민주주의(liberal democracy) 39, 75, 126, 129, 137, 173, 188, 193~194, 198, 212, 228~229, 271

자주적 개인　79, 82, 84

자주적 근대화　92, 265

자주평화통일　185

자치정신　131

자치제(自治制)　131~132, 137, 145~146, 155, 157, 165~166, 268

저항　21, 23, 28, 34, 62, 123, 126, 159, 166, 176~179, 182~183, 188, 191, 194, 196, 205, 208, 210~213, 226~227, 233, 238, 246, 249~250, 252~254, 259~261, 265, 269~270, 272~273

저항/투쟁의 민주주의　239, 251, 254, 258, 260~261, 269

전산 패키지 R (R Project for Statistical Computing)　53

전통의 근대화　132

절차적 민주주의(procedural democracy)　28, 39, 40, 44, 117, 174, 178, 181, 192~193, 201, 204, 206, 212, 221, 239, 248, 262, 268~271, 273~274

정당　133, 135, 152~153, 155, 166, 192, 210, 245, 268

정치권력의 정당성　30, 141, 150, 153~154, 196, 199~201, 204~205, 208~211, 238, 241, 244, 247, 249~250, 252~254, 257, 259~261, 270

정치기제　28, 39, 42, 92, 101, 127, 146, 151, 155, 166, 170, 174, 189, 198, 201, 262, 265, 270

정치문화　116, 182, 272

정치적 경쟁　35

정치적 공동체관　64

정치적 소외　169

정치제도와 절차　25, 59, 93, 95, 97, 100~102, 104~105, 111, 113, 115~116, 141, 196, 199, 201, 203~204, 208~210, 212, 238, 247, 249~250, 254, 259~260, 265~266

정치지성　5, 9~10, 21~23, 26, 28, 33~34, 40~41, 44~46, 48~50, 58, 61~62, 69, 116, 121~123, 126~127, 136, 170, 174, 176~177, 180~183, 187~188, 192, 194, 213, 234, 237, 242, 245, 267, 272~273

정치질서의 이념적 기반　25, 200

정치체제　25, 33, 35, 42~43, 57, 61~62, 69~77, 82, 96~105, 111~113, 115, 131~132, 137, 157, 162, 173, 190, 201, 266, 269, 273

정치체제의 자주성　26, 157, 196, 238, 241~242, 244~245, 249~250, 254, 258~261, 268, 270

제도적 짝짓기(institutional matching)

166

제헌헌법 175

조국근대화 177~178, 180, 183~184, 233, 255

조선 군주제 62

조선문명 126, 129~132, 136~137, 143, 148, 267

『조선문명사(朝鮮文明史)』 30, 50, 122, 125, 127, 129, 131~132, 135~136, 138~139, 141, 148, 152, 155, 159, 164, 166, 265, 267, 273

조선정치사 122, 128~131, 135, 137~138, 148, 267

조일수호조규 (朝日修好條規, 강화도조약) 57

주권 36, 63, 88~89, 110~112, 133, 139~140, 180, 209, 229, 266

주권재민(主權在民) 62~63, 227~228

중층적 담론분석 6

증공국 90, 110~112, 266

지성사 9~11, 21~22, 24~27, 31~32, 46~47, 121, 214, 271

직분론 78~79

〈진보당 사건〉 204

진화담론 119

ㅊ

참여민주주의 (participant democracy) 38

참정 31, 62

책임성(accountability) 35~37, 39~40, 64

천리자연권(天理自然權) 83, 91

천부인권(天賦人權) 77~78, 81, 83~84, 88, 106

천부자연권(天賦自然權) 91

체제개혁 43, 73, 76, 87, 93, 98~99, 101, 103, 106, 116, 267

체제의 정치적 정향 141, 144~145, 150, 154, 156~158, 162, 164~165, 196, 198~200, 208~209, 211, 238, 247, 249~250, 254, 259~260, 267

촌자치(村自治) 155

촌회(村會) 137~138, 155, 157

최대정의적 관점 (maximalist perspective) 37~38, 40, 42~44

최소정의적 관점 (minimalist perspective) 37~38, 40, 43~44

〈7·4 남북공동성명〉 184, 255, 258

ㅋ

코더간 측정신뢰성
 (intercoder reliability) 31

ㅌ

탄력적 개념(flexible concept) 40
통의(通儀) 29, 77~85, 104~107, 266

ㅍ

평등 9, 31, 35~36, 38, 83~84, 86, 88~89, 91, 104, 107, 138, 184, 193~194, 198~199, 209, 233, 266
평화적 정권교체 181

ㅎ

『한성순보(漢城旬報)』 62
한일합병 116
한일회담 반대투쟁 178~180, 252
합성 민주주의관 108
항일독립운동 116
『해국도지(海國圖志)』 67
향정(鄕正) 137
향청(鄕廳) 137~138, 155
향헌(鄕憲) 155

향회(鄕會) 137~138, 155~157, 268
혁명공약 234, 245
형식적 민주주의 39
호혜주의(互惠主義) 139, 159~160, 162, 268

■ 인명색인 ■

ㄱ

고종(高宗) 70
기조(François Guizot) 130
김옥균(金玉均) 67
김윤식(金允植) 67

ㄷ

다알(Robert Dahl) 35
다이어먼드(Larry Diamond) 39

ㄹ

리영희(李泳禧) 43, 46

ㅁ

마틴 루터 킹(Martin Luther King)

180

맹자(孟子)　64, 217

ⓗ

박규수(朴珪壽)　67

박영효(朴泳孝)　45, 62, 64, 67

박정희　43, 169, 171, 176~184, 186, 190, 194, 206, 208~209, 212, 217, 222, 233~234, 239, 242, 245~246, 250~252, 254~255, 257, 269~270

ⓢ

사토리(Giovanni Sartori)　41

신익희(申翼熙)　175

ⓞ

안확(安廓)　23, 30, 45~47, 50, 122, 125~141, 143, 146, 148, 151~152, 155, 158~159, 162~166, 265, 267~268, 271, 273

양계초(梁啓超)　137

유길준(兪吉濬)　9, 21, 23, 25, 28~29, 42, 45~47, 50, 58~59, 62, 64~65, 67~94, 96~104, 106, 108~110, 113~116, 137, 265, 266, 271~272

이승만(李承晩)　42, 45, 169, 174~175, 190, 192, 194, 200, 202, 211, 214, 217, 239~240, 242~243, 269

ⓙ

장면(張勉)　175~176, 242

장준하(張俊河)　9, 22~23, 43~47, 49, 51, 170~171, 177, 181, 184~185, 187~196, 198~202, 204, 206~207, 209~212, 214, 221, 237~238, 243, 253, 259, 262, 265, 268~272

ⓒ

최한기(崔漢綺)　68

ⓗ

함석헌(咸錫憲)　9, 21, 23, 26, 46~47, 51, 170~171, 176~177, 183~185, 187~189, 213~219, 221~231, 233~239, 242~251, 253~256, 258~262, 265, 268~272

후쿠자와 유키치(福澤諭吉)　58, 67, 77, 79~80, 82

색인　321